建筑遗产保护丛书
东南大学城市与建筑遗产保护教育部重点实验室
朱光亚　主编

基于多维价值的大运河遗产保护规划理论与方法研究

Heritage conservation planning of the grand canal based on multidimensional value —
A study of the theory and methods

姚　迪　著

东南大学出版社·南京

内容简介

新时期以大运河为代表的重大文化遗产的保护、传承与利用上升为国家重大发展战略,而进入后申遗时代,大运河遗产也面临越来越多的可持续保护和管理的挑战。同时,我国的空间规划体系正处于建构期,对像大运河这样的巨型、跨区域文化遗产的规划与空间规划的关系尚未明确。本书围绕自申遗以来未曾解决的多重复杂管理体制给大运河遗产保护带来的问题,聚焦多元价值与利益冲突,引入国际遗产保护领域一种较新的"基于多维价值"的方法,与申遗背景下的大运河遗产保护规划实践进行比较分析,剖析原规划模式的不足,提出适应新时期需求的规划方法。

本书首先对"基于多维价值"的规划理论进行研究,分析该规划方法的发展演化过程、基本概念、核心技术特点等;其次对"基于多维价值"的规划实践加以研究,包括该理论方法在两类国家的发展路径、在世界文化遗产中的实践应用;再次是对申遗背景下大运河遗产保护规划编制过程的回顾与反思;最后是"基于多维价值"的大运河遗产保护规划模式优化研究,结合当前空间规划体系建构的背景,从管理部门价值冲突、规划的法律地位及与相关规划的关系、保护区划与管理规定的可操作性等方面解析大运河遗产保护规划的主要问题,并进一步提出大运河遗产规划的模式与技术优化路径。

系统构建巨型、跨区域文化遗产的规划理论有助于拓展与丰富我国文化遗产保护的基础理论与方法,补充与完善空间规划的相关理论,为构建国土资源有效管控框架的理论提供科学技术支撑,并对同时期相关文化遗产的规划有所借鉴。

图书在版编目(CIP)数据

基于多维价值的大运河遗产保护规划理论与方法研究/姚迪著. —南京:东南大学出版社,2020.12
(建筑遗产保护丛书/朱光亚主编)
ISBN 978-7-5641-9309-6

Ⅰ.①基… Ⅱ.①姚… Ⅲ.①大运河—文化遗产—保护—研究—中国 Ⅳ.①K928.42

中国版本图书馆 CIP 数据核字(2020)第 257995 号

基于多维价值的大运河遗产保护规划理论与方法研究

出版发行	东南大学出版社
出版人	江建中
网　　址	http://www.seupress.com
电子邮箱	press@seupress.com
社　　址	南京市四牌楼 2 号
邮　　编	210096
电　　话	025-83793191(发行)　025-57711295(传真)
经　　销	全国各地新华书店
印　　刷	南京玉河印刷厂
开　　本	787mm×1092mm　1/16
印　　张	14
字　　数	291 千
版　　次	2020 年 12 月第 1 版
印　　次	2020 年 12 月第 1 次印刷
书　　号	ISBN 978-7-5641-9309-6
定　　价	56.00 元

本社图书若有印装质量问题,请直接与营销部联系。电话(传真):025-83791830

继往开来，努力建立建筑遗产保护的现代学科体系[①]

建筑遗产保护在中国由几乎是绝学转变成显学只不过是二三十年时间。差不多五十年前，刘敦桢先生承担瞻园的修缮时，能参与其中者凤毛麟角，一期修缮就费时六年；三十年前我承担苏州瑞光塔修缮设计时，热心参加者众多而深入核心问题讨论者则十无一二，从开始到修好费时十一载。如今保护文化遗产对民族、地区、国家以至全人类的深远意义已日益被众多社会人士所认识，并已成各级政府的业绩工程。这确实是社会的进步。

不过，单单有认识不见得就能保护好。文化遗产是不可再生的，认识其重要性而不知道如何去科学保护，或者盲目地决定保护措施是十分危险的，我所见到的因不当修缮而危及文物价值的例子也不在少数。在今后的保护工作中，十分重要的一件事就是要建立起一个科学的保护体系，从过去几十年正反两方面的经验来看，要建立这样一个科学的保护体系并非易事，依我看至少要获得以下的一些认识。

首先，就是要了解遗产。了解遗产就是系统了解自己的保护对象的丰富文化内涵，它的价值以及发展历程，了解其构成的类型和不同的特征。此外，无论在中国还是在外国，保护学科本身也走过了漫长的道路，因而还包括要了解保护学科本身的渊源、归属和发展走向。人类步入 21 世纪，科学技术的发展日新月异，CAD 技术、GIS 和 GPS 技术及新的材料技术、分析技术和监控技术等大大拓展了保护的基本手段，但我们在努力学习新技术的同时要懂得，方法不能代替目的，媒介不能代替对象，离开了对对象本体的研究，离开了对保护主体的人的价值观念的关注，目的就沦丧了。

其次，要开阔视野。信息时代的到来缩小了空间和时间的距离，也为人类获得更多的知识提供了良好的条件，但在这信息爆炸的时代，保护科学的体系构成日益庞大，知识日益精深，因此对学科总体而言，要有一种宏观的开阔的视野，在建立起

[①] 本文是潘谷西教授为城市与建筑遗产保护教育部重点实验室（东南大学）成立写的一篇文章，征得作者同意并经作者修改，作为本丛书的代序。

学科架构的基础上使得学科本身成为开放体系,成为不断吸纳和拓展的系统。

再次,要研究学科特色。任何宏观的认识都代替不了进一步的中观和微观的分析,从大处说,任何对国外的理论的学习都要辅之以对国情的关注;从小处说,任何保护个案都有着自己的特殊的矛盾性质,类型的规律研究都要辅之以对个案的特殊矛盾的分析,解决个案的独特问题更能显示保护工作的功力。

最后,就是要通过实践验证。我曾多次说过,建筑科学是实践科学,建筑遗产保护科学尤其如此,再动人的保护理论如果在实践中无法获得成功,无法获得社会的认同,无法解决案例中的具体问题,那就不能算成功,就需要调整甚至需要扬弃,经过实践不断调整和扬弃后保留下来的理论,才是保护科学体系需要好好珍惜的部分。

潘谷西
2009 年 11 月于南京

丛书总序

"建筑遗产保护丛书"是酝酿了多年的成果。大约在1978年,东南大学通过恢复建筑历史学科的研究生招生,开启了新时期的学科发展继往开来的历史。1979年开始,根据社会上的实际需求,东南大学承担了国家一系列重要的建筑遗产保护工程项目,这也显示了建筑遗产保护实践与建筑历史学科的学术关系。1987年后的十年间东南大学提出申请并承担了国家自然科学基金重点项目中的中国建筑历史多卷集的编写工作,使研究和应用相得益彰;又接受了国家文物局委托举办古建筑保护干部专修科的任务,将人才的培养提上了工作日程。20世纪90年代,特别是中国加入世界遗产组织后,建筑遗产的保护走上了和世界接轨的征程。人才培养也上升到成规模地培养硕士和博士的层次。东南大学建筑系在开拓新领域、开设新课程、适应新的扩大了的社会需求和教学需求方面投入了大量的精力,除了取得多卷集的成果和大量横向研究成果外,还完成了教师和研究生的一系列论文。

2001年东南大学建筑历史学科被评估成为中国第一个建筑历史与理论方面的国家重点学科。2009年城市与建筑遗产保护教育部重点实验室(东南大学)获准成立。该实验室将全面开展建筑遗产保护的研究工作,特别是将从实践中凝练科学问题的多学科的研究工作承担了起来。形势的发展对学术研究的系统性和科学性提出了更为迫切的要求。因此,有必要在前辈奠基及改革开放后几代人工作积累的基础上,专门将建筑遗产保护方面的学术成果结集出版,此即为"建筑遗产保护丛书"。

这里提到的中国建筑遗产保护的学术成果是由前辈奠基,绝非虚语。今日中国的建筑遗产保护运动已经成为显学且正在与国际接轨并日新月异。其基本原则:将人类文化遗产保护的普世精神和与中国的国情、中国的历史文化特点相结合的原则,早在营造学社时代就已经确立。这些原则经历史检验已显示其长久的生命力。当年学社社长朱启钤先生在学社成立时所说的"一切考工之事皆本社所有之事……一切无形之思想背景,属于民俗学家之事亦皆本社所应旁搜远绍者……中国营造学社者,全人类之学术,非吾一民族所私有"的立场,"依科学之眼光,作有系统之研究""与世界学术名家公开讨论"的眼界和体系,"沟通儒匠,睿发智巧"的切入点,都是在今日建筑遗产保护研究中需要牢记的。

当代的国际文化遗产保护运动发端于欧洲并流布于全世界,建立在古希腊文化和希伯来文化及其衍生的基督教文化的基础上;又经文艺复兴弘扬的欧洲文化精神是其立足点;注重真实性,注重理性,注重实证是这一运动的特点;但这一运动又在其流布的过程中不断吸纳东方的智慧,1994年的《奈良文告》以及2007年的《北京文件》等都反映了这种多元的微妙变化——《奈良文告》将原真性同地区与民族的历史文化传统相联系可谓明证。同样,在这一文件的附录中,将遗产研究工作纳入保护工作系统也可谓是远见卓识。因此,本丛书也就十分重视涉及建筑遗产保护的东方特点以及基础研究的成果。又因为建筑遗产保护涉及多种学科的多种层次研究,丛书既包括了基础研究,也包括了应用基础的研究以及应用性的研究。为了取得多学科的学术成果,一如遗产实验室的研究项目是开放性的一样,本丛书也是向全社会开放的,欢迎致力于建筑遗产保护的研究者向本丛书投稿。

遗产保护在欧洲延续着西方学术的不断分野的传统,按照科学和人文的不同学科领域,不断在精致化的道路上拓展;中国的传统优势则是整体思维和辩证思维。1930年代的营造学社在接受了欧洲的学科分野的先进方法论后又经朱启钤的运筹和擘画,在整体上延续了东方的特色。鉴于中国从古延续至今的经济发展和文化发展的不均衡性,这种东方的特色是符合中国多数遗产保护任务,尤其是不发达地区的遗产保护任务的需求的。我们相信,中国的建筑遗产保护领域的学术研究也会向学科的精致化方向发展,但是关注传统的延续,关注适应性技术在未来的传承,依然是本丛书的一个侧重点。

面对着当代人类的重重危机,保护构成人类文明的多元的文化生态已经成为经济全球化大趋势下的有识之士的另一种强烈的追求,因而保护中国传统建筑遗产不仅对于华夏子孙,也对整个人类文明的延续有着重大的意义。在认识文明的特殊性及其贡献方面,本丛书的出版也许将会显示出另一种价值。

朱光亚

2009年12月20日于南京

序

在地球这个人类耕耘的星球上,中国的大运河在各类古代的工程中具有独有的特色和地位,它是在中国西高东低的地理环境下,在利用天然河流河道的同时,通过大量的人工开凿出的河道构成了连接南北的水路交通的大动脉,不仅开凿早而且长度长,而且在中央集权的国家治理体系中发挥着无法取代的作用,是造就中华文明成果的重要构成因素。它的水流方向也颇为独特,在其最高点的山东济宁的南旺,"三分朝天子,七分下江南",而在它的江苏段的淮阳运河,既有宋代以前由南向北的流向,也有后来黄河夺淮后的由北向南的流向。它联通了中国的政治中心和经济中心,提供了京畿地带的大宗生活必需品的供应,并顺带使南北文化不断的交流和融合。如果不是1865年后黄河夺大清河再次北流造成大运河北段淤塞断航,整个清代后期以来的中国近代史可能是另一番景象。

对大运河的重新重视是140年后的21世纪初了。2006年,罗哲文、单士元、侯仁之三位政协委员提出保护大运河遗产和申报大运河为世界遗产的提案。2008年,国家文物局受命组织沿运河八省市数十个城市启动了大运河遗产保护规划和申遗工程,我那时作为大运河遗产的核心地段的江苏省运河遗产保护规划的技术负责人参与此项工作,先是和文化遗产研究院一道组织编制全国"大运河遗产保护规划编制要求",接着又推动各省各市的分段规划的编制,最后于2012年由文研院汇总完成总体规划和申遗文本。2014年,大运河遗产申遗成功,大运河的价值重新为国人所认识,此为大运河文化热的第一波。十几年后,结合"五位一体"的新的治国方略,中央高层领导重新提出大运河文化带和大运河国家文化遗址公园建设的新的战略定位,引发了后申遗时代大运河研究与保护建设的第二波高潮,各类新一轮的规划目前方兴未艾。

回顾大运河遗产研究的第一波历程,因申遗目标和时限的要求,许多研究工作未及开展,不仅仅是涉及运河发展史实和提供成果证物的考古工作来不及开展,就是规划本身如何处理相关利益者的利益诉求的理论和方法思考,以及作为复杂系统的大运河遗产保护与建设的管理的整合与信息化数字化平台建设也都来不及完成。规划是政府行为,是目标导向和问题导向,大的战略定位和落实到各个不同特色的地域的空间上的具体措施,都需要通过规划这一流程展开矛盾并引导相关利益的各个行政系统通过合法的博弈来解决这些矛盾,社会主义制度和党的领导为解决这些矛盾提供了制度上的优势条件,但是,如何让核心价值、后代利益和当代利益都找到出场博弈的机会,并根据战略目标定位妥善和科学地解决矛盾,仍然需要在规划阶段各方的积极参与才能解决。这样规划才不是纸上画画、墙上挂挂的形式主义产物。

　　本书作者亲历了第一波的规划编制,对于大运河开凿史中的种种艰难和遭遇的矛盾有过了解和体会,对于古代中国体制下的对大运河的复杂管理有所认识,对于大运河遗产保护规划过程中遭遇的当代的种种问题体会尤深,对于十几年来国家发展的战略调整、规划体制调整以及规划过程面临的新的挑战也做出了自己的思考。本书结合现实的挑战重新梳理大运河保护规划的思路、方法和经验,尤其是以多维价值的规划方法为切入点展开矛盾分析,这无疑将为当下大运河保护和建设的新开拓提供启发。

　　大运河文化热的第二波高潮正在考验着各系统、各部门、各地方和规划界的应对能力,同时也为建设面向国情的中国自己的文化遗产保护理论,建设、规划理论提供创新发展的机遇,我祝大家层楼更上。

朱光亚
2020 年 12 月于石头城下

目 录

1 绪论 ··· 1
  1.1 研究背景 ·· 1
    1.1.1 国际文化遗产保护运动的新趋势 ························· 1
    1.1.2 国内文化遗产保护理念的发展 ···························· 3
    1.1.3 大运河遗产保护规划提出的历史背景 ···················· 5
  1.2 大运河遗产保护规划的工作程序和面临的问题 ············· 7
    1.2.1 保护规划的工作程序与面临的现实价值冲突 ············ 7
    1.2.2 申遗面对的文化差异与带来的启示 ························ 8
    1.2.3 从编制方法层面展开探讨的必要性 ························ 9
  1.3 研究目的与研究意义 ··· 10
    1.3.1 研究目的 ·· 10
    1.3.2 研究意义 ·· 10
  1.4 研究内容与研究方法 ··· 11
    1.4.1 研究内容 ·· 11
    1.4.2 研究方法 ·· 13
  1.5 相关概念辨析 ··· 13
    1.5.1 大运河遗产 ··· 13
    1.5.2 价值 ··· 15
    1.5.3 保护规划 ·· 19

2 "基于多维价值的保护规划"理论 ····································· 24
  2.1 "基于多维价值的保护规划"的方法 ·························· 24
    2.1.1 "基于多维价值的保护规划"的发展 ····················· 25
    2.1.2 "基于多维价值的保护规划"的概念 ····················· 29
    2.1.3 "基于多维价值的保护规划"的程序与应用 ············ 32
  2.2 "基于多维价值的保护规划"的核心技术特点 ············· 35
    2.2.1 规划层次 ·· 35
    2.2.2 价值评估 ·· 38
    2.2.3 利益相关者的参与 ··· 43
    2.2.4 沟通与谈判的底线 ··· 49

2.2.5 规划的动态性与成果的修编 …………………………………… 54
　2.3 "基于多维价值的保护规划"的深层规划思想 ………………………… 57
　　　2.3.1 二战以来的西方规划思想发展 ………………………………… 57
　　　2.3.2 "基于多维价值的保护规划"的深层规划思想 ………………… 60
　2.4 小结 …………………………………………………………………… 61

3 "基于多维价值的保护规划"实践 ………………………………………… 63
　3.1 英国"保护规划"的发展与实践 ………………………………………… 63
　　　3.1.1 英国"保护规划"的发展概述 …………………………………… 63
　　　3.1.2 基于多维价值的保护规划——世界遗产的管理规划 ………… 65
　　　3.1.3 案例研究：哈德良长城世界遗产地管理规划 ………………… 67
　3.2 加拿大"保护规划"的发展与实践 ……………………………………… 86
　　　3.2.1 加拿大保护规划的发展概述 …………………………………… 86
　　　3.2.2 基于多维价值的保护规划——国家公园的管理规划 ………… 88
　　　3.2.3 案例研究：里多运河国家历史遗迹管理规划 ………………… 92
　3.3 小结 …………………………………………………………………… 114

4 大运河遗产保护规划编制及其实践难题 ………………………………… 115
　4.1 保护规划的工作布局与基本思路 ……………………………………… 116
　　　4.1.1 大运河遗产保护规划的阶段与地位 …………………………… 116
　　　4.1.2 大运河保护规划的基本思路 …………………………………… 117
　4.2 申遗视野下大运河遗产对象的界定 …………………………………… 121
　　　4.2.1 申遗视野下大运河遗产核心特性的确定 ……………………… 121
　　　4.2.2 大运河遗产的构成与遴选 ……………………………………… 128
　4.3 申遗视野下大运河遗产的价值评估 …………………………………… 132
　　　4.3.1 大运河遗产的价值构成 ………………………………………… 132
　　　4.3.2 大运河遗产的价值评估方法 …………………………………… 134
　　　4.3.3 大运河遗产的"真实性" ………………………………………… 137
　4.4 大运河遗产的现状问题 ………………………………………………… 139
　　　4.4.1 大运河遗产的保存现状 ………………………………………… 139
　　　4.4.2 大运河面对的当代需求 ………………………………………… 141
　4.5 大运河遗产的保护区划 ………………………………………………… 144
　　　4.5.1 分级规划中的保护区划 ………………………………………… 144
　　　4.5.2 保护区划的管理规定 …………………………………………… 149
　4.6 大运河遗产保护规划的分段编制情况 ………………………………… 153
　4.7 小结 …………………………………………………………………… 155

5 大运河遗产保护规划编制的反思与改进 ………………………………… 157
　5.1 大运河遗产保护规划编制后面临的问题 ……………………………… 157

  5.1.1 相关部委的意见及其价值观 ……………………………………… 157
  5.1.2 保护规划的法律地位以及与相关规划的关系 ………………… 161
  5.1.3 保护区划的操作性与规划的可行性 …………………………… 166
 5.2 与"基于多维价值的保护规划"编制技术比较 ……………………… 168
  5.2.1 关于规划层次 …………………………………………………… 169
  5.2.2 关于价值评估 …………………………………………………… 171
  5.2.3 关于利益相关者的参与 ………………………………………… 173
  5.2.4 关于规划的动态性与成果的修编 ……………………………… 176
  5.2.5 关于规划的技术理性 …………………………………………… 178
 5.3 对大运河遗产保护规划编制的改进 ………………………………… 180
  5.3.1 规划层次设定在战略层面 ……………………………………… 180
  5.3.2 价值评估方法学的完善 ………………………………………… 185
  5.3.3 利益相关者参与模式的构建 …………………………………… 189
  5.3.4 动态规划机制的建立 …………………………………………… 196
 5.4 小结 …………………………………………………………………… 197
6 结语 ………………………………………………………………………… 199
参考文献 ……………………………………………………………………… 202

1 绪论

中国大运河是人类最早的也是最长的沟通不同流域的人工水道，又是一处以农业文明为背景与中国中央集权的政府兴衰相依存的文化遗产，历经千百年的发展演变，至今还在现代后工业文明中兴旺发展的黄金水道。它本身是历史的奇观，而21世纪初的中国大运河申遗及为此开展的保护规划更是大运河历史上千载难逢、空前绝后的一次文化盛事。笔者躬逢此事投身其中却又备尝艰辛，尽管大运河遗产申遗工作已落下帷幕，但回顾此一历程中的保护规划工作，深感无论是从文化遗产保护史还是空间规划史的角度，皆为巨作，而古今中外时空穿越、文化碰撞更呈现出众多问题值得深思与反省，故不揣浅陋，择其大要耙剔梳理，又拎出价值一题，上下穷究，遂成此文。

1.1 研究背景

1.1.1 国际文化遗产保护运动的新趋势

1.1.1.1 20世纪90年代以来文化遗产保护的新趋势

全球化把中国的进步与世界的发展紧密地联系到一起，现代中国社会的每一个变化，都能从世界发展的轨道上找到与之关联的因素。中国作为文明古国，对历史文化的认知与态度有自己独到的价值观念与社会行为方式，而当代意义上的文化遗产理念的产生与发展，也间接或直接受到了以欧洲为代表的文化遗产思想的影响。进入20世纪90年代，国际文化遗产保护走进了新的时期。冷战结束之后，世界秩序的变化带来了国际政治格局的变化，同时也修改了国际价值观念。两极体系开始向多极转变，各文化快速交融、碰撞。虽然出现了表面的同质化现象，但也刺激了本土文化的觉醒，各民族的文化被视为平等，引发了人们对已有文明中不同社会文化的兴趣。20世纪末随着对全球社会经济问题的反思，可持续发展成为国际社会的共识，文化多样性被认为是可持续发展的重要支柱[①]。文化多样性和可持续发展因而成为20世纪90年代以来联合国教科文组织的文化政策取向。

这个时期，文化遗产的价值取向开始走向以文化和社会取向为基础的多元模式。

---

① 主题为可持续发展的约翰内斯堡峰会(2000年)认为文化多样性是可持续发展的第四大支柱，另三个支柱为经济、生态和社会。

2008年国际古迹遗址理事会(ICOMOS)发表的关于《世界遗产名录》的报告《什么是突出普遍价值?》(What is OUV?)对突出普遍价值(OUV)进行了诠释,认为应尽可能摆脱地域身份和意识形态的束缚;从对历史的关注转变为对人类文化多样性的关注;强调对非物质文化和活的文化的关注;强调人与自然的互动关系;强调时代进步带来的成就;强调可持续发展的潜力等①。对真实性和完整性议题的讨论重点也突破了欧洲语境下的标准,纳入相对的社会文化系统关系中。如1994年的《奈良真实性宣言》,强调在特定文化视角下对真实性的理解,将真实性与多样性相连;完整性在这个时期因保护对象的外延扩展而得到深化,强调应包括传递全部价值的必要元素。包括本体与场所环境的完整性,社会功能的完整性以文化为基础的时间与空间构成关系,而不是时间与空间的边界。这带来了文化遗产保护对象的外延扩大。

1.1.1.2 新文化遗产概念的出现

在文化遗产保护的发展历程中,人类对于文化遗产概念的外延与内涵进行了不断扩展,从《雅典宪章》《威尼斯宪章》《马尔罗法令》到《内罗毕建议》《华盛顿宪章》,国际文化遗产保护领域从保护单体建筑向历史街区、历史城镇发展,确立了历史环境保护的整体方法。自20世纪80年代以来,文化遗产的范畴又有了新的延伸。跨文化的方法、对文化与自然关系的认识,拓展了遗产概念。从20世纪90年代开始,乡土建筑、文化旅游等课题开始受到关注,大尺度、大规模的人居环境、文化景观,线型、跨区域的文化遗产保护成为特别受到关注的议题。国际文化遗产领域先后涌现出与此相关的一系列概念,主要包括文化景观、文化线路、遗产运河、遗产廊道。

1) 文化景观

20世纪80年代后期,世界经济得到了迅猛发展,面对恶化的环境、资源状况,"可持续发展"思想是人类对工业文明进程进行反思的结果。联合国教科文组织在这个时期提出关注人与自然的和谐关系,并将文化身份阐释为人与自然互动的产物。文化景观遗产就是在这样的背景下出现的,该概念的最终确立来自世界文化遗产的保护。1984—1991年间,世界遗产委员会逐渐明确了文化景观的概念。1992年12月在美国圣菲召开的世界遗产委员会第16届会议上,具有突出普遍价值的文化景观遗产被纳入《世界遗产名录》。至此,世界文化遗产的体系中增加了"文化景观遗产"这一新的类型。《实施〈保护世界文化与自然遗产公约〉的操作指南》(简称《操作指南》)把文化景观分为"由人类有意设计和建筑的景观""有机进化的景观"和"关联性文化景观"三种类型。文化景观遗产作为连接文化与自然的纽带,更加强调人类与自然的相互作用,体现了人与自然共荣共存、可持续发展的理念。

2) 文化线路

20世纪90年代以来,国际社会开始强调文化间的平等、文明的对话,在这样的环

---

① 陈同滨. 中国文化景观的申遗策略初探[J]. 东南文化, 2010(3): 18-23.

境下,"文化线路"的概念得以逐步成型。根据ICOMOS的研究,"文化线路"概念的源头可以追溯到1993年,圣地亚哥路线被列为世界遗产。1994年11月在马德里召开的"作为我们文化遗产一部分的文化线路"的会议第一次清晰地提出"文化线路"的概念。会议正是由新的《世界遗产名录》引发。1998年,ICOMOS成立文化线路科学委员会(CIIC),此后一系列关于"文化线路"的讨论都表明了国际上对于这一新文化遗产类别的关注。2003年世界遗产委员会在《操作指南》中加入了"文化线路"的内容,自此"文化线路"正式成为世界遗产保护领域的一个新类别。"文化线路"将过去文化遗产的"点"状概念拓展为以重大的人类活动为脉络的"线"型区域,并暗含了以文化的发展与传播来集合不同文化遗产。这一新类型一出现马上引起了关注而成了近年文化遗产保护界的研究热点。

3）遗产运河

国际上有关工业遗产的研究在20世纪80年代后期出现得较为密集,表现出在文化遗产概念的发展过程中对技术价值的关注。在西班牙圣地亚哥朝圣路线列入《世界遗产名录》,引起对文化线路概念关注的同时,也引发了关于遗产运河的研究。2003年《操作指南》修订时增加了遗产运河这一特殊类型。该类型的出现体现出世界遗产评价标准中对技术价值的认可。结合运河作为工业文化遗产的研究,国际古迹遗址理事会和工业遗产保护委员会(TICCIH)共同编制了《国际运河遗产名录》(*International Canal Monument List*)作为《操作指南》的附件。它的作用是帮助认定《世界遗产名录》中未被充分代表的类别,从而成为关于遗产运河界定的重要国际文件。文化线路与遗产运河是线型遗产保护思想在世界遗产保护领域的重要代表。

4）遗产廊道

遗产廊道的理论发源地是美国。美国不是联合国教科文组织(UNESCO)的成员国,其文化遗产保护自成体系。在美国发源的与欧洲的文化线路具有相似性的概念是遗产廊道。遗产廊道的提出对美国这样一个历史并不悠久,但自然资源丰富的国家具有务实性和前瞻性。该概念主要基于遗产保护区域化趋势与绿色通道发展起来,与绿道的区别在于,遗产廊道注重对廊道沿线和辐射区内的文化遗址和历史遗迹的保护,对其短暂的历史给予最大限度的关注,其保护隶属于美国国家公园体系。遗产廊道是一种线型的遗产区域,它把文化意义提到首位,是综合了自然、经济、历史文化等多重目标的综合保护体系。与文化线路相比,遗产廊道更强调自然生态系统与经济价值的平衡能力,此外界定也没有文化线路严格。

1.1.2 国内文化遗产保护理念的发展

进入21世纪,面对瞬息万变的经济社会发展形势,我国的文化遗产保护工作者不断总结过去的工作成果,吸纳国际文化遗产领域的新理念,也推动了我国文化遗产保护概念的不断扩大。

1) 文物保护理念的早期发展

"文物"一词在我国的发展源远流长,作为一个完整词汇首见于《左传》。但当时主要指礼乐典章制度,与现代的"文物"并不是相同的概念。"文物"准确概念的产生是近代科学兴起与发展的结果。20世纪初伴随着现代考古学的出现,通过对古代遗存的发掘与研究,才产生了现代意义上的"文物"概念。但当时的"文物"主要指可移动的古代器物。我国在政府层面开始重视包括古建筑、古代构筑物在内的文物古迹的历史可以追溯到光绪年间。当时清政府拟定《保护古物推广办法》和《城镇乡地方自治章程》也许是我国最早涉及保护古迹的法律文件。我国现代意义的文物保护工作,始于20世纪二三十年代。1928年,国民政府内务部颁发《名胜古迹古物保存条例》。1930年6月,国民政府颁布的《古物保存法》,是我国历史上由国家公布的第一个文物保护法规。20世纪初,一些进步学者认为我国古代建筑为传统文化之精华,应进行系统研究,1929年由朱启钤先生等人发起成立了中国营造学社,其宗旨是运用现代科学方法,同时融通中西、融通道器并将营造的遗产研究纳入文化领域,开始对我国古代建筑进行"法式"和文献方面的实地调查测绘和研究考证。营造学社连续工作了20年,推进了中国传统建筑的研究工作,并提出对古代建筑的保护要保持其历史风貌,维修要保持原状等观点,奠定了我国文物建筑保护的基本原则。[①]

2) 多层次文化遗产保护体系的建立

20世纪50年代以后,文物保护成为国家文化事业的重要组成部分。我国的文物分为不可移动文物和可移动文物两类。1961年,国务院颁布《文物保护管理暂行条例》,标志着我国不可移动文物保护单位制度的初步形成。1982年,《中华人民共和国文物保护法》(简称《文物保护法》)公布实施,将"文物"一词及其包括的内容用法律形式固定了下来。2002年,新修订的《文物保护法》对文物的概念进行了深化。几十年来,对文物保护单位的保护管理工作做出了一系列规定,包括核定公布文物保护单位,划定保护范围和建设控制地带,确定保管机构等。1982年,国务院公布了第一批国家历史文化名城,历史文化名城制度随之确立。1986年国务院公布第二批国家级历史文化名城时,针对历史文化名城保护工作中的不足和旧城拆旧建新的高潮,正式提出应保护历史街区。2008年,《历史文化名城名镇名村保护条例》颁布,该条例确定了历史文化街区和历史建筑的保护概念。经过多年的研究与实践,我国住房和城乡建设部与国家文物局形成了两套自上而下、有分有合的管理系统,其中文物局主要负责不可移动文物的保护工作,而住建部构建的城乡建筑遗产保护体系包括历史建筑、历史文化街区、历史文化名城名镇名村等法定层次。

3) 新时期文化遗产保护理念的发展

随着对外开放的逐渐加深,文物的内涵和外延已经无法满足日益增长的文化遗产保护需要。我国的"文化遗产"概念是自1985年加入《保护世界文化和自然遗产公约》

---

① 单霁翔.从"文物保护"走向"文化遗产保护"[M].天津:天津大学出版社,2008:32-34.

开始,在综合了《保护世界文化和自然遗产公约》和《保护非物质文化遗产公约》两个国际公约的基础上,依据《文物保护法》,结合文化遗产保护现状做出的界定。2005年,我国出台了《国务院关于加强文化遗产保护的通知》(国发〔2005〕42号)和《国务院办公厅关于加强我国非物质文化遗产保护工作的意见》(国办发〔2005〕18号)①,首次正式在国家级公文中确定了中国"文化遗产"概念的内涵和外延②。2006年12月,我国颁布实施了《世界文化遗产保护管理办法》,随即《中国世界文化遗产检测巡视管理办法》《中国世界文化遗产专家咨询管理办法》等规章相继制定实施。这些制度的制定成为我国文化遗产保护体系与世界文化遗产保护体系相互融合、借鉴的尝试。与此同时,国内开展了一系列新型文化遗产保护工作,包括国家文物部门组织的长城保护工程,将长城这一巨型、线型的文化遗产纳入统一保护管理体制。"大遗址"是我国文物工作者根据文化遗产保护工作的实际需要提出的重要概念,专指文化遗产中规模大、涉及问题复杂的文化遗址。2005年起,国家开始设立大遗址保护专项资金,国家文物局组织了《国家"十一五"重要大遗址保护规划纲要》编制工作,并组织编写《大遗址保护规划规范》。如何针对规模特大、分布广泛、类型复杂的大遗址编制有针对性的保护规划,并纳入城乡建设和社会经济发展规划,协调大遗址保护与城乡发展的关系,成为文化遗产保护领域的重要课题。工业遗产、乡土建筑、非物质文化遗产也相继成为新世纪我国文化遗产保护的热点。2006年12月,杭州西湖、哈尼梯田、中国大运河、丝绸之路等文化遗产被列入《中国世界文化遗产预备名单》,并随后陆续申遗成功,显示出我国文化遗产的保护向着综合化、动态化、巨型与跨区域化等方向发展的趋势。

1.1.3 大运河遗产保护规划提出的历史背景

大运河遗产保护正是在这样的国际、国内文化遗产保护的发展背景下被提出。大运河北起北京,南达杭州,沟通了海河、黄河、淮河、长江和钱塘江五大水系,主线长约1740千米,是世界上最长的人工河流。它是中国历史上军资调配、南粮北运、水利灌溉、商旅交通等用途的生命线,被誉为是和长城一样伟大的古代工程。大运河沿岸的地区因傍依水系而充满了变化和生机。时至今日,依然是我国政治、经济、文化的重心区域。随着社会的发展、历史的变迁,大运河发生了巨大变化,漕运衰落使得大运河丧失了历史上的交通运输地位,工业化和城市化的快速发展也使得大运河面临的环境问题十分严峻。山东济宁以北的河道基本断流,一些区段水质污染严重,与大运河相关的文化遗产遭到破坏。在淡出历史百年后,进入21世纪,大运河因南水北调东线工程的启动重新被拉到了人们的面前。南水北调工程的大规模调水可以重新赋予断流水体活力,激活古代运河水系的功能,但同时也给大运河文化遗产的保护带来了挑战。

---

① 刘世锦.中国文化遗产事业发展报告(2008)[R].北京:社会科学文献出版社,2008:8.
② 尽管我国在诸多政府文件中使用过"文化遗产"一词,但都并非将其作为一类内涵外延清晰的事物,更没有作为一个管理体系的依托。

大运河文化遗产的保护进入政府和各界人士的议程中,并随着世纪初"申遗"的呼吁逐步引起了公众的关注。

1) 国家举措

2003年6月,国家文物局、水利部联合发布了《关于做好南水北调东、中线工程文物保护工作的通知》。国家文物局成立了"南水北调工程文物保护工作领导小组",专门负责协调工程中的文物保护工作。相关省份中的江苏、山东等省随后完成了文物调查报告。2006年5月25日,国务院将京杭大运河(春秋至清)整体公布为第六批全国重点文物保护单位,分布范围为北京市、天津市、河北省、山东省、江苏省、浙江省。同年12月,国家文物局正式将大运河(北京市、天津市、河北省、河南省、山东省、江苏省、安徽省、浙江省)列入《中国世界文化遗产预备名单》。2007年9月,在大运河的发轫地江苏扬州举办的中国扬州世界运河名城博览会暨运河名城市长论坛等系列活动中,国家文物局将扬州市宣布为大运河申报世界文化遗产的牵头城市,标志着大运河申报世界遗产工作正式启动。

2) 政协关注

在政府推进大运河保护和"申遗"的行动中,全国及地方省、市政协成为其中重要的推动力量。全国政协委员先后多次通过提案,呼吁加强大运河的历史文化研究与保护。相关呼吁和保护行动促成了全国范围内的大运河保护和申遗热潮:2005年12月,我国著名文物保护专家郑孝燮和罗哲文等政协委员在全国政协举行的"中国保护世界遗产走过二十年纪念座谈会"上,联名致信运河沿岸城市市长,呼吁运河申遗"不能再拖"。2006年3月,58名政协委员提出保护与申遗提案,并于2006、2007、2008三年组织政协委员赴各省调查。在2006年的考察结束后,由全国政协文史和学习委员会主办,于杭州举办了京杭大运河保护与申遗研讨会,并通过了《京杭大运河保护与申遗杭州宣言》。随后,地方省市政协也纷纷响应,举行考察和研讨活动,推进大运河申遗。

3) 保护规划启动

尽管"南水北调"与"申遗"为大运河遗产的保护提供了契机,加大了社会各界对大运河的关注力度,但"申遗"只是一种手段,根本目标是要实现大运河的保护与发展。而面对大运河存在的问题,制定整体的保护规划,确定保护目标并建立相关的保护架构是必要的长效保护手段。此外,根据世界遗产委员会的规定,申报世界遗产的材料中必须包括管理规划[①],而作为"全国重点文物保护单位"也必须编制保护规划,因此,大运河遗产保护规划成为促进大运河保护、推动大运河申遗的关键。

2008年3月,京杭和隋唐运河沿岸八省(及直辖市)33(后增至35)个城市在扬州成立运河联盟,国家文物局要求在完成保护规划的前提下,用三到五年完成申遗准备工作。同年9月,国家文物局批准了由中国文化遗产研究院和东南大学联合承担的

---

① 根据《操作指南》第132段要求,一份适宜的管理规划必不可少,应该收录在申报材料内,而本文将在下文中解释管理规划与保护规划的关系。

《大运河遗产保护规划第一阶段编制要求》(简称《一阶段编制要求》)并由财政部下拨规划专项资金两千余万元,第一阶段地市级运河遗产保护规划随即在35个城市全面启动。

1.2 大运河遗产保护规划的工作程序和面临的问题

1.2.1 保护规划的工作程序与面临的现实价值冲突

2008年3月25—26日,由国家文物局主持,联合运河沿岸省、市在江苏扬州召开了"大运河申报世界遗产工作会议暨大运河保护规划编制要求研讨会",会议决定分步骤编制大运河遗产保护规划。大运河遗产保护规划体系由纵向的三阶段构成:第一阶段:大运河遗产地市级保护规划;第二阶段:大运河遗产省级保护规划;第三阶段:大运河遗产总体保护规划。

至2009年7月,35个地级及地级以上城市的大运河遗产保护规划编制工作相继完成。由中国文化遗产研究院和东南大学联合编写的《大运河遗产保护第二阶段规划编制要求》(简称《二阶段编制要求》)于2009年11月下发,大运河遗产省级保护规划随即启动。2010年3月,在各省级规划尚未完成的情况下,第三阶段的总体保护规划根据大运河保护和申遗省部际会商小组第二次会议决议,与省级规划同步开始进行,并于2010年12月提交了《大运河遗产保护与管理总体规划(2010—2030年)》(简称《总体规划》)初步成果。与此同时,伴随着规划过程中对大运河遗产的逐级筛选,"大运河申报世界文化遗产预备名单"出炉。因大运河遗产穿越行政区域并涉及多个管理部门,国家文物局在规划团队提交了《总体规划》初步成果后,召开了相关部门规划意见征询会议。在审议了规划初步成果和申遗预备名单后,国家发改委、水利部、交通部、住建部、南水北调办公室、环保部等相关部委随即提出关于总体规划和"大运河申报世界文化遗产预备名单"的书面意见。有关部委考虑到大运河仍在承担的航运、调水等现实功能,不认同保护规划中制定的类似于文物保护单位的保护区划和管控要求,反对将大量仍在使用的河道和水利工程设施纳入申遗名单。在大运河遗产保护规划编制的同时,国家文物局法规司结合规划,同步起草了《大运河文化遗产保护条例》(简称《条例》),并于2010年11月提交《条例》草案。相关行政管理部门同样也针对《条例》中反映出的有关大运河遗产保护区划内的管控要求、保护规划与相关行业规划的关系提出了不同意见。规划一时陷入困境,是采纳相关部委的颠覆性意见还是沿着规划原本的思路继续?

笔者随着导师的研究团队参与了大运河遗产第一、第二阶段编制要求和大运河遗产江苏段的市级、省级以及第三阶段总体规划的编制过程。经历这个过程使笔者感受到,大运河遗产保护规划面临的现实挑战前所未有。与社会各界的高度重视相反,规划面临的意见分歧比过去任何时候更为尖锐。造成这种分歧的原因是由于对大运河这样巨型、线型、跨区域和仍在使用的遗产,各部门之间存在利益冲突且对遗产价值的认识存在分歧。各部委的反馈意见反映出他们从不否认大运河遗产具有突出的历史价值、文化价值、技术价值……但也强调在各自的利益视野下运河还具有其他重要价值,比如交通部门强调"运"才是运河的根本,水利部门强调先要有"水"才成运河,因此反对对相关建设活动增加严格的限制与管理。保护规划编了却被认为不具有"操作性",如果不做调整,可以预见即使规划批了也执行不好,促使笔者开始思考规划自身是否存在问题,该如何处理这样的矛盾。

1.2.2 申遗面对的文化差异与带来的启示

大运河遗产保护规划既是基于我国现行的行政管理体制进行的规划编制工作,也是在申遗目标下开展的新型文化遗产保护规划的实践探索,需要面对由申遗引发的文化差异冲突。在《操作指南》中虽然规定申报材料中必须包含管理规划,但并没有对管理规划提出具体编制要求。在我国遗产保护实践中,申遗和保护规划也常被当作两项目标不同的工作来处理。在大运河遗产保护规划过程中,对这两者的关系也存在不同认识。但从现实来说,大运河遗产保护规划与申遗的目标密不可分,作为实现保护目标的一种促进手段,申遗至少在两个方面对大运河遗产保护提出了更高的要求:一是对大运河遗产价值的认识;二是对大运河遗产的保护与管理。

申遗促使深入挖掘大运河遗产的价值,认识大运河遗产的性质和内涵,以帮助确定适宜申报的遗产类型。世界遗产的内涵和外延近年来不断得以拓展,逐渐增加了文化景观、文化线路、遗产运河等类型。对大运河这样巨型、跨区域、弃用兼备、形神俱丰的遗产,需要广泛参照世界遗产中的相关类型遗产的特点对大运河遗产的性质和内涵加以分析和确定。国内对大运河遗产对应世界遗产的何种类型存在分歧[①],认为与已经列入世界遗产名录的运河类遗产(法国米迪运河、比利时拉卢维耶尔和鲁尔克斯主运河上的4个船闸及环境、加拿大里多运河及英国庞特基西斯特水道桥与运河)相比,中国大运河遗产的属性更为复杂,尽管这类观点有自己的合理性,但也需要避免中国文化"自我参照"的价值研究局限[②],而忽视了跨文化的沟通与认同的。

对遗产性质的认识影响到遗产保护原则和方法的确定,而申遗也对大运河遗产的保护与管理提出了更高的要求。持有将申遗和保护规划视为是两项不同的行动观点的人认为,申遗只是获得一种称号,保护规划及对遗产的保护与管理还是必须回归到我国的行政管理体制和规划体系下。但2005版的《操作指南》指出,世界遗产的"突出普遍价值"(OUV)是指遗产"具有罕见的文化和(或)自然价值,它超越了国家界限,对全人类的现在和未来均具有普遍的重要意义"。在《什么是突出普遍价值》的报告中认为"普遍"不在于众所周知,而是在人类的进步与发展史中会遇到一些共通的问题,不同时期、不同文化背景的人如何卓越地面对这些问题才是"突出普遍价值"的精神内

---

① 详见本书第4章。
② 陈同滨. 中国文化景观的申遗策略初探[J]. 东南文化,2010(3):18—23.

核。因此,是否存在普世性的方法是值得思考的问题。

1.2.3 从编制方法层面展开探讨的必要性

规划被认为是"操作型的决策"(operational decision),如果不具有操作性,规划就失去了编制的意义。规划的操作性受到多方面因素的制约,既有制度与环境层面的,也有方法与技术层面的,此外还受到实施管理的影响。大运河遗产保护规划编制临近尾声之际显得异常突出的操作性问题,很多时候被认为是由"条块分割"的管理体制带来的无法避免的矛盾。然而是否在现实的制度与政策环境下,大运河这样的遗产保护规划就只能无所作为或只能导向这种两难的结果?作为技术人员能否在清楚规划环境后,在编制方法层面提出适应性改良建议?这是值得研究的,毋庸置疑的,保护规划的编制与规划的可操作性之间也有着必然直接的关联。

在国内学术界开展的针对大运河的广泛研究中,涉及运河的历史、文化、技术、制度的变迁,与相关文化遗产概念的比较和申遗类型的确定,价值和遗产构成的辨析以及运河遗产管理等方面,尽管这些内容都可以成为保护规划的基础支撑,但对保护规划本身的编制方法与技术的研究,还仅限于规划开始前的编制要求和规划团队进行的一些探索和尝试,而规划成果遭遇的现实问题已经表明该规划的技术路线和方法存在现实的不适应性,需要对保护规划自身进行反思并找寻解决方法。

国内知名遗产保护学者阮仪三教授曾指出:大运河遗产的保护几乎包含了文化遗产保护领域所有的前沿问题[①]。当国内文化遗产保护界引入文化景观、文化线路、遗产运河、遗产廊道等国际前沿的文化遗产概念,将大运河遗产与这些概念进行比较研究时可以发现存在一些共性,都反映出当前的文化遗产保护在空间尺度、遗产类型和要素、价值内涵、管理体制等多方面不断扩展的趋势,需要努力实现遗产保护、跨区域协调、区域振兴等多重目标。既然具有共性的特征和目标,解决问题的方法也必然存在共性。那么国际上针对这些新型文化遗产的规划是否也需要面对大运河遗产中的价值与利益冲突问题?他们在规划中采用怎样的方法应对?具有怎样的技术特点?目前国内的文化遗产保护领域除了对遗产廊道的规划体系有一定研究(以北京大学俞孔坚、李伟等人的研究为代表,但是遗产廊道并非世界文化遗产的类型),对国际上其他线型、跨区域遗产类型的保护规划研究还相当缺乏,并未对相关规划的编制方法和技术进行系统和深入探讨,因而没能形成有效的借鉴和启示。

当然在展开较为深入的引介工作以前,还应该清楚地认识到,大运河遗产与国际上的相似案例之间不可能存在完全的一致性,但是中国文化遗产作为世界遗产体系的组成部分,借鉴国际上科学的规划理论与方法,尤其是具有高标准和应用价值的世界遗产的规划经验,对开拓大运河遗产和其他类似遗产保护的视野,促进我国文化遗产保护工作的发展具有积极意义。

---

① 阮仪三,丁援.价值评估、文化线路和大运河保护[J].中国名城,2008(1):38-43.

1.3 研究目的与研究意义

1.3.1 研究目的

本书的研究目的在于：以解决大运河遗产保护规划面临的现实问题为出发点，借鉴国际新型文化遗产保护规划的理论和相似世界文化遗产案例的规划实践经验，剖析大运河遗产保护规划编制工作中的成果与不足，形成一种认识理论并构建一种规划模式以指导实践。

论文尝试探讨以下问题：

针对与大运河遗产保护中相似的价值与利益冲突问题，国际文化遗产保护界采用了什么样的规划方法应对？

这样的规划方法如何发展成型？具有怎样的技术特点？体现怎样的保护观念？

该规划方法在实践中的应用情况如何？与世界文化遗产保护的关系如何？

这些方法和案例可以给大运河遗产保护规划的编制带来怎样的启示？如何改进大运河遗产保护规划编制工作？

1.3.2 研究意义

1）理论意义

以文化遗产的"多维价值"为切入点，介绍国际文化遗产保护领域一种较新的方法，辨析国际文化遗产保护规划中的"价值"含义，反思我国文化遗产保护规划的观念与实践，从理论上澄清其中存在缺失的方面。

结合大运河遗产的实例，系统构建巨型、跨区域、活态文化遗产的规划理论，深入研究具体的技术特点，拓展与丰富我国文化遗产保护的基础理论与方法。

针对空间规划体系建构时期，相关规划的有效整合与衔接问题，根据基于"多维价值"方法的核心技术特点，从大运河遗产这一专项规划的角度，在规划的层次架构、协商机制、动态反馈等方面提出思路与方法，补充与完善空间规划的相关理论，为构建国土资源有效管控框架提供理论支撑。

2）实践意义

大运河遗产保护规划中所体现出的遗产管理的多重性、层级性及不同部门间的价值与利益冲突，在申遗阶段并未解决。进入后申遗时代，以大运河为代表的具有国家代表性的文化遗产，还承担着新时期文化复兴的使命。本研究反思大运河遗产保护规划遭遇的现实问题，提出符合实际的规划方法，研究成果将为发挥大运河这类遗产在国家重大战略中的作用提供有效支撑。

从当前空间规划改革集中探讨的问题看，所涉及的需厘清的各类各层级空间规划逻辑关系、待建立的空间规划法律关系、需理顺的空间规划体制关系等，都与在大运河遗产保护中呈现出的问题十分相似。本研究通过借鉴国际文化遗产保护领域的成功经验，提出的保护规划编制方法和应用模式，对当前相关文化遗产的规划有所借鉴，具有广阔的应用前景。

1.4 研究内容与研究方法

1.4.1 研究内容

本研究分为六章，第1章为绪论，介绍相关研究背景和概念，第6章为结语。主体内容由四个章节组成：

第2章是对国际保护规划方法的理论研究。首先说明了笔者是如何选定"基于多维价值的保护规划"作为本文引介的国际保护规划方法的。在这一章的主体部分，对"基于多维价值的保护规划"的发展概况进行了梳理，分析了"基于多维价值的保护规划"在欧洲国家和新世界国家的发展脉络；而后介绍了"基于多维价值的保护规划"的概念和其中"价值"的含义、工作程序与应用范围；随后本研究将"基于多维价值的保护规划"在解决价值冲突问题时与传统保护程序的单向线性过程有所差别的核心技术特点归纳为规划层次、价值评估、利益相关者的参与、沟通与谈判的底线、规划的动态性与成果的修编等5个方面；最后笔者认为这种保护方法的出现和成型与国际社会的经济、文化、社会发展密切相关，体现了特定历史时期下的规划思想，从而进一步对"基于多维价值的保护规划"所包含的深层规划思想进行了解析。

第3章是对国际保护规划方法的实践研究。根据第2章的分析，在文化遗产保护思想发源地的欧洲和新世界国家，"基于多维价值的保护规划"的发展路径并不相同。本研究在这两类国家各选取了一个案例，规划的对象都是与大运河具有一定相似性，并已列入世界遗产名录的巨型、线型文化遗产，即英国的哈德良长城与加拿大的里多运河。在两个案例的研究中分别分析了"基于多维价值的保护规划"在两个国家的发展情况，介绍了该方法融入各国文化遗产保护体系后产生的规划类型（即英国的世界遗产管理规划和加拿大的国家公园管理规划）和编制标准，并进一步分析哈德良长城和里多运河管理规划的技术特点，同样围绕"规划层次、价值评估、利益相关者参与、沟通与谈判的底线、规划的动态性与成果的修编"等5个方面展开，解析"基于多维价值的保护规划"方法在实践中各个技术环节的应用情况。

第4章是对大运河遗产保护规划编制实践的回顾与分析。先介绍了大运河遗产保护规划的工作布局与基本思路，再根据大运河遗产保护规划的技术路线，对遗产对象界定、价值评估、现状问题分析、保护区划和管理规定的制定等几个主要技术环节进行了剖析。由于大运河遗产保护规划采用分阶段编制的方式推进，本章比较了在分阶段推进规划的过程中，规划思路的变迁；此外由于受到大运河遗产的自然地理条件、保存现状及规划团队的主观认识等因素影响，本章也比较总结了在同一阶段（地市级）各区段大运河遗产保护规划编制中的技术特点和标准的差异。

第5章是对大运河遗产保护规划编制工作的反思以及"基于多维价值的保护规划"方法的应用性探讨。该章针对大运河遗产保护规划编制以后面临的现实问题,对其中存在的部门价值差异、规划衔接困难、操作性受到质疑等情况进行详细解析,再将大运河遗产保护规划同"基于多维价值的保护规划"方法在"规划层次、价值评估、利益相关者的参与、规划的动态性与成果的修编"等几个核心技术环节进行比较,分析出工作方法及背后的规划理念上的"差异",最后也从上述几个方面提出若干改进保护规划技术与方法的策略建议。

研究框架图(图1-1):

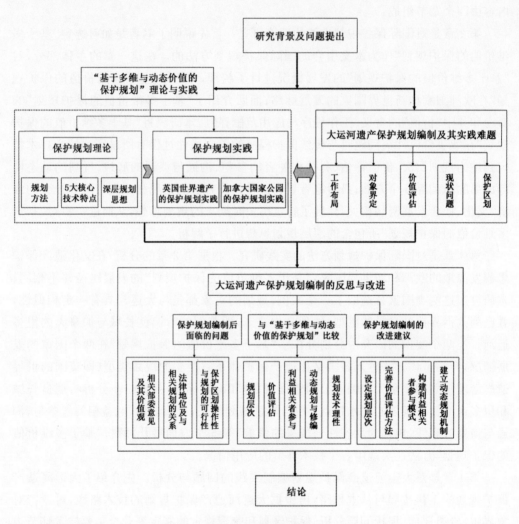

图1-1 研究框架图

1.4.2 研究方法

1）文献分析与总结归纳法

本研究充分运用了文献分析与总结归纳方法，展开对"基于多维价值的保护规划"方法的研究。主要是通过多渠道文献的收集与研读，以大量翔实的文献研究作为分析基础，包括国际文化遗产保护组织和研究机构制定的公约、宪章、研究报告等文件，各国遗产保护组织颁布的指导原则、规划指南，各国的保护与管理规划、期刊论文等，通过对这些资料的概括和总结，分析"基于多维价值"的遗产规划理论和实践情况。

2）复杂性科学方法

大运河遗产是一个复杂的巨系统，大运河遗产保护涵盖了当前遗产保护领域所有的新热点与难点，但是面面俱到的研究非常困难。本研究借鉴复杂性科学"复杂问题有限求解"的研究方法，抓住在申遗前后大运河遗产保护中呈现出的核心难题即多元价值和多种利益诉求冲突，从规划的工作模式、关键技术与方法开展有选择性与针对性的研究。

3）实证研究法

本文选取哈德良长城、里多运河的案例对"基于多维价值的保护规划"方法进行实证分析，此后又对大运河遗产保护规划的实践情况和未来如何借鉴"基于多维价值的保护规划"的经验建立适应时代需求的新模式提出改进建议，对国际保护规划理论和方法在大运河遗产规划实践中的适用性加以探讨。

4）学科交叉法

本研究以文化遗产保护理论和实践为基础，因大运河遗产保护涉及水利、交通、规划、文物等多个部门，需要了解相关行业的法律法规和相关规划要求，因此需对相关领域的知识有所了解；此外在研究国际上"基于多维价值的保护规划"的深层规划思想的过程中，也注意吸收和借鉴城市规划领域对规划理论发展的研究成果。

1.5 相关概念辨析

1.5.1 大运河遗产

1.5.1.1 大运河

中国拥有漫长的修造运河的历史，其中"可以称大者仅东西大运河及南北大运河"[①]。东西大运河是隋唐时期由永济渠、通济渠、淮扬运河、江南运河构成，南北大运

---

① 姚汉源.京杭运河史[M].北京：中国水利水电出版社，1997：16.

河是指元代开通惠河、会通河和隋永济渠北段(白河与卫河)、淮扬运河及江南运河形成的京杭大运河。隋唐运河与元明清京杭大运河是中国古代运河的典型代表,它们纵贯南北,连接了钱塘江、长江、淮河、黄河和海河等五大水系,跨越了杭嘉湖平湖、长江中下游平原、华北平原等不同的地理单元,形成了沿线独有的自然景观和历史文化风貌。

大运河穿越北京、天津、河北、河南、山东、江苏、浙江、安徽等八省、直辖市。考虑到大运河演化的历史过程,列入国家文物局重新设定的《中国世界文化遗产预备名单》的"大运河",除京杭大运河外,也扩容到包括通济渠、卫河与浙东运河①。围绕申遗目标开展的大运河文化遗产保护规划中的"大运河"不仅包含京杭大运河也包含隋唐运河与浙东运河,分为通惠河段、北运河段、南运河段、会通河段、中河段、淮扬运河段、江南运河段、浙东运河段、卫河(永济渠)段、通济渠(汴河)段,共10个区段。

最初列入第六批全国重点文物保护单位的为"京杭大运河",当时列入的对象并未明确,也还未"扩容",故沿用了惯常的"京杭大运河"名称。而现实中,目前仍承担着南水北调、航运功能的运河河段主要涉及京杭大运河(南水北调东线工程只与京杭大运河有关)。

因此,本研究中的"大运河"与大运河遗产保护规划中的概念保持一致,即包括京杭大运河、通济渠、卫河与浙东运河,而在本研究中对所涉及的水利、航运内容,有时也会使用"京杭大运河"的概念。

1.5.1.2 大运河遗产

大运河贯穿之地,是中华文明形成和发展的重要地带。大运河遗产是自春秋以来以漕运为目的、由国家主导进行建造、使用和维护的运河工程。经过两千多年的动态演变,并与其沿线自然、社会环境持续互动,形成的独特文化遗产。是大运河水运体系及其沿线分布的、反映大运河水利工程在国家层面上的历史作用和历史地位的;并有相关考古证据、实物、科学数据和确切的参考文献证明的;与大运河发展历程直接相关的,具有突出普遍价值的遗迹和遗物②。鉴于大运河遗产构成内涵的复杂性和外延的广泛性,大运河遗产认定的时间下限从一阶段编制要求开始即被确定为公元2000年年底。而在大运河遗产保护规划中界定的大运河遗产以不可移动的物质文化遗产为主体,并认为其构成应是体现遗产核心价值的遗存。

列入国家文物局设定的《中国世界文化遗产预备名单》的,除京杭大运河外还包括通济渠、卫河与浙东运河河段的大运河遗产。中国大运河遗产基本上沿各段主线呈线状分布。江南运河段、浙东运河段局部有网络状段落。通济渠段因部分段落目前尚未查明而呈不连续的线段式分布。南北方向,大运河自北京至浙江杭州,依次为通惠河

---

① 大运河包括的隋唐运河、京杭大运河、浙东运河也已经写入了《大运河文化遗产保护条例(草案)》
② 中国文化遗产研究院,东南大学.《大运河遗产保护规划第一阶段编制要求》文本说明书,2008.6.

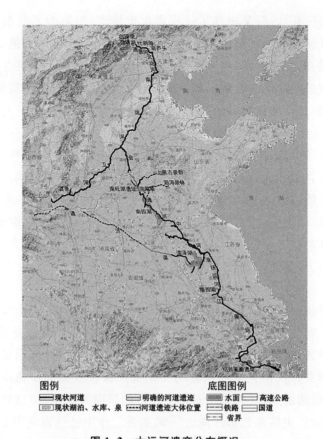

图 1-2 大运河遗产分布概况
资料来源：笔者根据《大运河遗产保护与管理总体规划》改绘

段、北运河段、南运河段、会通河段、中河段、淮扬运河段、江南运河段；东西方向，运河自河南洛阳至浙江宁波，依次为通济渠（汴河）段、淮扬运河段、江南运河段、浙东运河段，其中淮扬运河段、江南运河段与南北向运河重合，为不同历史时期共有的运道；卫河（永济渠）段自河南焦作至山东临清，呈西南——东北走向。①（图 1-2）

1.5.2 价值

1.5.2.1 文化遗产的价值

文化遗产的保护需要根据其价值确定保护方式已经为遗产保护界广泛认可。"价值"概念属于哲学范畴，它的本质或含义是什么，古今中外的学者可谓见仁见智。在哲学史上对价值的研究虽可以追溯到西方神学和古典哲学中的有关内容，但是价值哲学正式成为哲学中的研究领域还是相当晚近的事情，直至 19 世纪末 20 世纪初，一部分哲学家开始研究价值问题，先提出了主观主义价值论，后来提出客观主义

---

① 中国文化遗产研究院，东南大学建筑设计研究院，等. 大运河遗产保护与管理总体规划（2011—2030）规划说明，2011.3.

价值论与之分庭抗礼,此后又出现了过程哲学价值论,但影响不及前二者。主观主义价值论强调从满足需要和愿望及使人产生快乐的角度来理解价值,并由此产生了情感/兴趣/愿望/需要决定论、主体赋予论、评价结果论等,这类观点直至今日仍在价值研究中占有重要地位。客观主义价值论则认为价值具有其客观基础,是事物自身的固有属性,独立于载体和评价主体之外。这两种观点中,主观主义价值论视价值为纯粹主观,认为价值是相对的,忽视了价值的客观性而流于相对主义;而客观主义价值论又否认了价值的相对性与历史性,否认了主体评价的影响,无法解释价值因时间、地点、人等条件而异的现象,同样将合理的思想推向了极端。为了调和这两种价值论中的矛盾,此后又有学者提出将价值界定在关系范畴,主张从主客体间的关系来认识价值,强调主体和客体之间的相互关系和相互作用的重要性,认为价值就是客体对主体的效应;并且应该区分价值与评价,即认为价值是客观存在的,而评价是一种主观行为,如此一来既承认了价值的客观性,又不至于沦入主观主义价值论的误区[①]。

哲学上的价值论对认识文化遗产的价值也有一定的启示,因为文化遗产保护是一门应用学科。在文化遗产保护领域也有文化遗产的价值概念逐步成型的过程。其起点是从保护艺术品开始,发展到古迹、纪念物、建筑遗产并进而延伸到实物相关的环境。早在启蒙时代由艺术品引发的文化遗产保护最初的价值取向——艺术价值,与宗教神权抗衡的"人文精神",对历史价值的早期关注以及"以科学方法研究和界定古物,以及做历史性和艺术性评价"[②]的实务工作中已经表现出文化遗产保护中对价值认识的两种倾向:一是由主体在社会文化中具有的需求,"人文精神""崇高""愉悦"等指向的主体精神层面;另一种是客体在历史过程中获得的客观存在,即蕴含于遗产本身的价值,如作为历史见证的文献资料,指向客体的客观物质层面。由此产生的价值取向已经具有了主、客二分的哲学模式的某些意涵。此后即使文化遗产的价值概念不断拓展,内涵日趋复杂与体系化,有关文化遗产的价值的研究逐渐增多,糅合了社会学、经济学与心理学等领域的概念,也没有脱离哲学上价值论的几种认识范畴。

因此,文化遗产的价值既具备客观性也存在主体性,既有相对性也有绝对性。文化遗产的价值既是客观的存在,具有固有的、客观基础;另一方面,价值也是主观的,因为受到时间和特定的团体所秉持的不同文化、智力、历史和心理因素的影响。[③] 与此相对应的,国际文化遗产保护界在近年来的研究中常涉及两个价值概念,即固有价值

---

① 黄明玉. 文化遗产的价值评估及记录建档[D]. 上海:复旦大学,2009:28-29.
② 约崎雷多·建筑维护史[M]. 丘博舜,译. 台北:台北艺术大学,2010:64.(J. Hokilehto,也译为朱卡·朱可托,乃台湾地区和大陆的不同翻译)
③ Labadi S. Representations of the Nation and Cultural Diversity in Discourses on World Heritage[J]. Journal of Social Archaeology, 2007,7(2):147-170.

(或内在价值,Intrinsic Value)与非固有价值(或外在价值,Extrinsic Value)①。此外,社会主观论的价值学说是一种价值的主、客观之间折中的论点,主张价值是文化或社会的产物,借由濡化(Enculturization)或社会化过程,个体承袭或学习社会文化理念中的价值判断,而后依此评价客观实在的价值。所以价值也是社会文化的产物,取决于当时的社会文化条件②③。

1.5.2.2 多维价值体系的形成

对文化遗产价值的认识既包含对客观事实的判断内容,也是人类社会活动的历史性产物,故具有时空的相对性。国际文化遗产保护领域对遗产价值的认知因此是持续发生变化的,时至今日,已经发展出多维的价值体系。

多维价值在早期对文化遗产价值的认识中已经有所体现。文艺复兴和启蒙运动促进了历史研究的繁荣,将文化遗产视为历史文献,一种知识的来源。④ 当时对文化遗产价值的认识主要集中于历史、艺术、科学、技术等固有价值(虽然在启蒙时代对艺术品、古迹的保护体现出主体具有精神层面的追求,但在早期价值的界定中并未包含这些方面),这是由于遗产保护来源于艺术、考古并随之拓展到建筑领域,所以长期以来沿用着上述学科的标准。最早提出纪念物价值体系的20世纪的艺术史家阿洛伊斯·里格尔(Alois Riegl),在《纪念物的现代崇拜:它的特质与起源》(*The Modern Cult of Monuments: Its Character and Its Origin*,1903)一书中详细论述了纪念物(Monument)的历史与艺术价值,并将纪念物价值界定为年代价值(一种演化的价值)、历史价值、纪念价值、使用价值、艺术价值和稀有价值。⑤《雅典宪章》中奠定了艺术、历史、科学三种价值类型。这种状况一直延续到二次世界大战以前。

20世纪下半叶开始质疑理性主义的终极化倾向,被进步史观压抑的主体意识与价值理性回归到思想领域⑥,历史观的改变也影响到对文化遗产价值的认识。1962年联合国教科文组织颁布了《保护景观与历史场所美景与特色建议文》提到景观对人类的

---

① 国外的学者认为过去遗产的价值被认定是固有的,如在贝纳得·费尔登,朱卡·朱可托(B. Feilden and J. Hokilehto)编写的《世界文化遗产地管理指南》中就指出:文化资源的内在价值涉及历史纪念物或遗址的材料、工艺、设计和环境。因此文化资源包括其实体组成部分及其环境。作为过去的产物,历史资源因自然侵蚀和功能上的使用而遭受破坏。很多情况下,这些资源还经历过各种改造。这些积累的变化本身也成为其历史特性和材料特质的一部分。这些材料特质表现了文化资源的内在价值;它是历史证明的承载体,也是过去和现在的文化价值的承载体。这种观点将价值视为事物自身固有的属性,独立于评价主体之外而存在。而随着文化遗产内涵的扩展,人们逐渐认识到一些价值(如宗教价值、精神价值、象征价值)与人的主观感受不可分割,固有价值以外的那些价值被称为非固有价值。

② Randall Mason. Theoretical and Practical Arguments for Values-Centered Preservation[J]. CRM: The Journal of Heritage Stewardship, 2006: 21-48.

③ 黄明玉. 文化遗产的价值评估及记录建档[D]. 上海:复旦大学,2009.

④ Cleere H. Archaeological Heritage Management in the Modern World[M]. London: Unwin Hyman, 1989.

⑤ 同②.

⑥ 来自东南大学建筑学院汤晔峥博士的有关研究。

精神层面的影响,开始关注遗产与人的互动。《威尼斯宪章》则首次强调古迹的概念也适用于"随时光流逝而获得文化重要性的过去平庸之作",这样的概念承认有着岁月价值的平庸之作同样也值得保存。这一时期文化遗产的保护逐渐突破了欧洲的传统语境,文化的多样性得到关注,文化遗产的内涵得到了拓展。在威尼斯宪章之后的六七十年代,随着针对不同类型遗产的保护文件的问世,对遗产价值的阐述逐渐细化,出现了如考古、建筑、美学、史前史、人类学、人种学、社会文化等多维度的价值认识;非固有价值得到承认:如1967年的《基多规范》(*The Norms of Quito*)因当时美洲国家快速开发又缺乏官方文化遗产政策产生,该规范从经济角度探讨了遗产的价值,将遗产视为经济资源,强调保护与利用的两面性。而1972年的《保护世界文化和自然遗产公约》中对场所(Site)的定义是"从历史、审美、人种学或人类学角度看具有显著普遍价值的人类工程或自然与人的联合工程,以及考古遗址等地"。1975年的欧洲建筑遗产宪章对价值的陈述更为全面,认为建筑遗产不仅具有社会、精神、文化与经济价值,建筑遗产还是过去时光的表征,人们对其有一种直觉的感情;此外该宪章还强调整体保护的重要性,并从当代的角度,提出建筑遗产具有社会整合和教育等方面的价值,为当时欧洲建筑遗产的保护确立了实用定位。① 1978年的《国际古迹遗址理事会章程》对环境、纪念物、建筑群、场所等遗产概念的界定中也提到了包括历史、艺术、建筑、科学、人类学、社会学、美学等方面的价值。

1979年的《巴拉宪章》(全称为《澳大利亚国际古迹遗址委员会保护具有文化重要性的地方的宪章》)是首部以遗产的价值为基础,进而制定保护程序的系统性指导文件,其特别之处在于没有采用以往的古迹、遗址、建筑遗产等概念,而以"地方"来诠释文化遗产②。"地方"意指"场所、地区、土地、景观、建筑物(群)或其他作品,同时可能包括构成元素、内容、空间和视野",并鼓励更广泛的诠释,具有文化重要性的地方即为文化遗产。文化重要性指面向过去、现在或未来的美学、历史、科学、社会或精神的价值。该宪章改变了之前对物质实体价值的局限,强调了形式以外的价值表达形式以及不同主体对价值可能产生不同的主观认识,且赋予文化重要性的时代精神,并和保护策略相结合:"文化重要性可能会因为地方历史的延续发展而改变,对文化重要性的理解也可能因为新的信息而改变。……由于价值不只存在于具体的物质当中,考虑到价值可能随着地方历史而变化,对价值保护的举措也充分考虑了其发展的空间";此外还提出尊重价值的多样性,面对多元价值冲突。简言之,《巴拉宪章》详细阐述了与遗产价值有关的各要素之定义与关联、保护的原则和过程,以及相关措施与遗产价值的相互影响。有学者认为,《巴拉宪章》是继《威尼斯宪章》之后最重要的一部遗产保护文件。③

在过去的20多年中,不同的学者提出越来越综合的看法,在不同保护制度下的法

---

① 黄明玉.文化遗产的价值评估及记录建档[D].上海:复旦大学,2009:53.
② 根据盖蒂保护研究所保护专家 Randall Mason 的观点。
③ 同①53-54.

律文件中得到了体现。文化遗产的社会价值和经济价值得以被逐渐认识。社会价值在《巴拉宪章》中有所提及,而在莱普提出的价值分类中却被忽略①。20世纪90年代中期以来,社会价值已经得到了普遍的关注。《巴拉宪章》中没有提到的文化遗产的经济价值(无论是其1979、1981、1988年,还是1999年的版本)和市场价值则是在英国和美国的遗产保护组织如英格兰遗产委员会和盖蒂保护研究所的相关研究中得到了更多地强调。② 总的来说,随着保护文件中对遗产定义的日益细化,多维价值脉络也有进一步的拓展。对遗产价值的认识从早期的集中于历史、艺术、考古等固有价值,而发展到关注将文化遗产置于更宽广的社会文化脉络之中。

1.5.3 保护规划

1.5.3.1 国内保护规划的体系

1) 两个系统下的多层次保护规划体系

经过三十多年的理论探讨和规划实践后,我国的住房和城乡建设部与国家文物局的两套自上而下有分有合的管理系统构建了遗产保护管理体系的主要部分,也形成了从文物保护单位、历史文化街区到历史文化名城、名镇、名村的多层次文化遗产保护规划体系(图1-3)。其中历史文化名城、名镇、名村保护规划属于总体规划层次③,历史文化街区的保护规划属于详细

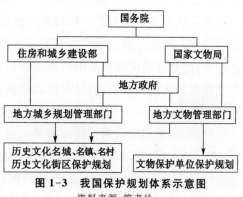

图1-3 我国保护规划体系示意图
资料来源:笔者绘

规划层次,而文物保护单位的保护规划则涵盖了从控规到工程设计的各个层次④,既有相当于控制性详细规划深度的保护区划、建设控制要求、视廊控制、土地利用调整等内容,又可以包含单体建筑或者工程方案等。三个层次的保护规划分别遵循规划与文物两个体系的法律法规依据与行业规范,因此在规划对象、内容、深度上都有差异。

2) 国内"保护规划"的概念与特点

由于存在规划的层次性以及行业标准间的差异,尽管目前关于文化遗产保护规划

---

① 莱普(Lipe,1984)的价值分类包括经济价值、美学价值、联想/象征价值、信息价值。
② Labadi S. Representations of the Nation and Cultural Diversity in Discourses on World Heritage[J]. Journal of Social Archaeology,2007(7):147-170.
③ 中华人民共和国建设部,中华人民共和国国家质量监督检验检疫总局. 历史文化名城保护规划规范:GB 50357—2005[S]. 北京:中国建筑工业出版社,2005.
④ 尽管根据《关于〈中国文物古迹保护准则〉若干重要问题的阐述》:"凡是具有环境要素的和群体规模的保护单位都应当编制保护总体规划","范围很大,功能众多的大型组群,可按不同功能编制分区规划",但这里的总体规划与分区规划的内容与深度与城乡规划中对应的概念不同,而根据《全国重点文物保护单位保护规划编制要求》中的条款以及我国目前编制的文物保护单位保护规划成果来看,本研究认为文物保护单位保护规划的内容包含城乡规划中从控规到工程设计的各个层次。

的相关研究很多,但却很少对保护规划的概念做出界定。相关行业规范中对保护规划的界定有:

2005年颁布的《历史文化名城保护规划规范》从内容与层次的角度提出历史文化名城保护规划是"以保护历史文化名城、协调保护与建设发展为目的,以确定保护的原则、内容和重点,划定保护范围,提出保护措施为主要内容的规划,是城市总体规划中的专项规划"①。而《中国文物古迹保护准则》(2000)则从管理的角度对文物古迹的保护规划做出界定:保护规划是实施保护工程和布置展陈、进行管理的依据。经过主管部门批准的规划,在文物古迹的管理事务中,具有规范性和权威性。在2015年的修订版中进一步将保护规划界定为"是文物古迹保护、管理、研究、展示、利用的综合性工作计划,是文物古迹各项保护工作的基础"。

国内研究保护规划的学者主要来自城市规划与文物保护两个领域。两个领域具有代表性的学者从各自角度对保护规划做出的定义有:

张兵认为保护规划是一种特殊的发展规划,研究遗产在城市中的发展变化是保护规划的核心问题。因此保护规划的技术要点不是划定各种各样的保护范围和提出保护规定,而是要解决保护范围和规定背后,如何通过规划政策手段将遗产纳入一种较为理性的变化过程当中,引导可能的变化,使新的发展可以延续过去历史的和场所的精神。②

陈同滨、王力军认为文物保护单位保护规划是以国家文物保护的法律、法规为依据,以已公布保护等级的不可移动文物为保护对象,实现其"整体保护"的具有纲领性意义的科技手段;是将文化遗产保护理念和保护要求落实到保护具体措施的关键环节。③

两套体系下的保护规划具有不同的技术特点,从两个行业专家界定的概念中也能看出,住建部体系下的保护规划隶属于城乡规划,偏重于一种"特殊的发展规划",尽管在规划中,也包含对名城、街区等价值的考量,但是并没有将价值评估作为制定保护策略前的单独环节并在成果上有所要求。相比之下,我国的文物保护规划更重视价值评估,将价值分为文物价值与社会价值两大类,尤其重视对构成文物价值的历史、科学、艺术三大价值的评价。

1.5.3.2 国际保护规划的类型

1)"保护"与"管理"④

在研究国际上的保护规划之前,需要先确定国际上对应的规划类型,所以有必要先了解"保护"与"管理"两个概念的使用。文化遗产的"管理"是20世纪才出现的概

---

① 在2018年发布的《历史文化保护规划标准》中延续了该定义。
② 张兵.保护规划需要有更全面综合的理论方法[J].国外城市规划,2001(4):1-5.
③ 陈同滨,王力军.不可移动文物保护规划十年.中国文化遗产,2004(3):108-111.
④ "conservation" and "management".

念,其出现的时间比文化遗产的"保护"(conservaion)和"保存"(preservation)晚。"管理"概念的出现应该说也与19世纪欧洲对文化遗产的"保护"与"保存"的实践有关。"保护"与"管理"都是具有复合概念的术语,都从考古学、人类学、历史学、建筑学、地理学、博物馆学、社会学、旅游等领域提取了一定的原则,因此使得它们的概念边界很难清晰的界定①。

比如在大量的文献中由于侧重点不同,对文化遗产的"管理"有很多不同的定义,其内涵可以包括对文化遗产的界定、记录、安全防护、保存、保护、诠释、公众展示等内容,而这些内容与"保护"存在着很大的重合。从当前国际上不同机构与组织颁布的指导文件来看,文化遗产的"保护"与"管理"两个词总是被一起使用,且往往不对两者的概念加以严格区分,有时还与一些类似的术语如"维护""修复""诠释"并列使用。如《中国文物古迹保护准则》编撰时重要的参照对象——澳大利亚的《巴拉宪章》②,在宪章的前言中就提到宪章制定的目的是为"具有文化重要性的地方(文化遗产地)的保护与管理提供指导"③。在这里将保护与管理置于同等地位,而下文提到"保护是对具有文化重要性的地点进行管理的一部分"④,显示保护与管理不是并列的概念,此外后文中还有"保护意指为保留一个地点的文化意义而采取的所有照管行动"似乎又涵盖了管理的含义,类似的说法贯穿全文。又如英国的遗产彩票基金(Heritage Lottery Fund)将"保护"定义为"为了保护遗产采取的所有行动,包括修缮、维护和修复",并进一步指出"保护管理可以包括其他的行动如诠释,创建新的设施,管理游客,提供出入口"⑤在英格兰遗产委员会的《保护原则、政策和指引——历史环境的可持续管理》文件中则将"保护"界定为"以能够最佳的保持遗产地在其环境中所具有的价值的方法来管理可能发生的变化的过程,同时也不排斥能够显示和强化这些价值的方法。"⑥这些概念都体现出在国际文化遗产保护领域,"保护"与"管理"是两个紧密联系而不能截然分开的概念。此外,两个词的混用也受到各国不同的行政管理体制、法规文件的要求以及对术语使用习惯的影响。

---

① Georgios Alexopoulos. Reconciling Living Religious Heritage with Value-based Management: The Case of Mount Athos, Greece[D]. University College London Institute of Archaeology, 2010:27.

② 由于我国出台的《中国文物古迹保护准则》受《巴拉宪章》影响良多,故检视《巴拉宪章》中的概念界定也就具有比较的意义,即使不考虑其与《中国文物古迹保护准则》的渊源,《巴拉宪章》本身在国际上也享有很高的声誉,其主要的贡献之一就在于以遗产价值为核心概念提出了一套保护规划程序,辅以维修政策、文化意义、研究与报告执行程序三方面的指导纲要,准确地使评估结果指向了保护措施,可以说已超越了评估的概念而揭示了保护对象选择和保护技术落实的关系,因此对国际文化遗产保护和保护规划的发展都起到了重要的作用。

③ Australia ICOMOS Charter on the Conservation of Places of Cultural Significance (the Burra Charter), 1999.

④ 同③。

⑤ Heritage Lottery Fund. Conservation management planning[S/OL], 2008 [2012-02-08]. http://www.hlf.org.uk/HowToApply/furtherresources/Pages/ConservationManagementPlanning.aspx.

⑥ English Heritage. Conservation Principles Policies And Guidance for The Sustainable Management of The Historic Environment[S/OL], 2008 [2012-02-08] http://www.english-heritage.org.uk/content/publications/docs/conservationprinciplespoliciesandguidanceapril08web.pdf.

2)"保护规划"与"管理规划"

在国际上,存在大量名称不同但都是对文化遗产做出规划的文件,如"保护规划"(Conservation Plan)、"管理规划"(Management Plan)、"保护管理规划"(Conservation Management Plan)、"总体管理规划"(General Management Plan)。名称的不同首先是受到不同国家、不同行政管理体制不同要求的影响;由不同行政机构或者经济团体颁布的法律法规、政策文件和各类指导原则的不仅影响了规划的名称也在内容安排上导致了差异。而规划必须遵循这些规定则出于不同的原因,比如需要通过规划审批,获取资金支持(如获得英国的遗产彩票基金 HLF 的援助)或是被授予特定的头衔(如列入世界文化遗产名录)。以英国的保护规划为例,根据由英格兰大教堂构造委员会(The Cathedrals Fabric Commission,CFCE)和英国大教堂协会(AEC)联合颁布的《大教堂保护规划》的规定①,英国的教堂都采用保护规划的名称,如《奇彻斯特大教堂保护规划(2008)》(*Chichester Cathedral's Conservation Plan* 2008),而世界遗产则根据《操作指南》中的规定都称为管理规划,如《哈德良长城世界遗产地管理规划(2002—2007)》(Hadrian's Wall World Heritages Site Management Plan 2002—2007)。在美国,古建筑和小型历史文化遗产并不是特别丰富,保护重点集中在历史遗址、遗迹及自然遗产,主要以国家公园的方式进行,而美国的国家公园根据国家公园管理局的要求应编制总体管理规划或管理规划。②

此外,如前所述国际文化遗产保护界总是将"保护"与"管理"紧密联系在一起,并不是能够明确区分两个概念,尽管在有些指导原则中,出于特定的需要,刻意将保护规划与管理规划加以区分,但是相关学者也指出这两者之间精确的术语区分不是重要的,重要的是帮助遗产管理者制定怎样的策略③。因此,尽管名称不同,但考虑到这些规划都具有相同的出发点、相类似的内容构成与相近的视角,在研究国际上的相关规划时,就不需要受限于名称。

1.5.3.3 本研究中的保护规划

大运河 2006 年被公布为全国重点文物保护单位,大运河遗产保护规划由国家文

---

① The Cathedral Fabric Commission for England (CFCE) & the Association of English Cathedrals (AEC). Conservation Planning for Cathedrals[S], 2002.

② Zheng Jun. Conservation Planning for Heritage Sites: a Critical Review and Case Studies[D]. London: The Courtauld Institute of Art, 2008:31-34.

③ Kate Clark,英格兰遗产委员会的历史环境管理负责人(Head of Historic Environment Management at English Heritage),她在 1999 年牛津举办的"Conservation Plans in Action"会议中,在介绍遗产彩票基金(HLF)的保护规划指导原则时阐释了该基金要求的保护规划与管理规划的区别,作为一个提供经济援助的基金,为了确定向什么对象提供援助,需要先行了解一些必要内容,这些被认为是需要通过保护规划来阐明的,为了较快地帮助 HLF 确定资金援助对象,其所要求的保护规划就不必包含管理规划的全部内容,但是 Clark 同时也指出术语上的界定不是最重要的,在实践中,有些人也以管理规划的方式来编制保护规划,此外还有很多学者也认为管理规划与保护规划没有什么本质区别。详见会议论文集 Kate Clark. Conservation Plans in Action: Proceedings of the Oxford Conference[C]. London: English Heritage, 1999:119.

物局牵头,从《大运河遗产保护规划编制要求》(包括一、二阶段)到市级、省级、总体的三阶段规划编制情况来看,虽然属于新型文化遗产,但大运河遗产保护规划还是以《文物保护法》为根本依据①,延续了文物保护单位保护规划的体例、内容、基本深度和规划编制模式,特别是从第一阶段编制要求到第二阶段编制要求的思路发生转变后,到了第三阶段的总体规划更加接近于文物保护单位的保护规划②,本文对大运河遗产保护规划的研究将围绕这种特点展开。

在对国际保护规划进行研究时,主要从以下几个方面确定研究范围:

从规划类型的确定看,由于存在管理体制与规划体系的差异,尽管规划名称可能与国内的"保护规划"不同,但无论其是称之为"保护规划""管理规划"还是"保护管理规划",如果该规划是以阐明文化遗产的整体价值为基础,通过分析可能威胁这些价值的因素,提出保持与延续这种价值的策略和途径的,它可能包含未来可能影响遗产状况的保护、管理、利用、研究和监测等各方面内容,则在本研究中都被认为属于"保护规划"。

从规划理论的确定看,大运河遗产保护规划面临的核心问题是存在多元价值和利益冲突,随着国际上对文化遗产价值认知的不断发展,遗产保护工作中容纳的价值内涵涉及越来越多的维度,而当前为国际遗产保护界(包括世界遗产中心)所提倡的用来处理多元价值和利益冲突问题的为"基于多维价值的保护规划"方法,因此本研究中选取的国际上的保护规划皆为"基于多维价值的保护规划"。

从规划对象的确定看,国际"保护规划"的对象十分广泛,从单体建筑到大尺度的文化景观、文化线路等新型文化遗产都可能编制保护规划。大运河是巨型、线型、跨区域的文化遗产,存在多元价值和利益冲突,且目标是要以世界遗产的标准实施保护,因此本文选取与大运河具有相似特点且已列入世界遗产名录的遗产的保护规划作为研究案例,以提供更有益的借鉴。

---

① 规划也将相关行业的法律法规作为了规划依据。
② 将于后文说明第一阶段编制要求和第二阶段编制要求的编制思路转变情况。

2 "基于多维价值的保护规划"理论

本研究开始之初,面对大运河遗产保护规划出现的问题,曾想就国际上的文化景观、文化线路或遗产运河等遗产类型的保护规划方法进行研究,再和大运河遗产保护规划进行对比以就大运河遗产保护规划面对的问题给出建议。但经过大量的文献研究后发现,尽管上述遗产概念有各自的内涵,却并不存在与各个遗产概念相对应的、不同的保护规划编制方法。对这些文化遗产类型普遍存在的跨区域管理、多元价值冲突和多种利益相关者涉及其中的保护和管理难题,当前国际文化遗产保护界最为提倡和广泛采用的一种规划方法称之为"基于多维价值的保护规划"(Value-based/Value-centered Conservation Planning)①。这些遗产概念与各国的文化遗产体系相结合,纳入各国的文化遗产保护框架中,而"基于多维价值的保护规划"也与各国的文化遗产规划体系相结合,虽然表现为不同的规划名称和规划类型,对规划内容的要求和规划组织的过程也有差异,但是在编制方法和技术上却具有共同点。需要注意的是,我国的文物保护单位的保护规划一向重视价值评估,也受到国际上"基于多维价值的保护规划"的成型过程中一份重要文件《巴拉宪章》的影响,但其中价值的内涵有所不同,在核心的技术环节以及更深层的规划思想上也有差别。本章将围绕此展开,以为下文的研究建立理论基础。

2.1 "基于多维价值的保护规划"的方法

在国际上保护规划算不上是一个很新的概念,它从发展到成型也经历了一个过程,这个过程与人们对文化遗产认识的发展有关。一些重要的国际组织自20世纪50年代开始相继成立②,推动了国际指导原则和方法的发展(如各类宪章、公约、宣言等),提升了对文化遗产保护与管理的国际认识。很多国家逐步确立了自己的管理政策、法律法规,提出了编制保护规划的要求。"基于多维价值的保护规划"大约在20世纪90年代才开始盛行。如第1章所述,自20世纪50年代以来文化遗产的内涵发生了很大拓展。经过20世纪六七十年代的经济危机,80年代西方进入后工业时期,现代主义的

---

① 如果按照英文直译,应译为"基于价值/以价值为核心的保护规划",而对本文为何采用的"基于多维与动态价值(评估)的保护规划"的翻译,将于本章稍后小节中阐释。

② 如国际文物保护与修复研究中心ICCROM成立于1959年,国际古迹遗址理事会ICOMOS成立于1965年,国际工业遗产保护协会(TICCIH)成立于1978年。

唯一性和绝对性被打破,进入90年代后复杂、多元的社会文化被视为内在价值平等而获得尊重,多样的文明的冲突、融合和交流构成了人类世界的整体系统,文化遗产逐步演变为文化多样性的见证。文化遗产的价值取向也因而变得更加多元与复杂。新的遗产类型涌现,并通过各种宪章、公约、文件和不断修订的《实施〈保护世界文化与自然遗产公约〉的操作指南》来加以表述。正是在这样的时代背景下,"基于多维价值的文化遗产保护"[①]方法被提出,将传统保护工作的单向线性过程调整为围绕"价值"展开的系统工作,并由此产生"基于多维价值的保护规划"。在"基于多维价值的保护规划"的发展过程中,以美国、澳大利亚等为代表的新世界国家和英国、法国、意大利等欧洲国家的保护规划的发展路径并不相同。

2.1.1 "基于多维价值的保护规划"的发展

2.1.1.1 在欧洲国家的发展概况

欧洲是文化资源大洲,也是当代文化遗产保护理论的发源地,欧洲对文化遗产保护的思想根源可以追溯到文艺复兴乃至更早,而现代意义上的文化遗产保护一般认为其概念和方法产生于18世纪启蒙运动之后的欧洲。19世纪下半叶,欧洲各国相继出台有关法律开始了对文物古迹的保护,并逐步拓展到街区、历史环境和自然景观,这是欧洲国家基本相同的现代文化遗产保护发展轨迹。

工业革命后相当一段时间,人们被经济增长和机器社会的进步迷惑,急于"向前看"的激情和20世纪20年代的现代建筑运动、历史虚无主义思想都助长了对历史环境的粗暴破坏(C. Hague, 1984)[②]。二战后,战争虽然损毁了很多珍贵历史遗迹,但也为战后重建创造了条件,政治上的稳定与经济上的富足促使人们开始更多关注自己的生活环境品质;此外,战后很多城市出于政治上对法西斯的憎恨和民族自豪感的需要,也开始重视对古城、古建筑的保护。从60年代开始,大量的非文物建筑、乡土建筑、工业建筑等受到关注,文化遗产和历史环境的保护受到重视。1975年,"欧洲建筑遗产年"对整个欧洲乃至全世界的文化遗产保护都具有关键性的意义,"建筑遗产"这个概念实现了从保护历史建筑到保护历史环境的转变,并唤起了政府和公众对建筑遗产的重视。在这一年通过的《建筑遗产欧洲宪章》中提出了"整体保护"(Integrated Conservation)的概念,其目的是"保证建筑环境中的遗产不被毁坏,主要的建筑和自然地形能得到很好的维护,同时确保被保护的内容符合社会需要。"[③]同年,欧洲建筑遗产大会通过的《阿姆斯特丹宣言》指出:在城市规划中,文物建筑和历史地区的保护至少要放在跟交通问题同等重要的地位,并提出"完整的保护包括地方管理机构的责任,还需要市

---

① 该概念对应的英文为 value-based heritage conservation,而本文中为何采取这样的翻译详见 2.1.2.1。
② 张京祥. 西方城市规划思想史纲[M]. 南京:东南大学出版社,2005:164.
③ European Charter of the Architectural Heritage. Resolution Adopted by the Committee of Ministers of the Council of Europe[EB/OL], 1975 [2020-02-22] http://www.e-epites.hu/1260.

民的参与……建筑遗产的保护不应该只是专家的事,公众意见的支持是很重要的"。1987年10月通过的《华盛顿宪章》对城市历史街区保护做了进一步的说明,强调保护工作必须是城镇社会发展政策和各项计划的组成部分,要有居民的参与,要采取立法措施,保证保护规划的长期实施。从《雅典宪章》中有关古建筑的保护到后来的《威尼斯宪章》《马氏比丘宪章》《内罗毕建议》和《华盛顿宪章》,反映了遗产保护的理论发展,是同时期西方特别是欧洲的遗产保护发展的缩影。20世纪60年代开始,欧洲进行了一系列城市文化遗产保护实践。英国在1968年由环境部主持,对巴斯(Bath)、约克(York)、彻斯特(Chester)、奇彻斯特(Chichester)四个城市进行了保护研究。意大利许多历史名城如博洛尼亚(Bologna)、米兰(Milano)、都灵(Torino)、罗马(Rome)等也都在《内罗毕建议》通过后制订了老城保护和城市功能改造计划。特别是博洛尼亚内城的保护,成为"整体保护"的典范。

"整体保护"尽管在国与国之间,存在规划体系的差别,但方法却基本相同,即将文化遗产保护与城市规划紧密结合,通过一个地区的规划制定详细具体的控制措施,如对街巷、建筑外立面、树木等的控制,来实现对建筑与环境的整体保护。以英国为例,英国是典型的将文化遗产保护整体纳入城市规划的国家。英国文化遗产保护体系中具有法定称号的包括:在册古代纪念物(Scheduled Ancient Monument)、登录建筑(Listed Buildings)和保护区(Conservation Areas)。注册公园和园林(Registered Parks And Gardens)、战场(Battlefields)和世界遗产(World Heritage Sites)没有法定地位。这些类型的文化遗产都通过自上而下地纳入整体规划过程(Integrated Planning Process)来得到保护①。在册纪念物、登录建筑和保护区尽管具有法定地位,但由于数量庞大(仅英格兰就有在册纪念物19 446项,登录建筑372 905个,保护区9 000多个②),覆盖面相当广,且其中大量的在册纪念物和登录建筑规模不大并属于私人所有,全部编制单独的保护规划被认为是不可能也没有必要的③,因此在册纪念物、登录建筑和保护区过去很少单独编制保护规划,一般纳入地方规划体系,并在国家完善的法律法规体系④和由中央政府负责规划事务的部门所制定的国家"规划指南"(Planning Policy Statements/Planning Policy Guidance Notes,PPS/PPG)的约束下得到监督与管理。而法国的规划体系又与英国有所不同,1962年法国颁布了《马尔罗法》即《历史街区保护法》。这部法律和后来在这一基础上制定出来的1973年的《城市规划法》,一同成为法国历史建筑与历史街区保护工作中最为重要的法律保障⑤。与其他国

---

① English Heritage. Hadrian's Wall World Heritage Site, A Case Study[M]. Los Angels:The Getty Conservation Institute, 2003:13.
② 数据来自杨丽霞.英国世界遗产地哈德良长城保护管理的启示:兼议大运河申遗及保护管理[J].华中建筑,2010,28(3):170-173.
③ Paul Simons. One Plan Too Many? Conservation in the Planning Frame work Conservation Plans in Action:Proceedings of the Oxford Conference[C]. London:English Heritage, 1999:119.
④ 自1909年以来,英国先后颁布了40余部城乡规划方面的法律。
⑤ 邵甬.法国建筑·城市·景观遗产保护与价值重现[M].上海:同济大学出版社,2010:69-80.

家相比,法国提供了一种将一般城市地区与保护区(后法国又提出建筑、城市和景观遗产保护区)分开编制不同规划,分别管理的模式。对于一般的城市地区,法国的城市规划编制体系大致可分为总体规划和城市土地利用规划两个层次,而针对保护区和建筑、城市和景观遗产保护区则编制平行并独立于城市土地利用规划的保护区规划。也就是说,对于保护区中的建设,除对文物等特殊对象有专门的法律制约外,保护区规划是保护区中日常建设管理的唯一法定依据,不与其他规划规定产生重叠。此外作为一种特殊的城市规划,保护区规划在深度上,采用"一步到位"的方式,即规划内容不受分层次逐级编制的制约,一次做到能够用于指导日常建设管理的深度,并由法国国家建筑师进行把关。

"整体保护"的方法在欧洲形成了完整有效的体系,在这种体系下,对每个单独的保护对象编制专门的保护规划被认为不是必需的。当然这并不是说欧洲没有保护规划的原型,如20世纪80年代英国的一些战略规划中已经有一些保护规划的内容,虽然还缺乏系统的价值评估[①]。这种"整体保护"的模式发挥了十分有效的作用,直到出现了新的遗产类型:文化景观、其他区域型的文化遗产和某些新型的世界文化遗产。原有的规划方法,不足以应对这些新型文化遗产中复杂的利益关系和利益冲突,而"基于多维价值的保护规划"作为一种工具在1990年代从澳大利亚等新世界国家被引入了欧洲[②],至于如何将这类保护规划与原有的规划体系融合以充分发挥其作用,也是当前欧洲学者研究的议题。

2.1.1.2 在新世界国家的发展概况

澳大利亚、美国、加拿大这些新世界国家,相比于欧洲,历史比较短暂,它们渴望脱离附属于欧洲文化的地位,确立自己的文化身份,在这个过程中,形成了值得其他国家学习的保护规划编制经验,而这不能不提到这些国家的国家公园体系。

美国等新世界国家的主流文化源于欧洲,但这些国家的文化发展轨迹又与欧洲有所不同,是一种相当发达的文化经"移植"到新土壤后产生的新文化,具有多元化和本土化的特点。这些国家的文化遗产保护也受国际发展趋势的影响,有类似地从单体到整体,从本体到环境且内涵逐步扩大的过程。与欧洲国家相比,尽管城市发展史有所区别,也没有那样丰富的建筑遗存,历史区域的数量也较为有限,但是对建筑和历史区域的保护采用了与欧洲国家相类似的方式,即同样通过纳入城市规划体系来实现。比如美国在城市中的建筑遗产保护是通过各地方的区划(Zoning)来进行规划控制,通过区划条例和设计导则来进行城市历史环境和文化遗产的整体保护。

新世界国家的遗产保护与欧洲最大的差别在于,一方面由于文化遗产的有限,对

---

① James Simpson. Conservation Plans — an Edinburgh Perspective[C]// Conservation Plans in Action: Proceedings of the Oxford Conference. London: English Heritage, 1999:66.

② Zheng Jun. Conservation Planning for Heritage Sites: a Critical Review and Case Studies[D]. London: The Courtauld Institute of Art, 2008:65.

自然遗产倾注了更多的关注,作为国家公园保护的先驱,早在1872年美国就建立了世界第一个国家公园——黄石国家公园(Yellowstone National Park);另一方面,新世界国家文化遗产保护行动的开始还与当地的原住民文化有密不可分的关系。美国在19世纪后半叶对密西西比河谷一带坐落的上百个印第安土丘进行了考古发掘,这是美国建国以来最早的重大考古活动。随着1906年美国《文物法》(the Antiquities Act)的颁布,考古遗址的学术价值受到了更多的关注。这些早期原住民遗址与聚落和自然景观融合在一起,很早就被纳入了国家公园体系加以保护。

伴随着国家公园体系漫长的发展历程,国家公园需编制管理规划的传统由来已久①,经过长期发展形成了以国家公园内的资源管理为根本任务的规划体系,这种管理规划既包含对资源的保护与利用,也包含对公园的管理内容。最初,这种管理规划中不含有整体价值评估,后来这种情况首先在澳大利亚发生了改变。澳大利亚于1975年颁布的《巴拉宪章》在国家公园管理规划的变革中起到了重要作用。它将整体价值评估引入了澳大利亚国家公园的管理规划,并逐步影响到了其他国家。与其他移民国家相类似,澳大利亚也具有两类不易调和的文化,即由欧洲殖民者带来的根植于欧洲的文化和当地的原住民文化(加拿大国家公园体系中称之为"第一民族'The First Nation'")。澳大利亚文化遗产的实际状况是:"两头多,中间少",即土著人早期遗迹多,有些原住民聚落可以追溯到40 000年前,18世纪以后的建筑多,而中世纪以前几乎是空白②。两种文化和价值体系间的激烈冲突导致了澳大利亚联邦政府于1975年颁布了《澳大利亚遗产委员会法》,并通过建立澳大利亚遗产委员会,确立了国家遗产的登记注册制度保护具有文化重要性的地方(Place)③,从而建立了澳大利亚的国家遗产保护体系。澳大利亚古迹遗址理事会(澳大利亚ICOMOS)在1976年成立,面对当时已有的国际指导原则(包括《威尼斯宪章》在内的一系列国际宪章和指导原则)不能适应澳大利亚遗产特性的情况,该组织想要建立在多元文化社会中保护文化遗产的基本原则,于1979年在巴拉(Burra)发表了《保护具有文化重要性的地方的宪章》(简称《巴拉宪章》),以指导本国的文化遗产保护实践,并在1981、1988和1999年通过了修正案。该宪章的一大贡献是将文化重要性(价值)与保护对象相联系④,明确了在对文化遗产制定保护策略之前,应先了解其文化重要性,且提出"……维护一个地方应查明并考虑所有面向的文化与自然意义,而不是只顾强调任何一种价值而牺牲其他价值。应该承认、尊重与鼓励文化价值的共存,尤其是诸如政治、宗教、精神与道德信仰等价值发生冲突的

---

① 美国国家公园都需要编制总体管理规划或管理规划,但如本文第1章中的界定,这些管理规划也属于本文研究的保护规划范畴。

② 王世仁.保护文物古迹的新视角:简评澳大利亚《巴拉宪章》[J].世界建筑,1999(5):21-22.

③ "地方"这一概念是人文地理学家发展起来的,在20世纪70年代的北美,成为地理学的核心术语,后文将加以介绍。

④ 根据《巴拉宪章》中的条款,所谓文化意义,"指的是对过去、现在和将来世代的人具有美学、历史、科学、社会或者精神方面的价值","文化意义这一术语与'遗产价值'或'文化遗产价值'同义"。

情况下"。该宪章对协调多元文化价值和利益冲突具有指导意义,受到了当时政府的欢迎。其确立的工作方法对建筑遗产和国家公园的传统保护规划的方法都产生了影响,经由盖蒂保护研究所等遗产保护组织的研究深化与推广,形成了一种新的保护方法,很快影响到了其他背景相似的新世界国家进而对国际社会产生了更深远的影响。

2.1.2 "基于多维价值的保护规划"的概念

2.1.2.1 "基于多维价值的保护规划"概念

价值评估在文化遗产的保护规划中并不是一种新概念。从逻辑上看,因为文化遗产具有价值才对其进行保护是不言而喻的,如果没有价值也就失去了对其加以保护的理由。① 因此遗产的价值评估是任何文化遗产保护工作的首要环节,也是文化遗产保护规划中的重点。

随着文化遗产内涵的不断拓展,逐渐认识到保护规划中对文化遗产价值的评价应该是全面的,文化遗产中涉及的利益关系日益复杂。以世界遗产为例,尽管世界遗产的管理者们总体上都能认同保护世界遗产的价值,但往往也具有不同的利益诉求和管理目标。这样就可能导致在相同的遗产中开展不同的行动,如保护干预、游客管理、基础设施建设,以及关于遗产的展示行为等。

自20世纪90年代以来,国际遗产保护界开始广泛地采用一套更加综合的遗产管理和规划方法,该方法可以有效地整合遗产价值,更有逻辑性地引导出决策与策略,这种规划方法通常被称为"基于多维价值的保护规划"(Value-based/Value-centered Conservation Planning)。

国际遗产保护界将"基于多维价值的保护规划"定义为"是一个协作和组织过程,以保护遗产的整体价值为基本目标。这种价值是由遗产指定时的标准、政府机构或者其他所有者、不同领域的专家和其他在遗产中享有合法权益的公民所决定的。"② 或者也被概括为"是一项在说明了遗产价值的基础上提出保持这些价值的政策与策略的文件,它是合作关系中的一种协调工具,是一个参与式的,动态的过程"。③

---

① Marta de la Torre. Assessing the Values of Cultural Heritage[R]. Los Angels:The Getty Conservation Institute, 2002:3.

② 参考盖蒂保护研究所在该组织开展的一系列基于价值的保护规划案例研究中的定义,如 Randall Mason, David Myers, and Marta de la Torre, Port Arthur Historic Site:A Case Study(Los Angeles, CA:Getty Conservation Institute, 2003),该报告可以在盖蒂保护研究所官方网站上查阅,http://www.getty.edu/conservation/publications/pdf_publications/port_arthur.pdf.

③ James S Kerr. Opening Address:the Conservation Plan[C]// Conservation Plans in Action:Proceedings of the Oxford Conference. London:English Heritage, 1999:10.
Pam Alexander. Introduction to the Conference[C]// Conservation Plans in Action:Proceedings of the Oxford Conference. London:English Heritage, 1999:6-7.
Zheng Jun. Conservation Planning for Heritage Sites:a Critical Review and Case Studies[D]. London:The Courtauld Institute of Art, 2008:33.

虽然按照英文直译，本应将该方法翻译为"基于价值/以价值为核心的保护规划"。但是考虑到该方法中的价值与国内文物保护规划通常所指的价值具有不同含义，相对于国内遗产领域的价值评估，这里的多维是突破了常用的文物价值（由历史、科学、艺术三类构成）的界限并将近年引入的社会价值按利益相关者需求分解，这里的动态就是允许利益相关者更多地参与且通过监测和调控对可能的破坏予以防范调控的强调管理的过程。为了说明与国内的同样进行了价值评估的文物保护规划的区别，本研究中将该方法称为"基于多维价值的保护规划"。

2.1.2.2 "基于多维价值的保护规划"中的价值

基于多维价值的保护规划起源于澳大利亚，在那里面对土著遗产、非建筑遗迹和乡土建筑遗产带来的技术与哲学难题，澳大利亚的遗产保护专家发现原有的指导原则不能提供充分的指导依据，因此根据《威尼斯宪章》的基本原则制定了《巴拉宪章》[①]。《巴拉宪章》没有沿用以往国际遗产保护领域常用的古迹、遗址等建筑遗产概念而以"地方"来诠释遗产。"地方"指"场所、地区、土地、景观、建筑物（群）或其他作品，也可以包括构成元素、内容、空间和视野"，具有文化重要性的地方即为文化遗产，这样的定义涵盖了各种类型的遗产形式。"地方"的概念，可以说是澳大利亚用一种更为灵活的概念进行的遗产保护尝试。

《巴拉宪章》中的"地方"与20世纪50年代人文地理学家开始研究的"地方"概念有关，人文地理学者向现象学、存在主义哲学等欧陆哲学取经，把"地方"概念的根源回溯到意义哲学，至70年代晚期，"地方"概念俨然成为北美地理学的核心术语。在人文地理学中，"地方"作为"有意义的区位"，本就是一个饱含意义的概念，涉及价值与归属，既有社会关系的物质环境（场所），也有人类对地方的主观和情感依附（地方感），除了着眼于实体，也是一种观看、认识和理解世界的方式。所以，"地方"涉及了多重的理解，要认识包含自然与文化两方面的物理世界、意义生产的过程，以及在地方当中社会群体之间的人际关联和权力实践。而在《巴拉宪章》中，保护是为了维持"地方"的文化重要性，也强调维持一种地方感，因为具有文化重要性的"地方"，既是历史纪录，也是国家认同的有形表现。故《巴拉宪章》以"地方"来诠释遗产，可视为遗产保护领域对当代思潮的一次重要吸收。

另外，从澳大利亚的国家历史来看，符合传统欧洲遗产标准的具有久远年代的建筑遗产并不丰富，这或许也是《巴拉宪章》不采取过去的建筑遗产概念的原因。由于认识到原住民遗产对澳大利亚历史的重要性，在遗产保护规划中，将原住民与少数民族

---

① 王世仁. 保护文物的古迹的新视角：简评澳大利亚《巴拉宪章》[J]. 世界建筑, 1999(5): 21-22；
Mendes S, Tone L, Hidaka F, et al. Judgement and Validation in the Burra Charter Process: Introducing feedback in assessing the cultural significance of heritage sites[J]. City & Time, 2009, 4(2): 47-53.
Poulios I. Moving Beyond a Values-Based Approach to Heritage Conservation[J]. Conservation and Management of Arch. Sites, 2010, 12(2): 170-185.

遗产的保护,与非原住民文化遗产和自然遗产保护并列为相互补充的三个部分。就原住民遗产而言,许多是属于尚存但必须保护的事物,而非时空背景已消失或转换的历史遗迹,其中许多具有精神或宗教的意义,因此以"地方"的概念来诠释遗产,不但能突破过去的古迹遗址概念而将许多地方性元素纳入其中,也有助于以遗产保护的形式促进不同族群间的理解和其对国家的认同①。

在这样的背景下,《巴拉宪章》从初制定就要求考虑"地方"所包含的多元价值及其中可能存在的价值冲突。随着文化遗产领域对遗产价值认识的不断发展,20世纪90年代以来更趋多维和复杂的遗产价值内涵,《巴拉宪章》进行了三次修订(1981,1988,1999),加上盖蒂保护研究所等机构的实践与研究加以深化和推广,根据《巴拉宪章》发展起来的"基于多维价值的保护规划"中的价值与传统的文化遗产保护中的价值产生了差别。

传统的文化遗产保护对价值持有的是一种相对狭义的观点。总体来说价值是通过历史研究、对过去研究的查阅、考古调查或者建筑分析来确定的,是传统的价值评估中使用得最多的方法。一旦文化遗产的价值被确定,如何延续其寿命的工作,即如何保护其有形遗存的真实性和完整性的工作就开始了。各类宪章、公约、宣言被制定出来以确保保护工作遵循了最高的标准。这种传统的方法看似合理,但是事实上却存在一种假设,即文化遗产的价值一经确立是不容易改变的,这样带来的事实问题是保护措施的制定实际上与价值的关联度不大②。

而基于多维价值的保护规划方法,与传统方式相比对价值的认识最大的不同在于:强调是综合全面地考虑不同利益相关者对遗产的价值认识,既关注文化遗产的固有价值,也关注文化遗产的非固有价值;既关注文化遗产的历史价值,也关注文化遗产的当代价值。基于多维价值的保护规划更加重视对利益相关者的咨询,传统的文化遗产保护中的利益相关者是诸如历史、考古、建筑等领域的专家,他们的观点往往通过他们的研究或者专业意见加以表达。而基于多维价值的保护规划中,利益相关者可以从各种不同的出发点看待遗产价值,他们可以是任何团体或个人。广泛的利益相关者他们的利益往往不同,有时甚至是相冲突的,当然前提是这些利益必须是合法的,在对文化遗产进行保护与管理的过程中这些价值都应该得到慎重的考虑。在这样的概念下,基于多维价值的保护规划就没有先验的将传统的文化遗产的固有价值,如历史价值、艺术价值、科学价值置于比其他近年来认识到的价值如休闲价值、经济价值更优先的地位。但不可否认的是,在很多国家的文化遗产中,通常先被认识到的价值往往是由特定的机构指定该遗产具有某种地位时(如国家级、省级)所界定的那些。在这种情况

---

① 黄明玉. 文化遗产与"地方":从《巴拉宪章》谈起[N/OL]. 中国文物报,2009-01-16 [2012-02-21]. http://www.zjwh.gov.cn/dtxx/2010-06-26/90023.htm.

② Alastair Kerr. Considerations for a Values-Based Approach to Heritage Conservation within Canada[J]. Forthcoming dissertation to be published by the National Institute for Anthropology and History (INAH), Mexico Circulated by the Vancouver Heritage Foundation with permission from the author, 2007.

下,这些价值无形中也就具有了比其他价值的优越性。

2.1.3 "基于多维价值的保护规划"的程序与应用

2.1.3.1 "基于多维价值的保护规划"的工作程序

基于多维价值的保护规划以全面的价值认知、利益相关者的参与作为规划编制的核心,而这些又与文化遗产的现实条件和长期发展有关。为什么更全面地考虑价值可以引导出更好的决策?很多实践证明基于多维价值的保护规划比传统的保护工作模式具有优越性:首先基于多维价值的保护规划使得对遗产价值的整体认知成为可能,不再仅仅强调历史的或文化的价值,保护的成功与否与整体价值的保存情况有关。此外基于多维价值的保护规划包含了广泛的利益相关者的参与,利益相关者的参与在当代社会意味着一种政策制定的决策过程中,意识到需要利益相关者的参与才有利于赢得政治与经济方面的潜在支持。全面的价值认识和广泛的利益相关者参与有利于建立对文化遗产保护来说至关重要的长效的管理机制。全面了解遗产的价值,还有利于促使保护专家认识自己的专业局限,并认识到保护功能仅是市民社会需求的一个组成部分,它也促进了持续性的研究、学习以及保护领域的专业技术发展[①]。

《巴拉宪章》提供了一种基于价值的文化遗产保护的工作程序雏形,确立理解文化重要性(价值)──→制定发展政策──→按方案保护管理的工作流程,具有很强的操作性,所以尽管该宪章为澳大利亚ICOMOS所制定,却很快在国际遗产保护领域得到普遍的推崇与遵循。[②](图2-1)

而盖蒂保护研究所根据近年来的研究,提供了基于多维价值的保护规划的另一种工作程序,与《巴拉宪章》具有逻辑上的一致性,但是该程序对每个阶段的工作进行了细化,并且进一步强调了利益相关者的参与。该工作程序将保护规划分为界定与描述、评估与分析、响应三个阶段。利益相关者的参与成为一个关键环节,要求在一开始的界定与描述阶段就界定出参与整个规划过程的利益相关者。这里的重要性陈述也不是对遗产价值的简单罗列,而是与利益相关者对应起来对价值做出综合认识。此外这里将评估与分析分解为文化重要性/价值评估、物质条件评估、管理机制评估几个环节,对将价值评估结论落实到规划目标与政策更有指导意义。在整个过程最后还有阶段性回顾和修订机制,将规划结果回馈于初始目标,并检视是否符合了利益相关者的诉求。(图2-2)

2.1.3.2 "基于多维价值的保护规划"的应用范围

基于多维价值的保护规划在澳大利亚《巴拉宪章》的基础上发展起来,并通过实践积累,得到了盖蒂保护研究所一系列出版物的大力倡导。该方法的一大特点是能够适

---

① Randall Mason. Theoretical and Practical Arguments for Values-Centered Preservation[J]. CRM: The Journal of Heritage Stewardship, 2006;35.

② 苏伯民. 国外遗址保护发展状况和趋势[J]. 中国文化遗产,2005(1):104-107.

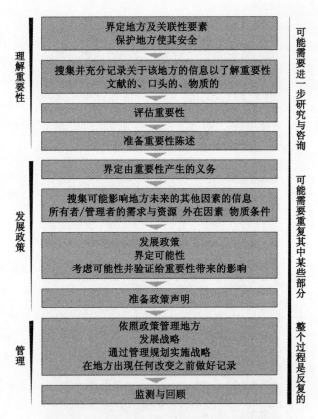

图 2-1 《巴拉宪章》确定的保护规划工作程序
资料来源：笔者根据 Randall Mason "Theoretical and Practical Arguments for Values-Centered Preservation"一文翻译绘制

用于广泛的遗产类型，特别是适合于文化遗产中存在多元价值冲突的情况。20世纪90年代，联合国教科文组织（UNESCO）开始要求所有申报世界遗产的遗产地都要提供文化重要性声明，确认了《巴拉宪章》中文化重要性概念的重要意义，自此以后，不仅与 UNESCO 相关的保护组织和个人开始使用此概念，遗产保护领域的其他专家和团体也开始鼓励使用《巴拉宪章》的操作流程①。基于多维价值的保护规划逐渐成为当前主流遗产保护组织（包括国家层面，如美国、加拿大、澳大利亚、英国、新西兰；国际层面，如 ICOMOS、UNESCO、世界遗产中心）、主要的研究与教育机构（如盖蒂保护研究所）和世界银行所推崇的一种保护规划方法，特别是在英语系国家中传播广泛，并产生了大量的相关研究。②

基于多维价值的保护规划方法融入了各国的遗产保护体系中，在不同的国家表现

---

① Mendes S，Tone L，Hidaka F，et al. Judgement and Validation in the Burra Charter Process: Introducing feedback in assessing the cultural significance of heritage sites[J]. City & Time，2009，4(2):47-53.
② Alexopoulos G. Reconciling Living Religious Heritage with Value-based Management: The Case of Mount Athos，Greece[D]. London：University College London Institute of Archaeology，2010:270.

```
┌─────────────────────────────┐
│ 界定与描述                  │
│ 收集信息                    │
│                             │
│ 目标                        │
│ 规划过程的目标与期望是什么？│
│                             │
│ 利益相关者                  │
│ 谁应该参与规划过程？        │
│                             │
│ 文献与图纸                  │
│ 关于遗产已经了解了什么？需要了解什么？│
└─────────────────────────────┘
              ▼
┌─────────────────────────────┐
│ 评估与分析                  │
│ 资料清查                    │
│                             │
│ 文化重要性/价值             │
│ 为什么遗产是重要的？对谁而言是重要的？│
│                             │
│ 物质条件                    │
│ 遗产或构造物的状况如何？面临的威胁是什么？│
│                             │
│ 管理机制                    │
│ 当前可能影响遗产的保护与管理的限制与机会是什么？│
└─────────────────────────────┘
              ▼
┌─────────────────────────────┐
│ 响应                        │
│ 制定决策                    │
│                             │
│ 确立目的与政策              │
│ 遗产保护与管理的目的是什么？│
│ 遗产的价值应该怎样被保护？  │
│                             │
│ 制定目标                    │
│ 为了将政策转化为行动应该做什么？│
│                             │
│ 发展战略                    │
│ 目标怎样付诸实践？          │
│                             │
│ 综合与制定规划              │
└─────────────────────────────┘
              ▼
┌─────────────────────────────┐
│ 阶段性回顾与修订            │
└─────────────────────────────┘
```

图 2-2　盖蒂保护研究所确定的基于多维与动态价值的保护规划工作程序
资料来源：同图 2-1

为不同的规划类型：如英国世界遗产的管理规划、大教堂的保护规划、国家公园的管理规划；澳大利亚的世界遗产、列入国家遗产名录的遗产的管理规划；加拿大国家公园的管理规划；美国国家公园的总体管理规划……

基于多维价值的保护与管理也得到了世界遗产组织的推崇，通过联合国训练研究所（United Nations Institute for Training and Research，UNITAR）的培训课程，向世界遗产的管理者和从事世界遗产保护的专业人员介绍基于价值的世界遗产保护与管理，自 2003 年起连续组织了七届世界遗产地的保护与管理培训班，而其中基于多维价值的世界遗产管理是一项重要的内容。[①]

---

① http://australia.icomos.org/wp-content/uploads/UNITAR-Series-on-World-Heritage-Sites-2011-Application-Form.pdf.

2.2 "基于多维价值的保护规划"的核心技术特点

本章开头提到,国内的《中国文物古迹保护准则》在编写过程中借鉴和学习了《巴拉宪章》的经验,但是作为文化遗产大国,也有自己的经验和意志,因此我国的文物保护规划尽管也受到《巴拉宪章》的影响,遵循评估价值——→分析现状问题——→提出相应措施的逻辑过程,但与基于多维价值的保护规划相比,在一些核心环节上还是有所差别。基于多维价值的保护规划具有的突出的技术特点,主要表现在以下方面:

2.2.1 规划层次

首先从规划层次看,基于多维价值的保护规划可以被界定为是一种战略性规划。

2.2.1.1 战略性规划

"战略"(或策略,strategy)一词起源于希腊语的"strategos",其概念来源于军事范畴。随着时间的推移,战略的概念扩展到了更广阔的领域,普遍的情形是,将"战略"同博弈理论相联系,指为了处理在博弈各阶段中其他参与者的可能行动而制定的规划。"战略"与"战术"(tactics)的区别也开始出现,不同于"战术","战略"包含着一个长远看法、资源的准备,以及为这些资源的使用而制定规划;"战术"指细节,"战略"指全局;如果说"战术"是"正确地做事"(doing things right),那么"战略"就是"做正确的事"(doing the right thing)。

尽管从20世纪80年代开始,空间规划作为一个特定含义的专用概念和名词正式出现[①]。但从更广义的角度,"空间规划"(spatial planning)可以说并不是一个专用的名词概念,其一般的含义是泛指与物质形体空间相关的规划。从这种角度,文化遗产保护规划也可以被视为空间规划体系中的专项规划或部门规划[②]。

在空间规划领域,Flaudi认为存在两种不同类型、不同层次的划分——"战略性规划"(strategic plan)与"项目规划"(project plan)。这两种不同类型、不同层次的划分,正是对"战略"与"战术"的一种体现。战略性规划,多被定义为协调性的行动框架,主要用于面对较多不确定和冲突以及较多参与者的存在和规划境况变得复杂时。而项目规划,也被认为基本是蓝图规划,面向实施,其目的是形成一种明确的行动引导,是内容相对具体的非指导性规划。

对于空间战略规划,Healey(1997)的定义得到了更广泛的认同:"一个由来自不同

---

① 这种特定的概念尽管在不同国家有所区别,如美国主要是区域规划、州规划和"精明增长管理",日本、韩国是国土综合整治开发规划等,但共同点都是大尺度、战略性的空间发展规划和国家规划体系。
② 耿海清.我国的空间规划体系及其对开展规划环评的启示[J].华中师范大学学报(自然科学版),2008,42(3):477-480.
吴延辉.中国当代空间规划体系形成、矛盾与改革[D].杭州:浙江大学,2006:8-9.
段进.城市空间发展论[M].南京:江苏科学技术出版社,1999.

制度关系和地位的人们组织在一起,为了管理空间变化,设计规划编制过程、内容和战略的社会过程。这个过程产生的不仅仅是以政策和项目建议为形式的正式成果,而且是一个决策框架,它可以影响相关团体在未来的投资并规范他们的行为。它同样还可能创造在政治舞台上相互理解、达成协议、组织、促进影响的方法。"战略性规划除了是一种规划层次,更多的也被视为一套规划理念和操作方法,通常比研究多一些,比规划又少一些,有时候它也呈现于正式(官方、法定)体系之外的舞台上。

从这些概念看,纳入了各国文化遗产保护体系的基于多维价值的保护规划,尽管大部分没有被赋予战略规划的名称,但却具有战略性规划基本的工作理念、方法和特性,其呈现出的成果在规划编制阶段中的定位也与战略规划相符合,即是一种指导性的而非一种实施性的规划[1]。

2.2.1.2 国际保护规划的层次设定

受到不同国家规划体系的差异性影响,基于多维价值的保护规划纳入各国的文化遗产保护体系后,所具有的法律地位有所不同,但在规划阶段上表现出的特点是相类似的,即都属于战略性规划,作为一种后续具体工作和项目规划的指导框架而存在。

英国是欧洲大力倡导基于多维价值的保护规划的代表国家。在英国,保护规划没有法定地位,无论其对象是世界遗产、在册历史纪念物、园林、战场或者其他文化遗产类型[2],其保护规划都只能算是一种指导性文件。虽然制定过程中有官方机构英格兰遗产委员会(English Heritage)的参与,但保护规划并不需要政府部门审批通过,而是由保护对象涉及的利益相关者组成的规划委员会讨论通过并予以公布,因此并不具备法律效应。而其生效的方式主要是通过在规划委员会和广泛的利益相关者之间达成的共识,来指导他们制定、修编与实施各自的行动计划和其他规划以得到落实与实施。

在有些机构颁布的保护规划指导原则中,如英格兰遗产委员会编制的《英格兰世界遗产地保护管理指南》(*The Protection & Management of World Heritage Sites in England. English Heritage*)就明确指出世界遗产地的管理规划是一种较高层次而不是特别详细的规划。英国遗产彩票基金(HLF)借鉴《巴拉宪章》编制的指导原则《保护管理规划》(*Conservation Management Planning*)中也明确指出,保护规划在整个规划体系中处于非常前端的阶段,需要制订相应的行动计划并明确执行机构,在可能的条件下还可以制订更详细的研究计划[3]。英国的各类机构颁布的保护规划指导原则与编

---

① 也有一些国外的研究组织明确将基于价值的保护规划定义为战略性规划,如成立于1980年的澳大利亚的文化资源管理组织(Cultural Resources Management,CRM),详见 http://www.culturalresourcesmanagement.com.au/Strategic%20Planning%20page.html.

② 英国文化遗产保护体系中的遗产类型,在第3章有具体介绍。

③ Heritage Lottery Fund. Conservation Management Planning, Integrated Plans for Conservation, New Work, Physical Access, Management and Maintenance at Heritage Sites[S], 2008 [2012-03-01]. http://www.hlf.org.uk/HowToApply/furtherresources/Documents/Conservation_management_planning.pdf.
该文件最初叫作《历史遗产地保护规划指导原则》(Conservation Planning for Historic Places),后于2008年改为《保护管理规划——遗产地的保护、新工程、出入口、管理与维护的综合规划》。

制的保护规划实例中,保护规划的分发(distribution)往往都是一项必不可少的内容①。保护规划是所有成员签署通过的一份共同的章程,通过保护规划将不同的利益相关者联系在一起,必须确保发放到主要的利益相关成员手中,以确保他们了解规划达成的共识、基本目标、分属于其职权范围的主要问题与相应政策,以制定各个领域的行动计划与进一步的项目规划,同时在日常工作中约束各自的行为。

而在国家公园体系对遗产保护起重要作用的新世界国家,基于多维价值的保护规划引入到国家公园规划体系后对国家公园管理规划的完善起到了重要的推动作用②。尽管各国国家公园规划体系不尽相同,但一般而言,典型的国家公园规划体系的结构如图 2-3 所示。由图可知,与英国的保护规划不同的是,法是国家公园规划的根本依据。规划体系实际上主要由区域规划、管理规划、详细规划三个层次构成,其中管理规划是核心层次。与详细规划相比,管理规划更偏重于管理目标、策略、政策等,明显以指导性策略为导向。

图 2-3　国家公园规划体系

资料来源:陈勇.风景名胜区发展控制区的演进与规划调控[D].上海:同济大学,2006:18.

在国家公园的发源地美国,国家公园规划体系一般包括总体管理规划、战略规划、

---

① 如英格兰遗产编制的《英格兰世界遗产地保护管理指南》(*The Protection & Management of World Heritage Sites in England. English Heritage*),由教堂保护委员会编制的《主要教堂的保护规划指导原则》(*Conservation Management Plans Guidance for Major Churches*),遗产彩票基金编制的《保护管理规划——保护、新工程、出入口、管理与维护遗产地的综合规划》等指导原则以及各类保护规划实践案例中都有对保护规划层次与规划分发等相关内容的阐释。

② 美国目前称之为总体管理规划。在 20 世纪 30 年代至 60 年代,当时的美国国家公园管理规划仍偏重于物质规划,到 70 年代开始逐步转变为综合行动计划。其最显著的表现,就是国家公园总体规划的名称由"Master Plan"改为"General Management Plan"。

实施规划以及年度工作规划和报告四个层级(或阶段),由这四个阶段规划构成了一套完整的决策体系。国家公园的主要矛盾是资源保护与资源利用之间的矛盾。规划程序依次从宏观的总体管理规划,到具体些的战略规划、更具体的实施规划以及年度工作规划,通过这四种规划形式,制订实现不同层次目标的措施,而总体管理规划是公园规划和决策序列中的第一步。美国国家公园涵盖的类型相当广泛,以从国家公园体系衍生出来的国家遗产区域为例,国家遗产区域是美国对区域型文化遗产保护的尝试。国家遗产区域的管理规划是以讲述国家遗产区域内遗产的故事,鼓励各类资源的长期保护与改善、主题解说、项目融资与开发为目的,依据国家相关法律的授权内容,对国家遗产区域保护与发展所应遵循的行动计划、政策法规、目标、原则与战略等进行的全面阐释。很多涉及环境质量和文化资源的具体问题是通过实施规划而不是通过总体管理规划解决。在美国国家公园规划体系中,包括总体管理规划和战略规划[①]在内的前两个层次共同构成了指导性的战略性规划层面。

2.2.2 价值评估

价值评估是基于多维价值的保护规划编制过程中的重要阶段,也是形成保护决策的重要依据。在遗产的保护规划与工程干预中遗产的价值虽然一直是不可缺少的组成部分,但直到近年来才逐渐有学者开始研究怎样在规划与决策的脉络下对文化遗产价值所涉及的整体范畴进行评估,其中以美国盖蒂保护研究所的系列研究最有代表性[②]。下文将介绍盖蒂保护研究所提出的保护规划中关于价值评估的方法,说明基于多维价值的保护规划中价值评估的过程。

2.2.2.1 价值评估的必要前提

就价值评估的方法构建而言,价值评估的困难在于遗产价值具有多元属性(例如存在历史、文化、艺术、科学、社会、经济、情感等价值类型),这些价值有的存在重叠,有些存在竞争,且价值会随着时间而改变,并受到社会因素(社会力、文化趋势、经济机会等)和评估者主观意识的强烈影响;此外,评估的方法与工具众多,涉及许多专业和领域。因此,要建立系统性价值评估方法就需要经过严谨的方法学设计。

在展开保护规划的价值评估之前,盖蒂保护研究所的项目专家梅森(Randall Mason)提出了基于多维价值的保护规划中价值评估的几种必要性假设,作为其方法设计

[①] 国家公园规划体系中的战略规划与公园总体管理规划确定的功能、目标和管理内容保持一致,只是进行一定的细化。

[②] 盖蒂研究所先后与加拿大国家公园管理局、美国国家公园管理局、英格兰遗产委员会合作出版了"Grosse Île and the Irish Memorial National Historic Si"、"Chaco Culture National Historical Park"、"Hadrian's Wall World Heritage Site"、"Port Arthur Historic Site Management Authority"四份基于价值的遗产保护与管理的案例研究材料,以及"Values and Heritage Conservation:Research Report"、"Assessing the Values of Cultural Heritage:Research Report"等研究报告,通过这些报告反映了基于价值的保护与管理在加拿大、美国、英国等国的应用情况,以及学者们对该方法中的有关理论的研究进展。

的出发点。这些前提假设包括：应该把遗产保护视为社会文化活动，而非一种简单的技术实践，它包含许多物质干预之前和之后的活动；考虑遗产保护的相关背景脉络（社会的、文化的、经济的、地理的、行政管理的等等）也是十分重要的，应该像考虑保护遗产本身那样严肃与深入；遗产的价值是会变化的并且多种价值常是相冲突的；传统的价值评估方法主要依赖专家对历史、艺术史、考古学上的概念，且基本采用单一学科方法，但没有一种单一学科或方法能产生全面有效的遗产价值评估；经济价值的考量是形塑遗产和保护文化遗产的强大力量，但过去不在保护专家的传统研究视野内，其与文化价值的整合表现出特殊挑战；保护规划应采用包容性策略，通过引进不同学科在规划过程中以带进内部与外部的视角，具有包容性的遗产价值评估及不同价值的整合可以导向更好、更可持续的保护规划与管理；尝试更有效的保护规划是对利益相关者和当代社会的回应[①]。梅森提出的这些假设，其背后的认知反映出当前国际遗产保护界对保护规划的反思，更加关注遗产保护面临的社会挑战，同时也说明了价值评估方法学建构的基本条件。

2.2.2.2 价值评估的阶段与方法

基于多维价值的保护规划过程可以分为界定与描述、评估与分析、对评估结果的响应三个阶段。价值评估是属于第二个阶段的内容。根据梅森用图表解析的价值评估的过程，价值评估又可分为三步：首先是运用类型学方法和利益相关者的咨询界定遗产包含的价值类型，二是运用多样化的文化与经济学方法分析并精确阐释价值，最后是通过团体程序（包括遗产的管理者、涉及的专业领域的学者与利益相关者的讨论与协商）得出遗产的重要性陈述（即综合价值评估结论）。在这个三个阶段中，基于多维价值的保护规划采用的价值评估方法也可以分为两大类，一类是通过系统工程确定的量化的偏重科学分析的方法，一类是建立在利益相关者构成的评估团队的谈判基础上偏重操作的方法。而在基于多维价值的保护规划中，相当重视对后一类方法的运用，至少在第一和第三个阶段都离不开这种方式。（图2-4）

梅森的这种价值评估过程与盖蒂保护研究所倡导的基于多维价值的保护规划的工作程序相一致，也是当前各国的遗产保护组织和主流机构普遍采用的流程。除了价值评估是一系列连续的过程外，考虑价值的脉络环境也是很重要的。这种脉络环境包括物质、文化、社会、经济、管理等影响到遗产价值的外部环境。保护专家传统的对遗产某些特定的脉络环境，如物质破坏、环境条件和其他物质因素或历史记述、美学原则等更具有识别能力与评估方法，而对文化遗产价值的全面评估还需要考虑更多复杂的脉络因素，如经济、政治与文化，因此也需考虑更多这些领域的原则。

---

① Randall Mason. Assessing Values in Conservation Planning：Methodological Issues and Choices[R]// Marta de la Torre. Assessing the Values of Cultural Heritage. Los Angels：The Getty Conservation Institute，2002：5-30.

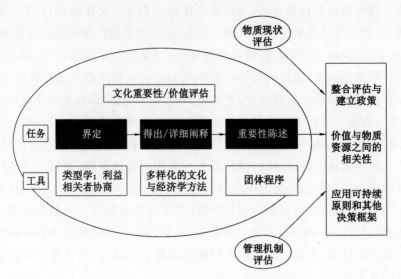

图 2-4 价值评估的阶段与方法示意图
资料来源:同图 2-1

1)价值的认定

在价值认定时,应该注意的是保护规划的价值评估与遗产指定时的价值是有所不同的。保护规划中的价值评估应是全面的价值评估,而指定时的价值评估是选择性的,用于说明符合特定的指定标准。比如列入世界文化遗产按照《保护世界文化和自然遗产公约》中的规定必须符合六条标准前五条中的至少一条(第六条不可单独使用)。一旦确认符合特定的程序要求,价值评估就可以宣告完成,有时候为了符合申报或者指定的特定类型,还有可能侧重于表述文化遗产某些方面的价值而放弃其他的价值(比如申报世界遗产的过程中,如申报的是文化景观类遗产而非文化线路类遗产,则需要阐述的遗产的价值就有所不同)。而基于多维价值的保护规划的价值评估是不同的,理论上应该保护的是遗产的全部价值。

全面的价值评估首先需要通过辨识认定价值的构成。在认定过程中使用类型学方法虽是传统做法,但由于近几十年来对遗产价值内涵认识的不断扩展,使用类型学分类方式来把握其价值内涵仍是有效的。类型学的本质是分析归纳的认识方法,区别文化表象的差异,为更深层次的研究提供初级产品。针对复杂的遗产,也可以采取对遗产的组成部分分别评估再综合的方法[①]。随着遗产价值内涵的拓展,多元脉络的不断理清,基于多维价值的保护规划中也开始融入一些文化人类学领域的价值评估方法,如民族志研究法。民族志研究法是某种描述和记录文化的方法,涉及的范围较广,包含遗产相关的历史、社会、政治等背景脉络,以理解文化遗产涉及的社会文化模式与文化群体。民族志研究法以访谈、口述历史、行为活动观察等信息搜集为基础;而导入

---

① James Kerr. The Conservation Plan, a Guide to the Preparation of Conservation Plans for Places of European Cultural Significance[M]. 5th ed. Melbourne: National Trust of Australia, 2000:35.

民族志研究法有利于鉴别利益相关者,了解他们所认同的遗产价值。但是在保护规划过程中导入民族志研究法需要较长的时间(有时从目标设计到完成资料收集需要1年),而遗产的保护规划工作需要尽快获取遗产的相关信息,所以美国的遗产保护界发展出一些快速研究策略,其中代表性的如"快速民族志评估程序"(Rapid Ethnographic Assessment Procedures,REAP),通过对人类行为活动的观测与利益相关者的介入界定文化遗产的价值范畴。

2) 价值的评估与阐释

从基于多维价值的保护规划概念来看,遗产的所有价值都是应该保护的,而从保护规划实践看,这种目标却不一定能够实现。一方面受到规划编制有限的时间、精力与投入的影响,必须确定遗产中最需要保护的部分,并由此进一步确定各种价值的优先保护顺序;另一方面即使拥有充分的时间与投入,遗产的价值之间往往也存在冲突,必须做出不同程度的妥协。从国际上基于多维价值的保护规划实践看,价值保护的排序与妥协主要通过利益相关者之间的谈判达成。受到利益相关者自身价值观念、社会、文化、政治、经济等外部因素和对遗产采取了保护干预措施后条件发生变化的影响,对价值的认知与评估结果有可能发生改变,因此,需要根据现实发展不断加以修正与调整。

对具有法律地位的文化遗产而言,被赋予特定的地位时所认定的那些价值往往更容易引起保护人员的重视,如英国的在册纪念物,它们登录时被认可的那些价值即使不经过谈判也是受到法律保护的,而其他价值就需要通过谈判与协商才能得到其他利益相关者的认可而列入保护序列。这种通过谈判实现价值评估的方式是相当具有实效性的,既满足了法定保护的要求,也充分考虑了利益相关者的参与。

在价值评估的过程中,分级是一种常采用的方法。分级既非辨识技术,也非比较方法,而是联系价值与决策之间的手段①。保护规划可以根据保护对象的具体情况界分几个等级,并对每个等级做出界定。分级有助于反映最能代表价值的遗产构成要素,也有利于根据评估级别采取相应的保护策略与措施。但分级存在的问题是,被评为较低级的遗产构成要素在制定保护措施时有可能被忽略,而对于某些类型的遗产而言,系统价值远大于其个体价值,这样的情况在保护对象是历史城镇、文化线路、遗产运河等遗产类型时都可能遭遇。分级的另一个问题是分级往往不可能设定过多的级别,而遗产构成要素的实际情况有时候十分复杂,这也就使得价值评估中设定的分级不能准确描述遗产的价值状况。

经济价值和当代价值近年来为一些研究机构所关注。在遗产保护规划的编制中,经济价值和当代价值是敏感的。一方面,这些价值的存在不容忽视,因为文化遗产保护时常面临保护资金不足的问题,获取各类资金援助和市场收益就成为不可忽视的问

---

① Zheng Jun. Conservation Planning for Heritage Sites: a Critical Review and Case Studies[D]. London: The Courtauld Institute of Art, 2008:118.

题。另一方面,追求经济收益和当代价值也常被视为是给遗产带来破坏的基本因素,因此在过去的价值评估中,常忽略这些内容。在当前国外的有关研究与实践中,开始引入量化的经济价值评估方法(如显示偏好法与意向偏好法)[1]。当前的经济评估法总体上显得比较客观,但也存在一定的缺陷。由于新古典经济学的方法具有严格的理论基础和方法设计,摒弃了很多的不确定性,因此很多其他的无法用量化的方式或者经济学的语言来表述的价值(如情感价值)就有可能被排除。

没有一套特定的评估方法可以适用于所有的价值,梅森对此也确定了一些价值评估的基本原则:
- 确保采用多样性的方法以与价值的多样性相适应;
- 专家应具有能理解与接受他人观点的能力;
- 采用定性与定量相结合的方法;
- 在预算许可的范围内确保价值评估过程是迭进的,开始时可以采取较广泛的方法,继而调整到采用更明确的方法;
- 要同时考虑遗产保护圈内和圈外人的意见。

3) 重要性陈述

重要性陈述(statement of significance)是由价值评估而来。规划团队经过团体程序对价值评估加以总结,用可以为所有利益相关者和公众理解的语言进行表达。重要性陈述并不需归结为一两种观点,也不需要反映对遗产达成的一致的或者普遍认同的意见。重要性陈述中表达的价值仍可以是存在冲突的,多维的价值陈述应该得到强调。这一阶段的工作目的就是要从价值评估中总结出有代表性的那些,并反映利益相关者的主要观点。

重要性陈述可以包括两个部分。首先是清晰的表述遗产的典型价值,这部分由所有利益相关者在之前的过程中界定,在这个过程中要注意避免过早地将某些价值先验的置于比其他价值更优先的地位,需要通过充分的利益相关者的沟通才能确定优先顺序。其次,这个阶段也可以采用比较分析法来总结遗产的某些价值。比较分析是通过与其他遗产的比较说明保护对象价值的独特性、重要性与典型性,如比其他遗产年代更久远、品类更稀有或者保存状况更良好等等。

在梅森提出的价值评估方法学中,其评估的整合部分也一再强调,价值评估的整合结果还应会同遗产的保存现状与管理现状考虑,以综合分析所有可能对遗产采取的行动背后的原因,从而成为后续制定决策的基础。在盖蒂研究所的保护规划工作程序中,这属于评估的最后阶段,即将现状条件与价值评估相结合,将价值与能够反映这些价值的主要物质要素联系在一起,如历史价值与遗产相关的最重要的历史活动、口述

---

[1] Randall Mason. Assessing Values in Conservation Planning: Methodological Issues and Choices[R]// Marta de la Torre. Assessing the Values of Cultural Heritage. Los Angels: The Getty Conservation Institute, 2002: 5-30.

历史、建(构)筑物的布局或某些特定装饰有关。在建立保护政策时要顾及价值和实体资源的相关性,而保护政策的制定也深受制度体制、组织文化和其他管理因素的影响。

2.2.2.3 价值评估与决策制定

全面的价值评估本身并不是目的,它的目的是要指引决策。国际上的保护规划编制过程中,决策的制定通常紧扣价值评估进行,在价值评估中识别出多维度的价值范畴后,分析出对表现价值的各类遗产构成要素存在的威胁,进而制定具有针对性的决策。而这种威胁绝不仅仅是针对历史、艺术、科学等固有价值而言的,在遗产的价值构成中,凡是经过利益相关者的谈判被认定为具有重要地位,应当列入保护序列的其他价值,如经济价值、休闲价值所面临的威胁因素,同样需要为之制定相应的策略。在英国哈德良长城2002年的管理规划中,由于口蹄疫爆发引起的景观环境改变及给地区经济带来的巨大负面影响,遗产所在区域的农业价值进入了保护规划的视野。规划由此提出了包含农业产业发展引导、农舍形象设计、灾害预防等多方面的保护策略。

保护规划中决策的制定与表述也有一个逻辑程序。以英国世界遗产的保护规划为例,其决策部分通常分解为几级,通过决策的层层分解,来实现规划的目标,如愿景(vision,伴随着实现愿景的原则与政策)──→目标(objectives)──→策略(strategies)──→行动计划(actions),有时也根据规划的需要确定只采用其中的几级框架。

当然决策的制定也被认为是一个试验与不断改进的过程。因此,从价值评估到决策制定,梅森结合过去二十多年来基于多维价值的保护规划实践的经验指出还必须考虑以下关键问题[①]:

- 建立相互的理解与信任;
- 将可持续作为统一的指导原则;
- 承担共同的责任;
- 使公众参与制度化;
- 持续的改进与使用制定决策的工具;
- 收集与分析重要信息(从评估中获取信息与数据);
- 使用激励机制鼓励革新。

2.2.3 利益相关者的参与

在基于多维价值的保护规划理论与实践中,利益相关者可以说是在保护规划的最初就纳入考量的重要因素,这也是该规划方法的一大特点。

2.2.3.1 利益相关者参与的必要性

利益相关者参与基于多维价值的保护规划过程与西方社会现代公众参与制度的

---

① Randall Mason. Assessing Values in Conservation Planning: Methodological Issues and Choices[R]// Marta de la Torre. Assessing the Values of Cultural Heritage [R]. Los Angels: The Getty Conservation Institute, 2002:26.

发展密不可分，一般认为现代公众参与制度开始于20世纪70年代的欧洲新社会运动。公众参与倡导的理想目标就是将公众的意见采纳到政策的决策过程中，与西方国家"市民社会"的关系极为密切。公众参与体现出市民对发言权、差异权和人类发展权利的自主争取；也是政府吸纳市民参与公共管理，共同管理公共事务的体现。在这样的背景下，利益相关者的参与成为基于多维价值的保护规划的基本方法，主要受到下列几种需求影响。

1) 满足决策的合法性需求

一些国家的法律法规中有直接对利益相关者参与规划的要求，如美国国家公园的总体管理规划，多部美国法律要求在规划过程中必须包含利益相关者的参与[①]，1966年美国政府制定的《国家历史保护法》将历史遗产的保护与管理明确为社会各个部门共同参与的责任与义务；澳大利亚的《环境、遗产立法修订法案》中指出："（国家遗产地和联邦遗产地）的管理规划必须……考虑利益相关者和社区的咨询与联络安排。"[②]

2) 符合行政管理权责要求

重视和合理运用利益相关者在保护规划中的参与在很多国家的相关机构中已经被认为是提高机构公信力的前提和基础。如美国国家公园管理局对总体管理规划组织与编制的要求："总体管理规划在团队构建时就需要咨询国家公园管理局的领导层、国会代表，其他联邦、部落、州、地方的机构、科学家、学者、特许权所有人、利益团体和公众"[③]；加拿大国家公园局提出："公众咨询是国家历史遗迹管理规划中的一项政策"[④]。《英格兰世界遗产管理指南》中也指出管理规划必须由利益相关者组成规划委员会[⑤]。

3) 加强理解、提高决策的科学性

规划需要满足多元利益主体的利益诉求，考虑当前和长远发展的共同需要。利益相关者的参与为此提供了一个意见交流的平台，即使利益相关者之间存在利益冲突，也有助于了解对方的立场与思考角度，取得相互间的谅解；此外集思广益、集体思维和集体行动有助于多视角、全面深入的认识遗产与分析解决问题，可以大大减少决策的失误和非理性。从短期来看尽管有可能耗费更多的时间与资源，但从长期视角，由于利益相关者之间加深了相互理解，意见得到充分交换，其实可以避免规划成果的不切

---

① National Park Service, U S Department of the Interior. General Management Planning Dynamic Sourcebook[S], 2008 [2011-07-09]. http://www.doc88.com/p-78048231776.html.

② Department of Environment and Heritage. Environment and Heritage Legislation Amendment Act (No. 1) 2003 No. 88, 2003 [2012-02-22]. http://www.comlaw.gov.au/Details/C2004A01171.

③ National Park Service. Park Planning[S], 2004:30 [2011-07-01]. http://planning.nps.gov/document/aug9final%20standards.pdf.

④ Parks Canada. Parks Canada Guide to Management Planning[S]. 2008:11 [2011-07-01]. http://www.pc.gc.ca/eng/docs/bib-lib/docs3.aspx.

⑤ Department for Communities and Local Government, English Heritage. The Protection & Management of World Heritage Sites in England[S], 2008 [2011-01-09]. http://www.english-heritage.org.uk/publications/protection-management-of-world-heritage-sites-in-england.

实际而导致的资源浪费,因此在基于多维价值的保护规划中有必要强调尽可能多地吸收借鉴内部和外部的智力、财力和人力资源。

4) 出于有利于规划实施的考虑

美国国家公园管理局指出:"如果规划和保护尝试想要得到实施的话,必须获得地方强有力的支持,规划应该指出公众参与的策略并记录截止到当时对保护成功与否起到关键性作用的成员的支持情况。"[①]而加拿大国家公园局也认为:"管理规划中有受影响的社区、利益相关者和公众的参与……有利于获得对问题的共同理解和建立未来的发展愿景,也能获得更多的支持。"[②]英格兰的国家公园管理规划指引中也指出"在合作关系中制定政策是很重要的,因为它们的实施将极大依赖于利益相关者的促成作用。"[③]利益相关者的参与有利于避免由于触发了各利益相关者的切身利益引发的冲突和激化矛盾,在规划过程中逐步达成共识,也就有利于规划的最终实施。

2.2.3.2 利益相关者参与的程序与方法

利益相关者参与规划过程需要一定的程序与方法。国内的文化遗产保护工作尽管近年来开始认识到公众参与的必要,但是就保护规划而言,这部分工作还未引起足够的重视,更缺乏相关的程序与方法研究。相关领域的学者在研究公众参与问题时,将公众参与的理论框架构建为主体层面、过程层面、方式层面和结果层面[④]。对保护规划编制环节而言涉及前三个层面,可以归结为:利益相关者的界定、设计利益相关者参与程序、利益相关者参与的方法几个环节。

1) 利益相关者的界定

从国际基于多维价值的保护规划实践中涉及的利益相关者看,其范畴是广义的,总体可以分为政府部门、专业机构与人员、特定利益相关团体与社会民众几大类。政府部门包括各级政府机构、政府咨询团体等,在法律、政策方面保障利益相关者的参与;专业机构与人员包含各类保护组织、学校、博物馆及其他遗产相关的技术人员;特定的利益相关团体指遗产及其所在区域涉及的一些特殊团体,如根据遗产类型可能相关的农民组织、在遗产保护中以营利为目的的商业团体;而社会民众主要指享有对遗产的法定权力的个人,如遗产和土地的所有者、原住民、保管人、租赁人与承租人、其他持有特许权的利益相关人、从事的工作与遗产相关而产生利益关系的个人或某类观点的倡导者等。这些利益相关者其实代表了"官、民、私"几种阵营的力量,正是由于这种

---

① National Park Service. Guidance for Developing a Battlefield Preservation Plan[S], 2001 [2011-07-02]. www.cr.nps.gov/hps/abpp/RevisedPlanGuidance.pdf.

② Parks Canada. Parks Canada Guide to Management Planning[S], 2008:12 [2011-07-01]. http://www.pc.gc.ca/eng/docs/bib-lib/docs3.aspx.

③ The Countryside Agency. National Parks Management Plan Guidance[S]. Cheltenham: The Countryside Agency, 2005:18 [2011-07-01]. http://naturalengland.etraderstores.com/NaturalEnglandShop/CA216.

④ 王春雷.基于有效管理模型的重大事件公众参与研究:以2010年上海世博会为例[D].上海:同济大学,2008:16.

利益相关者的多元化构成，促进了基于多维价值的保护规划的良性发展。

在具体个案中，利益相关者也可以通过思考以下问题来界定：
- 谁在地区层面拥有遗产？
- 谁照管遗产或对遗产负有法律责任？
- 谁在遗产地生活？
- 谁了解遗产？
- 谁的生计与遗产相关？
- 谁因现在、将来对遗产的利用而在其中具有利益关系？
- 对遗产的保护与哪些人之间有利益关系？
- 规划目标与哪些人的利益有关？谁会支持为实现规划目标设定的行动？
- 规划目标的实现会影响到谁，无论是积极的还是消极的？
- 过去谁曾有过类似的目标？
- 为了实现规划目标必须让谁了解进程？
- 谁记录信息？
- 谁是意见的主导者或者是权力精英？
- 对规划结果谁享有既定的利益？
- 哪些官员是有利益关系的或可能做出不同决策的？[①]

2) 设计利益相关者的参与程序

利益相关者的参与程序需要经过慎重的设计，这关系到利益相关者的信任构筑也影响到规划的实施和文化遗产的长效保护。设计利益相关者的参与程序时，规划团队应该明晰在各个规划阶段中利益相关者参与的目的并根据时间、掌握的信息情况设计参与程序。尽管利益相关者的参与程序需要视具体的遗产情况而定，但仍有一些基本原则需要考虑，包括：

- 使得参与过程适时：包括给利益相关者提供足够的时间以建立关系、理解和发现问题、交换意见等，过程中提前告知与所有活动和关键点相关的足够信息，并且信息应容易理解。
- 使得参与过程合理：确保利益相关者可以用他们觉得适宜的方式参与，只需要付出最小的代价和时间来满足参与的目标。
- 强调公平：注意过程的公平性，也就是所有提出的观点都可能被考虑。如果规划编制人员不想吸收利益相关者提出的某项意见，应就采纳还是拒绝建议给出严肃的回复。
- 尽可能早地让利益相关者参与：越早让人们参与，就越有机会影响结果，甚至最好是在规划一开始的时候就参与。

---

① Zheng Jun. Conservation Planning for Heritage Sites: a Critical Review and Case Studies[D]. London: The Courtauld Institute of Art, 2008:101.

- 双向交流：他人的意见应该被听取、重视并共享。交流的结果是对一个问题获得了更好的认识并搜集了关于该问题的所有观点。当不同意见存在时，其中理由也可以被了解。
- 灵活的构建参与过程：随着掌握越来越多的信息，规划随着人们对情况理解的改变而改变，应该进行阶段性的回顾。[1]

谢莉·阿恩斯坦（Sherry Arnstein）的"市民参与的阶梯"被认为是公众参与的最佳实践指导理论。她将公众参与阶梯分为 8 级，从最低层两级代表的无参与，到中间三级代表的象征性参与再到最上面三级代表的有实权的参与。与这种思路相类似的，托马斯和米德尔顿（L. Thomas 和 J. Middleton）在其编制的《保护区管理规划指南》[2]中也将利益相关者的参与分为了五个层次，即告知、咨询、共同决策、共同行动、支持独立的社团利益等层面。（表 2.1）

表 2.1 利益相关者参与的程度

参与程度	说明	参与度
告知	最低程度的参与，团体与个人可以获得规划提出行动的信息但没有改变的机会。沟通是单向的，代表了保护中自上而下的决策制定	低 ↓ 高
咨询	比告知高一级，地方社团、其他主要利益相关者和组织可以得到规划的信息并被征询意见。观点通常会被考虑但不一定被采纳，当规划完成时，会被告知	
共同决策	利益相关者被邀请参与规划，参加讨论并成为最后决策制定中的成员。尽管他们参与了过程，在对最终决策的影响上还是与发起讨论的成员之间存在差异	
共同行动	不仅有一个共同决策的过程，还有对决策的实施共同承担的责任	
支持独立的社团利益	最高层面的参与，社团需要对他们制订各自的计划与实施决策负责。规划专家的作用是在信息、技术或资源上支持社团，帮助他们制定决策，代表了保护中"自下而上"的决策制定	

资料来源：笔者根据"L Thomas, J Middleton. Guidelines for Management Planning of Protected Areas[S]. IUCN Gland, Switzerland and Cambridge. UK, 2003:57"有关内容翻译整理

理论上成功的基于多维价值的保护规划中应至少实现"共同决策"层面的参与。但从实际情况看，很多时候只能包含主要的利益相关者参与决策制定或者只能让利益相关者参与到部分重要决策的制定与执行中，当然全过程的参与仍是必要的，只是可以在不同的阶段采取如咨询等其他方式。

3）利益相关者参与的方法

对于保护规划中涉及的大量不同的利益相关者，他们之间存在不同的职责、目标

---

[1] 根据以下两份文献整理：
L Thomas, J Middleton. Guidelines for Management Planning of Protected Areas[S]. IUCN Gland, Switzerland and Cambridge. UK. [S], 2003:58 [2011-07-03]. http://intranet.catie.ac.cr/intranet/posgrado/Manejo%20Areas%20Protegidas/Documentos/Guide%20line%20management%20planning.pdf.
National Park Service, US Department of the Interior. General Management Planning Dynamic Sourcebook [S], 2008 [2011-07-09]. http://www.doc88.com/p-78048231776.html.

[2] 该书主要用于指导欧洲的自然遗产管理规划的编制，但其中也要求保护保护区中涉及的文化遗产。

与利益,有时互相之间也存在冲突,规划团队应根据他们的相似性与冲突来设计不同的参与方法。在1999年英国纽卡斯尔举办的"地方环境决策制定中的公众参与"的研讨会会议成果中,介绍了28种从规划实践中总结出的公众参与方法。尽管所研究的案例不局限于保护规划,但是这些方法也可为保护规划提供借鉴。(表2.2)

表 2.2　利益相关者参与的方法

聚焦特定的团体(小的代表性团体)	在公众场所展示(市场、体育中心)
公众会议	使用媒体方式提升认知
一个拥有专业训练的工作人员工作的办公室以向公众解释提案	帮助公众形成一定观念的教育计划
参观相似的场所或设施	在公众场合分发传单
分发用简明语言描述的相关概要文件	采用展示的方式参与地区活动如嘉年华会、聚会
借助社区团体的力量	一对一的会议
向利益相关团体发放问卷	到地方聚会场所开展活动(如茶室)
公众中的自由讨论会议	制作可以邮寄回给专家的介绍小册子(背后带有问题)
在通讯简报中介绍研究案例以宣传最好的实践	借助专家向公众提供建议以帮助他们形成一些观念
在参与技术中使用技术培训	利用网络提供信息并允许做出评价
利用一些特定主题日来提升认识	举办问答方式的幻灯片演示
开放议会会议以建立信任	利用游戏鼓励公众参与
就提案举办介绍性的商谈	利用研讨会收集意见
举办有奖竞赛以提升兴趣(如给特定的策略取名)	在对政府缺乏信任的情况下,利用当地民众搜集公众意见

资料来源:Zheng Jun. Conservation Planning for Heritage Sites: a Critical Review and Case Studies[D]. London: The Courtauld Institute of Art, 2008:104.

这些方法涵盖了很广泛的实践活动,既有保障规划公开,确保利益相关者能获得有效的知情权、参与权的,也有鼓励利益相关者参与的不同形式与方法,如研讨会、公示、各类活动等,同时还包括了对利益相关者的各类宣传教育方法,普及各类知识,使规划的理念深入人心等。

美国国家公园管理局则按照不同的利益相关者类型对参与的方式给出了建议,提出在国家公园的总体管理规划中对选定参与规划的一些重要官员需要进行一对一的情况介绍;对其他政府机构采用成员会议的方式;而对私人组织和个人,应参与这些组织的常规会议或一对一的预定会议(主要指国家公园管理局参与这些组织的会议,向其介绍总体管理规划的编制情况);对普通大众则采取多渠道的信息共享方式。

当然各国的行政体制和个案的具体情况都不相同,上述方法的效果也各异,规划团队需要根据具体情况,选择设计多样化的适当途径,并不断根据环境变化和反馈结果进行调整。

2.2.3.3　合作伙伴模式

利益相关者参与保护规划是为了更好地认识遗产的价值,通过理解多元价值保护遗产的特性并使规划具有现实操作性，故要求决策过程更透明、具有包容性，但这些理想化的假设有时候会在权力关系中被忽视或牺牲。

因此，在面对利益相关者构成复杂、数量众多的情况时，很多国家在基于多维价值的保护规划中都倡导了合作伙伴关系模式。合作伙伴关系模式意味着遗产必须被所有的利益相关者管理。在英国，《哈德良长城世界遗产地管理规划》倡导了英国保护规划中的合作伙伴模式，这种模式根据盖蒂研究所的研究，已经得到了广泛的采纳。

合作伙伴模式要建立在所有利益相关者达成一定共识的基础上，并通过签署一定的文件实现，比如签署了文件就意味着承诺给予经济支持、技术支持等。这也是一种要付出一定代价的机制。合作伙伴模式中的任何一方都必须准备好为了共同的利益做出一定的牺牲。而当这种合作关系中存在一个协调者的时候，往往可以运行得更顺利。因为在对遗产采取干预措施以前都需要得到利益相关者的同意，一旦有一方反对提案就可能导致取消行动。因此在这样的规划过程中包含了很多的谈判与妥协，协调者可以推动谈判前进。而这种方式也几乎是保护与管理复杂所有关系和利益关系的遗产的唯一可行方式。

合作伙伴模式的缺点是在制定策略的时候，利益相关者的谈判与协调可能要花去很长的时间。这种合作关系中的每一方都必须意识到不可能达成其所有的意愿，因为这种模式是基于共同的利益才能生效的。在这种模式中，关键在于保护规划要以可持续发展作为指导方针，并以价值观念为中心，使所有利益相关者的观点能够得到表达。

基于多维价值的保护规划在理论上要求遗产所有的利益相关者参与规划，但事实上却很难实现，因为受到规划团队和委托编制者的意愿、时间与经费的限制，所谓参与规划的利益相关者其实还是选择性的。当然还是有一些基本的选择思路可供参考，比如具有法定相关权益的和对规划决策与实施具有关键性影响的利益相关者是必须参与规划的。

2.2.4 沟通与谈判的底线

沟通与谈判是基于多维价值的保护规划中，利益相关者参与规划过程时采用的重要工作方式。在这种保护规划理论中，强调所有利益相关者的意见能够得到清晰的表述。面对广泛的利益相关者诉求和有可能被泛化的遗产价值，如何坚持"保护规划"的底线，并避免陷入无休止无原则的谈判是实践运用中的难点。尽管目前尚未有该方面的理论总结，但从各国的实践看，有一些独特的方法，比如属于新世界国家的加拿大，采用了"纪念性的完整"声明的方法，而在文化遗产大洲欧洲的英国则尝试采用"可接受改变极限"的方法。这两种方法应用的规划阶段有所不同，前者是在价值评估阶段就控制住价值取向，后者则是在决策制定阶段采用的一套工作框架。这两种方法都不应该被简单地视为在规划过程中就可能发生的沟通与谈判制定出一些标准或指标，而更应该被视为把握保护规划基本属性与如何寻求底线的工作方法。

2.2.4.1 纪念性的完整（Commemorative Integrity）

1）纪念性的完整理念概述

根据加拿大国家公园局的《管理规划指南》(2008)，一份纪念性的完整声明是国家历史遗迹的管理规划中必须包含的基础内容，这也是加拿大国家公园局在《纪念性的完整声明编制指南》(*Guide to the Preparation of Commemorative Integrity Statements*)中要求每处国家历史遗迹必须编制的，并由国家历史遗迹总干事签署通过。管理规划中的纪念性的完整声明综合阐释了遗产要保护的价值，说明了遗产在被指定时的价值以说明其被指定的原因，以及与国家历史遗迹的文化重要性相关的信息，此外也说明了必须重视的其他一些价值（可能不直接与指定原因相关）以及与之相关的信息，另外还涉及公众教育和游客体验的内容。

20世纪80年代，加拿大效仿美国，国家公园局着手对全国范围的国家历史遗迹管理现状进行监控和评估。经过一段时间的实践发现这项工作还停留在各遗产资源的组成部分上，忽略了特定遗产地的整体价值，尽管掌握有大量的局部信息，却缺乏对遗产地的整体理解。在生态完整性思想全面引入自然保护区系列国家公园管理过程的背景下，1990年，国家公园局的《公园现状报告》第一次提出了纪念性的完整概念。它是作为评估和报告国家历史遗迹的健康和完整状况的工作框架而问世的。

在"纪念性的完整"概念中，"纪念性"是指该遗迹为什么成为国家历史遗迹，"完整"指该遗迹具有健康、完整和真实的特性。国家历史遗迹纪念性的完整包含三个方面的含义：①与指定国家历史遗迹有直接关联的资源没有受到损害或遭到威胁；②指定国家历史遗迹的理由能有效地在公众之间产生共鸣；③在影响遗迹的政策和行动中，纪念地的所有遗产价值（包括那些与指定国家历史遗迹无直接关联的价值）都能得到尊重。而这里提到的直接关联的资源就是国家公园局《文化资源管理政策》(*Cultural Resource Management Policy*)中所说的第一级资源，而与指定国家历史遗迹无关的资源则是第二级资源[①]。

尽管"纪念性的完整"也要阐述除了指定价值以外的其他价值，包含多学科合作和多方协同工作的遗产保护思想，但它还是为在国家历史遗迹的保护与管理中确认文化遗产的真实性和完整性提供了一种基准和尺度，通过强调纪念性的完整来加强遗产的价值评估，在警戒文化遗产的"不可再生性"的同时，提醒人们应当尊重和重点保护那些最具有历史价值、建筑价值和环境价值的要素，从而为规划、管理与实施提供一种价值参照基准。

2）纪念性的完整声明的制定

按照国家公园局的编制指南，一份正式的《纪念性的完整声明》由六个部分组成：①绪论；②国家历史遗迹的指定背景；③与指定国家历史遗迹有直接关联的资源；④指

---

① 详见 http://www.pc.gc.ca/docs/pc/poli/princip/sec3.aspx，最后访问日期：2011-07-04。

定国家历史遗迹的理由在公众之间有效地产生共鸣；⑤与指定国家历史遗迹无关的资源、价值和信息；⑥附录①。

绪论：进行言简意赅的简要叙述，目的在于让人们概略性了解遗产地及其被指定为国家历史遗迹的主要理由。它揭示遗产地的重要性、地理位置、所有者和管理者、指定内容和时间。编写人员在该部分可以强调如何遵守文化资源管理的五项原则——价值原则、公众利益原则、理解原则、尊重原则和完整性原则。

国家历史遗迹的指定背景：该部分应当包括国家历史遗迹指定、纪念性内容、指定地点，以及遗产地的历史背景与地理背景。其中"纪念性内容声明"需要回答该地在什么时候、由于什么原因而被指定为国家历史遗迹等问题。纪念性内容在考虑遗产地的历史价值时，也要考虑它的建筑价值，并注意叙述简明。历史背景只需进行简单描述，主要提供一些概要性知识，让读者了解遗产代表的某个或几个历史时期的时代特征。很多历史遗迹都需要介绍地理背景知识，尤其是那些历史事件与地理环境密切相关的遗产地。该段也包含与该遗产地有直接联系或明显联系，并成为国家历史遗迹组成部分的其他地方。

与指定国家历史遗迹理由有直接关联的资源：详细论述与指定国家历史遗迹的理由有直接关联的资源，既要论及资源的整体，也要论及资源的组成部分，还要描述这些资源的历史价值。在历史价值后要准备如何确保这些价值不易遭到破坏的文字描述，以为后续的遗产保护与管理工作提供工作指南。对这些资源的评估，包括确认资源的价值特征，需要多学科合作小组联合展开工作，才能确保展示不同的观点，避免在确定价值特征时偏向于某个特定的功能或方面。明确阐述保护与传递历史价值信息的目标是每一份《纪念性的完整声明》的基础。如果不表达出"价值体现在什么地方"，就无法对文化遗产进行恰当的管理，也不可能实现纪念性的完整目标。公园局还规定要为《纪念性的完整声明》的三要素各自准备一组保护目标，这些目标是确认历史价值和国家历史遗迹的规划、管理与监测之间的重要桥梁。而《纪念性的完整声明》中制定的目标是遗产地及其资源与历史价值的理想状态。

指定遗迹的理由在公众之间有效地产生共鸣：保护只是实现"纪念性的完整"目标的组成部分，而加拿大国家公园局的《国家历史遗迹政策》中也强调通过展示活动，让公众理解国家历史②。该部分内容要将指定遗产的理由适宜地传递给公众，让他们明白为什么该历史遗迹具有重要意义。这一节的开头可以简要引述指定该历史遗迹的原因和理由。接着便可以描述背景信息，背景信息应当包含官方指定该遗产的每一种原因，这有助于增进人们对遗产的理解。此外还要写明有效传递遗产指定理由的工作目标，因为在纪念性的完整的第二个要素中，公众被确定为信息传递的对象，这里包含

---

① Parks Canada Agency. Guide to the Preparation of Commemorative Integrity Statements[S], 2002 [2011-07-04]. http://www.pc.gc.ca/docs/pc/guide/guide/table.aspx.

② Parks Canada. National Histories Sites Policy. [2011-07-05]. http://www.pc.gc.ca/docs/pc/poli/princip/sec2/part2d.aspx.

游客、所有者、管理者、一般工作人员等利益相关者。有效传递信息,除了包含让公众了解指定理由,还包含工作人员确保公众能够理解,管理机构监控遗产展示项目是否成功,这样才有助于保障有效传递信息。

与指定遗迹的理由无关的资源、价值和信息:该部分主要用来描述那些与国家历史遗迹的指定没有直接关联的资源、价值和信息。这部分的意义是帮助管理者管理所管辖的所有资源与价值,不忽略其中那些与指定理由存在间接关联的资源。该部分包含三部分内容:与指定理由有间接关联的资源(包括文化资源和自然资源)及其价值特征和保护目标;与指定理由有间接关联、有关遗产地的其他任何价值特征及其保护目标;与指定理由有间接关联的信息及相应工作目标。

附录:为了确保《纪念性的完整声明》重点突出,对于一些不太重要的信息放在附录部分,如编制人员觉得有助于加深读者理解的较详细的历史介绍。显示指定地点和地理背景知识的国家历史遗迹地图(也可以放在《纪念性的完整声明》正文中);《纪念性的完整声明》编制小组的成员名单及其相关的职位与所属组织、资源清单和按照《文化资源管理政策》进行的资源级别分类信息及其他相关资料也可以编入附录[①]。

《纪念性的完整声明》尽管也要求全面表述遗产的其他价值,但却以确认遗产富有个性的历史文化价值为核心。在该文件获得批准后,遗产的其他管理措施和日常维护都以该文件为工作依据。该文件也需要定期或不定期接受评估,在特定的情况下也是可以修改的,比如新的研究表明应该给遗产当前的价值增加一些维度,包含的其他信息需要调整,或者没有能够完全把握需要保护和体现的内容。

2.2.4.2 可接受改变的极限(Limits of Acceptable Change)

1) 可接受改变的极限方法概述

在遗产的价值得到确认后,进入如何保护遗产价值的关键性环节。而在采用利益相关者参与,进行反复的咨询与谈判,制定可以采取的策略的方法下,另一个重要的问题开始出现,就是策略制定过程中的底线是什么,在价值被削弱之前什么程度的改变是可以接受的。

LAC理论是在环境承载量的基础上发展而来的,LAC理论,英文全称为"Limits of Acceptable Change",中文可译为"可接受改变的极限"。它是从游憩环境承载量的概念中衍生出来的一种理论,用来处理国家公园和保护区中资源保护与利用间的问题,主要用来在绝对保护和无限制利用之间寻找一种妥协和平衡。尽管很多时候该方法用来探讨遗产保护与休闲旅游开发之间的关系,但LAC的工作框架对其他的保护与利用问题也具有借鉴作用,对保护规划中的决策制定具有重要意义。

20世纪70年代,LAC作为一种规划体系最初用于美国荒野地(wildlands)的管理,随后这一理论应用于美国、加拿大、澳大利亚等国的国家公园和保护区规划和管理

---

① Parks Canada Agency. Guide to the Preparation of Commemorative Integrity Statements[S], 2002 [2011-07-04]. http://www.pc.gc.ca/docs/pc/guide/guide/table.aspx.

之中,在解决资源保护和旅游发展的矛盾方面取得了很好的效果。LAC 的逻辑包括以下几点:只要有利用,资源必然有损害、有改变,关键问题是这种改变是否在可接受的范围之内;资源保护和游憩利用是国家公园规划和管理的两大目标,要取得平衡,这两个目标间必须取得妥协;决定哪一个目标是主导性目标(在国家公园,通常主导性目标是资源与旅游品质的保护);为主导性目标制定"可允许改变"的标准(包括资源状况和旅游品质两个方面);在可允许改变的范围以内,对游憩利用不加严格限制;一旦超出了"可允许改变的"范围,则严格限制游憩利用,并采取手段使资源与旅游品质状况恢复在标准以内。

LAC 理论不同于传统的纯数字计算的环境容量,而是一个完整的以一套九个步骤的规划过程来替代单纯的"环境容量计算"。在关键的步骤,它通常需要利益相关者的参与。LAC 是一个系统框架,目的在于确定可以接受的资源使用方式,强调了该地区所需要的条件,而不单纯在于该地区可以承受多少具体数量。它确定什么是"可接受的",需要建立在管理者、使用者、专家等就什么是不能超越的"使用极限"达成一致意见的基础上,定义出符合上述目标的保护/使用的一致标准,并对此进行长期监测。

2) 可接受改变的极限规划步骤

LAC 理论有完整的九步规划步骤:

(1) 确定规划地区的课题与关注点:规划区域内资源特定的特征与价值应该得到关注;确定规划中应该关注的管理问题;公众可以提出其他管理问题;规划在国家和区域层面的研究作用应该得到界定。

(2) 界定并描述旅游机会种类:确定规划区的不同区域不同的游客体验需求。并界定规划范围内不同区域主要需要维持的条件,如不同的资源特性、社会特性和管理特性。这些多样性的要求管理应该根据不同区域的资源特性、区域现状和游客的体验需求而有所不同。

(3) 选择有关资源状况和社会状况的监测指标:LAC 规划方法中核心的部分。指标是用来衡量各个机会类别中的资源和社会条件受到人类使用影响的情况。这些指标应该是可测量并且是符合逻辑和具有现实意义的。社会指标应该与使用者的关注问题相关。单一指标通常不足以反映特定区域的资源状况和社会条件状况,因此,需要使用一组指标对该地区进行监测,并且指标的搜集应该采用客观与系统的方式。

(4) 调查现状资源状况和社会状况:LAC 规划方法中的现状调查部分,包括对第(2)、(3)步中确定监测指标的调查。调查所得数据为规划者和管理者制定目标指标的标准提供依据。

(5) 确定每一旅游机会类别的资源状况标准和社会状况标准:选取指标并制定标准也是关键性的部分,因为它们在很大程度上决定了资源的未来品质。标准是指可以接受的每项指标的极限值。一旦超过一定的标准,则应采取相应的措施。在这个部分,利益相关者的参与也是很有用的方式。

(6) 制定旅游机会类别的替选方案:根据第(1)、(4)步中获得的信息,确定什么资源和社会条件是必须维持的,而制定替选方案。

(7) 为每一个替选方案制订管理行动计划:确定每个替选方案需要采取的行动,并进行代价分析,以便开展相互比较。

(8) 评价替选方案并选出一个最佳方案:通过评估每个管理替选方案的代价和优势,最终选择一种方案。

(9) 实施行动计划并监测资源与社会状况:实施行动计划,并启动监测计划。监测计划需要通过阶段性的评估确保管理目标的实现,对第(2)、(3)步中确定的指标进行监测,以确定是否符合第(2)、(5)所定的标准,如果状况未得到改进甚至恶化,则应采取新的措施[①]。

英国的世界文化遗产哈德良长城在管理规划制定过程中,很好地运用了LAC理论和游客影响管理方法,对遗产中最热门的旅游开发地区,与有关各利益群体达成"可接受改变的极限"协议。LAC方法目前已经在多个国家的遗产保护项目中得到应用。

2.2.5 规划的动态性与成果的修编

2.2.5.1 规划的动态路线

基于多维价值的保护规划更适合于应用在具有复杂利益关系、多维价值特征的保护对象上,对象的复杂性也取决于复杂的背景脉络。这种保护规划把变化看作是社会中不可避免的一类固有事物,允许一些意外因素(没有充分考虑到的或者是变化的因素)产生作用,同时也允许事情不十分如预期般发展。正如美国国家公园管理局编制的《总体管理规划动态资料读物》中描述的:"国家公园内部外部的条件都是持续变化的——它们可能比预期的改变得更快,或者是不在预期内的变化可能发生,也可能是预期内的变化没有发生。规划的标准因此也可能改变。即使是在保持着稳固传统的国家公园和建立了良好的使用与发展方式的国家公园中,资源也有可能受到威胁……而总体管理规划就将会过时。"[②]

作为保护规划,具有一些必需保护、坚守和传承的东西,而作为一种战略引导性规划,又具有关注保护对象的发展轨迹而不是特定结束点的特性,因此看来基于多维价值的保护规划具备动态性并且具有某种形式的暂时稳定性。这种规划实践因此不是封闭的,也不是某个过程的终点。这个规划更可以被视为是一种长期的行动路线,重要的是通过合作性的实验活动来构筑起这样一种工作路线,体现出"规划是一个过程"的观念。

[①] 根据下面的文献和网址整理:
杨锐.从游客环境容量到 LAC 理论:环境容量概念的新发展[J].旅游学刊,2003,18(5):62-65.
http://www.srnr.arizona.edu/~gimblett/Limits_of_Acceptable_Change_(LAC).pdf.

[②] National Park Service, U S Department of the Interior. General Management Planning Dynamic Sourcebook[S], 2008:3-2 [2011-07-09]. http://www.doc88.com/p-78048231776.html.

因为没有准备一劳永逸地解决问题,而是经常在新的情况下调整修正,重新进行阐述,故在大部分国家,这类保护规划指导原则中都体现出这种规划更多的关注实用的状态,在规划编制中明确了需要不断地运行、演变和适应新的变化。这种规划的特点是:

(1) 具有通过规划实施结果的定期反馈来随时修正规划目标、调整原有规划方案的一种规划模式,能够有效解决由于规划目标在实施过程中发生变化而导致的问题,从而提高规划的可操作性。

(2) 尽管有规划期限,也会分别确立分期目标,更喜欢把问题分解为多个阶段,每个阶段做出决策,规划中只确定近期决策的行动,后续的决策则根据前一阶段的决策实施情况逐步调整,所有阶段的决策最终构成一系列决策序列。

2.2.5.2 国际保护规划的实施、监测与修编

保护规划的实施、监测与修编往往是国际上的各类基于多维价值的保护规划编制体系中重要的组成部分。保护规划的实施实际上受到很多因素的影响,如规划的经费、规划的法律地位、利益相关者的执行情况等,而从规划编制来说,通常是通过分解为年度行动计划、实施规划等方式来推进。针对世界遗产,费尔登和朱可托在《世界文化遗产地管理指南》中也提出了类似的要求[①]。美国国家公园在管理规划编制的指导原则中,规定在总体管理规划编制完成后,应该将规划序列中后续的项目规划、实施规划等提上编制日程[②]。托马斯和米德尔顿编制的《保护区管理规划指南》中指出保护区管理规划的期限一般为5~10年,在这段时间里,可能需要进行很多的调整,因为保护区自身及其周边区域、管理机构的人员、经济状况都可能发生很大的改变。因此很多管理组织使用管理规划来界定行动的范围,并依此制订更详细和准确的操作性规划(如工作计划)[③]。很多国家的"保护规划""管理规划"中都有相类似的内容,即根据规划制定策略实施的优先顺序,在规划中列出行动计划,而即使规划本身的期限是10年、20年的,一般也只是制订近期(1年)、中期(5年)的行动计划。如英国的世界遗产的管理规划,其中的行动计划一般只编制5~6年,有时在规划中也被称为战略行动计划(如2008年列入世界遗产名录的庞特基西斯特水道桥的管理规划),更详尽的行动计划还有待相关部门根据各自的职责进一步细化编制,或者将复杂的遗产分解为更细小的单元来编制实施性规划,如加拿大国家公园中的单元运营规划(Field Unit business plan)。

规划的监测包含两方面的内容:规划的有效性与遗产的状况。行动计划往往成为监测规划的有效性并对规划进行修订的重要依据,而遗产的状况则通过持续严格的信息与资料收集进行。很多国家的保护规划指导原则中都有编制年度评估报告的要求,

---

① 费尔登,朱可托.世界文化遗产地管理指南[M].刘永孜,刘迪,等译.上海:同济大学出版社,2008:43.
② National Park Service, U S Department of the Interior. General Management Planning Dynamic Sourcebook[S], 2008:12-15 [2011-07-09]. http://www.doc88.com/p-78048231776.html.
③ L Thomas, J Middleton. Guidelines for Management Planning of Protected Areas[S]. IUCN Gland, Switzerland and Cambridge. UK, 2003:50 [2011-07-03]. http://intranet.catie.ac.cr/intranet/posgrado/Manejo%20Areas%20Protegidas/Documentos/Guide%20line%20management%20planning.pdf.

比如加拿大国家公园局要求编制年度实施评估报告报告与状态报告,年度评估报告的作用是根据行动计划的执行情况评估所有保护与管理目标的实施情况。英国世界遗产管理规划进一步编制的详细行动计划中也含有对上一年度行动计划执行状况的评估(表2.3),并根据实施情况不断调整下一阶段的行动计划或实施计划。

表2.3 哈德良长城世界遗产地管理规划——保护、农业、土地管理行动计划①
(2008—2014草案)(节选)

政策	正在进行的行动	2010年的行动	2010年以后的行动
政策1c:在世界遗产范围和缓冲区内建立整体保护框架以保护不同的价值		1.审查遗产的价值与当前的状况,并考虑不同组织能给遗产和缓冲区管理带来的资源	→
			2.就一致认可的价值排序和冲突编写一份管理框架,使用类似于英格兰遗产的保护原则或盖蒂保护研究所的遗产管理中的价值——四个案例研究的方式
政策6b:世界遗产需要通过预防措施来对抗气候变化给突出普遍价值带来的危害	1.界定、先后缓急排序以及对遗产展开潜在风险的常规监测	→	→
	2.监测动植物群和景观的潜在的有害改变		
政策7a:应该对裸露的石工工程进行常规监测,并需要所有相关组织和个人对其加以维护		1.调查所有管理规划中没有包含的裸露的施工工程的状况	→

资料来源:http://www.hadrians-wall.org/ResourceManager/Documents/CFLM%20Draft%202008-14%20Action%20Plan%2004.02.10_72_634018241645888750.pdf,最后访问日期:2010-07-09

除了年度评估调整行动计划推进保护规划实施外,各国的保护规划也进行定期的修编,如加拿大国家公园的管理规划进行定期的5年修订,英国世界遗产的管理规划每5~6年修订一次,而根据美国国家公园管理局的管理政策,美国国家公园的总体管理规划应每10~15年修订一次,但如果发生了重大条件的变化则可以在更短的时间内进行修订②。而通常以下情况发生,可能对规划目标产生直接或重大影响,规划应进

---

① 根据《哈德良长城世界遗产地管理规划(2008—2014)》一共分了六个领域编制详细行动计划,保护、农业与土地管理只是其中一个领域。

② Parks Canada. Parks Canada Guide to Management Planning[S], 2008:26 [2011-07-01]. http://www.pc.gc.ca/eng/docs/bib-lib/docs3.aspx.

Department for Communities and Local Government, English Heritage. The Protection & Management of World Heritage Sites in England[S], 2009:15 [2011-07-09]. http://www.english-heritage.org.uk/publications/protection-management-of-world-heritage-sites-in-england.

National Park Service, US Department of the Interior. General Management Planning Dynamic Sourcebook [S], 2008:3-2 [2011-07-09]. http://www.doc88.com/p-78048231776.html.

2 "基于多维价值的保护规划"理论   57

行修订:
- 新的重要的法律颁布,或政策外部环境的重要变化;
- 有原规划中未包含的新的科学发现,如考古发现、价值发现等;
- 有原规划中未包含或未充分重视的破坏要素出现;
- 有新的游客需求与冲突出现;
- 利益相关者提出了重要的需要考虑的问题,或者是新的利益诉求;
- 需要对保护区划做出调整[①]。

年度行动计划调整与规划的定期修订使得基于多维价值的保护规划整体成为动态演变的过程,规划成果一直不是终极状态而是开放式的。

2.3 "基于多维价值的保护规划"的深层规划思想

作为一种文化遗产保护方法,基于多维价值的保护规划的来源与发展固然不能脱离文化遗产保护领域对遗产内涵认知的发展脉络,但进一步思考其思想来源,还可以体会到该保护规划方法其背后体现的深层规划思想、所受到的时代精神和社会背景的影响。

尽管对文化遗产的多元价值认识可以追溯到更早,但是基于多维价值的保护规划方法是以20世纪70年代《巴拉宪章》的颁布为重要标志的,在随后几十年澳大利亚、加拿大、美国、英国等国的规划实践中得到逐步发展,并在近20年来,得到越来越多的关注。因此本节将视角转向从70年代前后至今的西方规划思想发展,以探析经济、社会、政治等背景变化如何影响了规划理论,在基于多维价值的保护规划中又体现了哪些富有时代特征的规划思想。

2.3.1 二战以来的西方规划思想发展

到20世纪70年代初期,对于规划的本质已经形成了兼有政治内涵和理性过程的初步认知。这种认知的形成与二战后的规划思想发展密切相关。

二战后的西方世界建立了全新的政治和经济格局,并迎来了较快的城市发展和社会稳定阶段。这一时期,人们对未来的发展充斥着乐观情绪,在政治领域内形成了"社会民主的一致认同(social democratic consensus)"。30年代的经济危机促使国家对经济生活加大了干预力度。人们普遍认识到科学技术在推动经济繁荣、社会进步上的巨大能量。科学技术领域,1948年左右诞生的老三论(系统论、信息论、控制论)在60年代后得到了重大发展,并广泛影响着人类自然、社会科学发展的几乎一切领域。规划

---

① 根据以下两条文献的有关内容整理:
Parks Canada. Parks Canada Guide to Management Planning, 2008.
National Park Service, U S Department of the Interior. General Management Planning Dynamic Sourcebook [S], 2008:3-2.

的理想目标、理性思维基础,推动了二战后规划思想的发展。强调对现代科学和现实关注的理性规划模式主导了20世纪前五六十年的规划实践,在凯恩斯干预主义[①]盛行时期达到高潮,并在60年代出现了"系统综合规划"。系统综合规划来源于系统论和控制论,其出现也响应了计量革命的发展。系统理论倾向于将规划对象视为一个由多种要素组成的整体,运用系统方法研究各要素的现状、发展变化与构成关系。系统论的应用,标志着理性规划思想发展到了顶峰时期。但是用纯科学的方法来加强规划的企图,在60年代后期开始遭到批判和反思,主要包括缺乏对现象多样性和复杂性的认识,过于强调规划的系统与综合而导致效率低下,丧失灵活性。60年代以后的规划理论开始给予规划过程极大的关注。林德布罗姆(Lindblom)发表了《得过且过的科学》一文,强调对待复杂问题,应通过短期目标的逐步达成来实现长期目标。其中政府和规划是价值中立的公众利益代表者,而这一规划过程由技术专家可以控制。

20世纪六七十年代西方社会遭遇严重的经济危机,之前被掩盖的社会矛盾得以暴露。美国和欧洲的西方民权运动发展达到高潮。公众参与的思想在这种背景下产生。一种更具有公共政策的属性逐渐淡化了规划的技术特性。规划判断的本质被认为更接近于政治,而不是单纯的技术问题。1962年达维多夫发表《规划的选择理论》一文,提出规划过程充满选择,认为理性规划中规划师价值中立的设定往往受到权力的控制,规划也不能以一种价值判断压制其他价值观,规划的价值选择应交还给公众本身。哈维(D. Harvey)等新马克思主义学者将物质环境与背后的政治、经济背景联系起来。60年代末,一些美国学者认为规划的决策过程要由多元的政治性组织来完成,任何个人、团体都没有那种综合认知能力,学者阿恩斯坦提出了"公众参与的阶梯",具有广泛的影响力,对于公众参与政治过程的关注,此后成为规划理论的核心问题之一。

20世纪70年代前的规划认识到了70年代后遭遇新的反思与发展,这与当时的社会状况有直接关联。20世纪70年代至80年代,是西方社会生活中各个领域都处于混沌交锋的大转型时期。从全球政治格局看,二十多年的发展没有从根本上建立起人们所期望的稳定和平社会与秩序,冷战愈发沉重,从两极对抗走向多极的均势态势;从西方社会结构看,中产阶级逐渐占据了社会主导地位,它们对传统工业社会的"非人性"冷漠特征产生了巨大抵触,伴随富裕阶层的郊区化外迁,有色人种比重加大,更加强烈地提出了自己的生存发展权利;从文化领域看,社会的动荡和传媒的发展使得社会思想复杂化,面对现代社会的种种危机,后现代主义、女性主义、后殖民主义、人权运动等交织在一起;从科技发展看,70年代前后又出现了新三论,即协统论、耗散结构论和突变论;从经济形态看,到80年代,西方社会进入后工业时期,经济增长从大生产、大消

---

① 自由市场问题导致了20世纪初的经济危机,从国家对经济社会的介入看,凯恩斯干预主义其内涵主要是指反对自由放任,主张扩大政府机能,限制私人经济,由国家对社会经济活动进行干预和控制,并直接从事大量经济活动的那样一种经济思想和政策。二战后,在政治领域内形成了广泛的"社会民主的一致认同",凯恩斯主义成为重要的指导思想。

费的扩张式转向内涵式增长;政治上多样化的公民权利得到发展,"市民社会"的讨论再次升温;与此同时,经济危机和能源危机凸现。这些都要求哲学思想上有所回应。由此,产生于60年代,并主宰70年代至80年代的西方后现代主义思潮,体现为一个非常复杂、矛盾和迷惘的多面体①。这时期的规划思想也表现出了后现代特征,社会、文化、环境、生态等各种视角,开始被引入规划领域。后现代规划的重点有以下几个方面:首先是对社会公正问题的关注,70年代后,人们日益关心规划的社会目标,转为必须按照当地人民的福利事业的特定内容来考虑规划政策的制定和实施。因此,规划师的成员队伍日益多元化。其次是对社会多元性的重视,后现代规划的一个重要方面是充分认识到社会构成的复杂、多元,承认规划的背景环境是一个多元世界,其中存在的许多目标各异的利益团体导致了过程的复杂与个性化,强调多元价值,反对一元论。最后是对规划现象背后的制度性思考,70年代新马克思主义理论的兴起为西方学者深刻认识规划的本质提供了工具。基于规划本质是政治过程这样一种认知,西方理论研究中开始更多地关注规划的政治问题,认为规划理论充满了秩序和合理性,但实践中却处处杂乱、不合逻辑,要解决这些问题就必须深入到制度层面去认识②。

20世纪90年代以后,国际环境的转变,生产方式的变化,生活方式的转型都使得规划问题变得更加复杂、变化莫测,已经没有一种理论、方法能够被用来整体认识概括规划的本质,多元思潮蓬勃兴起,规划理论与实践探索进入一个更为广阔的背景之中(R. Freestone,2000)③。全球化、管治、可持续、文化等成为主导新时期规划思想的关键词。全球化加速了全球文化趋同,地区的系统将会与全球的系统更紧密联系在一起,而保持文化的多样性也因此成为规划中关注的重点。90年代以来,可持续发展成为主流的发展战略,生态的可持续、社会的可持续、文化的可持续根本上改变了社会发展的目标,进而影响到各个领域。管治作为一种全方位的社会思潮与行动在西方政治、经济、社会的各个层面展开,传统的纵向管理体系逐渐向横向的伙伴关系的管治(govemance)转变。规划开始被视为整体性的协调管理体系,应该具有多维和开放的视野。福雷斯特(Forester,1989)将哈马贝斯的交往理论引入规划领域,并进一步提出"通过交流,建立共识"的"沟通式规划"(communicative planning)。帕奇·希利(P. Healey,1997)则发展了"协作式规划"(collaborative planning)。90年代以来,欧美越来越多规划师提倡进行沟通式或协作式规划,规划师的定位逐渐转变为协调者、沟通者的角色,而不再是高高在上的技术精英。这种规划的本质在于认为物质环境、空间规划往往受制于特定的政府管治或政策环境,规划对社会、经济、环境和政治之间的协调关系研究甚少,规划实施过程中并没有尊重政府部门内外不同利益相关者(stakeholders)的利益,而采用沟通与协作的规划方式就能在多变、多元的环境下协调这些矛盾。

---

① 张京祥. 西方城市规划思想史纲[M]. 南京:东南大学出版社,2005:178.
② 同①184.
③ 同①221.

2.3.2 "基于多维价值的保护规划"的深层规划思想

从国际上基于多维价值的保护规划理论发展与实践看,其同样反映着当前国际规划领域的基本思想与主流精神,其中蕴含的规划思想主要有:

1) 过程规划

这种由系统规划发展而来的规划思想,将规划视为一系列循序渐进的过程组成。过程规划与最初由林德布罗姆提倡的渐进规划思想有密切关系,最初的渐进思想具有明显的实用主义色彩,认为由于人的认知能力有限,难以发现所有复杂的社会问题,而应当注重解决眼前的现实问题,但是这种思想存在忽略长远目标的倾向。此后的学者对渐进主义进行了修正,使得决策过程既包括基本发展方向的框架,又包含逐步推进的渐进步骤。而基于多维价值的保护规划方法从其技术特点来看,兼具了长期和短期目标结合的特性,因为规划过程中的各种决策是根据不断变化的环境和问题做出的,将战略目标与行动计划结合,突出了战略性和指导性,又将长期目标与战略转变为多次的"目标——→行动"和"行动——→目标"的规划过程。

2) 规划的政策属性

在保护规划实践中,基于价值的规划也体现出对保护规划属性认识的发展。国际文化遗产保护界对保护规划存在认识的两极,即保护规划是技术性(pragmatic/technical)的或者是政策性(strategic/political)的。传统的方式更偏重于技术性,依赖于遗产保护专业人士对保护问题的技术性解决方案。材料科学、建筑保护、建筑历史等领域的专业知识是这种传统方式的核心。规划中的协作一般也不超出这些领域的专家与机构,这种方式也可以被视为是内向的。针对客观目标的研究、方法与决策,"正确的"或是"最佳的"解决方式被认为是可以清晰界定的。而政策性的方法意味着一种不同的决策形成过程。尝试纳入上述领域专家以外的利益相关者,在纯技术措施和可以在特定的经济、政治与障碍环境下实施的措施之间找寻解决方法。外向地寻求非保护主义者作为成员,这种方法寻求在特定时期的最佳解决方案。它坦诚地面对政治问题,而这往往是纯技术措施中必须面对的障碍。国际遗产保护界已经逐渐认识到基于多维价值的保护规划,它的政策属性不容忽视,需要将这两种规划方式融合以寻求更好的保护规划实践[①]。

3) 沟通式/协作式规划

沟通式/协作式规划反映了一个通过协商、谈判取得意见共识的规划过程,而其规划思想渊源既有规划程序理论的发展,也是早期公众参与理论的发展。与传统的"公众参与"不同的是,传统的公众参与过于强调对弱势群体的保护,而沟通/协作式规划

---

① Randall Mason. Theoretical and Practical Arguments for Values-Centered Preservation[J]. CRM: The Journal of Heritage Stewardship, 2006: 21-45. http://www.minervapartners.org/minerva/files/MasonCRM.pdf.

其新的思想在于,将一种激进的、可能引起对抗的公众参与过程,转变为一种平和理性的、具有建设性的协商谈判过程[①]。在沟通式/协作式规划中,尤其强调了"利益相关者"的概念。这一概念对受到规划影响的群体或个人进行平等的界定与描述,没有鲜明的政治倾向。考虑到利益的多元化,任何人、任何团体,无论出于何种政治和经济地位,都不应受到排斥。从现实意义上讲,由于避免了通过对抗、发泄争取权益,而通过谈判、协商谋求一致,沟通/协作式规划,比20世纪六七十年代的"公众参与"理论具有了更加务实之处。

当然沟通式/协作式规划并不完善,在利益多元化的社会下,要达成共识必须付出时间和经济上的成本,有些情况下,共识也不是那么容易达成。而在基于多维价值的保护规划中,同样存在这样的问题,梅森指出"基于多维价值的保护规划要求考虑更多的价值也会使规划的编制变得更为复杂",但是确实也"提供了一个制定决策的更加严密的研究与分析过程"。同时梅森也提出保护规划编制人员必须具有这种规划思维:"考虑这些问题是否就是不利于保护?将当代经济、社会、政治价值添加到保护规划中,确实会使规划更加复杂化。但是其他如城市规划、环境保护、生态保护等领域的专业人员已经认识到他们的核心研究领域存在这样的多样性和分支内容,文化遗产保护的专业人员也同样需要面对这样的挑战"[②]。对于具有了这种规划思想的规划而言,终极蓝图式的目标实现不是规划成功的评判标准,在规划沟通过程中达成的共识,实现的相互理解具有更深远的影响力。

在这些规划思想的影响下,正如澳大利亚学者科尔所总结的那样:基于多维价值的保护规划应该是具有弹性和适应性而不是标准化的;是合作式而不是强制划界的;是简单、明晰、中肯的而不是冗长、复杂、细碎、难懂的行业术语[③]。

2.4 小结

本章节首先梳理了基于多维价值的保护规划在欧洲国家和新世界国家的两种不同发展背景。新世界国家由于历史相对短暂,缺少欧洲遗产定义范畴内的文化遗产,对自然遗产和原住民遗产倾注了更多的关注,以形成自身的文化认同,经澳大利亚颁布《巴拉宪章》促成的一种强调尊重多元价值,协调利益冲突的规划方法——"基于多维价值的保护规划",随着国际社会对文化多样性的关注反过来对文化遗产保护理论发源地的欧洲产生了影响,并逐渐成为包括世界遗产组织在内的当前国际主要遗产保护机构所推崇的方法。

---

① 江泓. 城市空间发展的转型结构与演变动因研究[D]. 南京:东南大学,2011:132.

② Randall Mason. Theoretical and Practical Arguments for Values-Centered Preservation[J]. CRM:The Journal of Heritage Stewardship, 2006:35.

③ James Kerr. Opening Address:the Conservation Plan, Conservation Plans in Action:Proceedings of the Oxford Conference [C]. London:English Heritage. 1999:9.

该规划方法中的价值突破了传统的思维惯性,要求同时关注文化遗产的固有价值和非固有价值,不仅关注历史,也要同时关注现在与未来,强调通过对利益相关者的意见综合获得遗产完整的价值内涵。

该规划方法在规划层次、价值评估、利益相关者的参与、沟通与谈判的底线和规划的动态性几个方面具有显著的技术特点。在规划层次上,将保护规划定位在战略性规划层面,强调保护规划是在利益相关者之间达成的一定共识,为后续工作制定战略目标和合作框架;在价值评估方面,强调对文化遗产的价值评估应容纳遗产的多维价值体系,根据不同的价值类型采用定性或定量的方法确保评估的科学性的同时,也重视经由利益相关者之间的讨论与谈判确定遗产所应列入考量的价值范畴和价值间的优先关系以增强规划的操作性;利益相关者的参与是该规划方法的核心,在利益相关者的界定、参与程序和方法的设计及对具有复杂利益关系的对象适宜采用的模式上,国际遗产保护界已积累出一定经验;而在利益相关者参与过程中,沟通与谈判是达成共识的必要环节,如何避免议而不决,或者因遗产价值的泛化而迷失保护规划的根本目标是需要避免的,对此,各国有不同尝试,最有代表性的两类方法代表了在价值评估阶段和策略制定阶段的两种工作模式,即"纪念性的完整"声明和"可接受改变的极限"方法;"基于多维价值的保护规划"整体上强调规划是动态的,不是终极的结果,因此需要持续监测、定期回顾、调整行动和酌情修订以适应复杂保护对象面临的充满变化的现实情况。

本章研究的最后认为"基于多维价值的保护规划"不仅受到文化遗产保护领域多元价值观和遗产类型拓展的影响,更是特定时代背景下符合社会政治经济文化背景的产物,它体现出与时代相适应的将规划视为一个过程,除了重视规划的技术提升也要认识规划的政策属性,坦诚地面对政治问题的规划思想;并反映了西方发达国家规划领域法治的特点和对人与人权的关注,随着西方发达国家进入政府管理改革的时代,新公共管理思想把政府从控制者变成协调者和服务者,规划愈加重视多方价值观点的沟通与协调。

3 "基于多维价值的保护规划"实践

本章是在第2章"基于多维价值的保护规划"理论的基础上展开的对规划实践的研究。如第2章所述,"基于多维价值的保护规划"在欧洲和新世界国家的发展情况有所不同,本章在欧洲国家和新世界国家各选取了一个案例。此外虽然该规划方法适用于具有多维价值内涵,涉及多种利益相关者的对象,但应用的范围十分广泛,并且也为世界遗产组织所推崇,因此在案例选取时,本研究选择了欧洲体系下的哈德良长城的规划和新世界国家体系下的里多运河的规划,这两处都是列入世界遗产名录的巨型、线型、跨区域的文化遗产,与大运河遗产具有一定可比性,对今后参照世界遗产的标准保护大运河遗产,编制相关规划具有借鉴意义。在这两个案例中哈德良长城按照惯常思维可能被界定为静态遗产,但在研究过程中发现,即使是面对这样的遗产,它的几次管理规划的修编也反映出对文化遗产当代价值逐步认知并引起重视的过程,且作为英国最早编制管理规划的世界遗产,它的历次修编充分体现出"基于多维价值的保护规划"方法的核心技术特点;而里多运河是第二条被列入世界遗产名录的运河类遗产,加拿大作为新世界国家,对国家公园规划体系和运河遗产保护的经验都十分丰富。因此,本章将详细解析"基于多维价值的保护规划"方法融入英国和加拿大的保护规划体系后,在上述两个案例中的实际运用情况。

在大运河遗产保护规划编制过程中,规划团队和相关研究人员曾认为大运河遗产无论在规模和承担的当代职能上都具有国外一般案例的不可比拟性,但是规划的理念和方法论不应受国界的限制,《巴拉宪章》正是一项不同于欧洲文明的多元文化的产物,当欧美接受它的反哺之时,我们也不应拒绝学习的机会。

3.1 英国"保护规划"的发展与实践

3.1.1 英国"保护规划"的发展概述

3.1.1.1 文化遗产保护的发展历程

英国现代文化遗产的保护可以追溯到从19世纪下半叶对少量最重要的古代建筑

物的保护①，对文化遗产的法定保护与民间团体的推动作用密不可分。提到英国的遗产保护思想，莫里斯(Morris)是一个无法回避的名字。1877年他创立了英国第一个民间建筑保护组织"古建筑保护协会"(The Society for the Protection of Ancient Buildings)，提倡严格遵照历史原貌修复历史建筑。一系列的民间保护运动促使英国政府在1882年通过了《古迹保护法》，这是英国首部遗产保护法律，而当时被列入保护对象的只有29处史前遗迹。1909年英国颁布了第一部城市规划的正式法律——《城市规划法》，其主要目的是为了控制由于住宅无序建设引起的城市卫生和社会问题，该法并没有涉及遗产保护的内容，直到1932年的规划法才正式提出了历史建筑的保护问题，并授权地方政府下达保护令。1947年的规划法奠定了二战后英国的城市规划体系，其中最主要内容之一就是提出了规划许可制度，正是在这部规划法中，英国建立了历史建筑的登录制度。此后，1953年的《历史建筑与古迹法》(The Historic Buildings and Ancient Monuments Act)规定政府对登录建筑及周边环境提供资金援助。1958年英格兰历史建筑委员会(Historic Buildings Council for England)针对一些小城市和村落景观提出群体价值(group value)的概念，1967年的《城市宜人环境法》(Civil Amenities Act)中明确了保护区的概念，在1971年的城乡规划法修改时把保护区完全纳入城乡规划法的体系，标志着英国的建筑遗产保护从单体走向了整体。1972年和1974年又分别对城乡规划法作了大幅度的修改，特别是引入了保护区内的建筑在做全面改造或部分修理时，都必须得到城市规划管理部门批准的规定(conservation area consent)；还增加了保护区内现有树木的变动也要得到规划管理部门批准的规定②。由此，在册古迹(scheduled monuments)、登录建筑(listed buildings)、保护区(conservation areas)都成为国家的法定保护对象。在这以后历史公园和园林以及战场也逐步纳入英国的文化遗产保护体系。但是历史公园和园林以及战场不像登录建筑和保护区制度一样具有法律地位，而是要求在地方规划过程中对其给予特殊保护。1984年，英国加入世界遗产公约，一直以来针对世界遗产没有专门的国家立法，主要是根据联合国教科文组织的《保护世界文化与自然遗产公约》及《实施〈保护世界文化与自然遗产公约〉的操作指南》等国际公约和指南来进行保护和管理，但政府要求每处世界遗产地均应把编制实施管理规划作为处理遗产地各类问题和落实各项保护管理政策的重要工具，而对其中涉及的分类遗产则分别按照相关的法规政策进行管理。2009年英格兰社区与地方政府部(Communities and Local Government)与英格兰遗产委员会联合制定了世界遗产保护文件(Circular on the Protection of World Heritage Sites)，并通过了英格兰世界遗产保护管理指南(The Protection & Management of World Heritage Sites in England)来加强世界遗产地的保护和管理。近年来，英国的文化遗产保护正在进行改革，未来有可能将上述的在册古迹、登录建筑、保护区、历史公园和园林、战场

---

① 约崎雷多.建筑维护史[M].丘博舜，译.台北：台北艺术大学，2010：183.
② 张杰，何仲禹，徐碧颖.英国建筑遗产保护的立法与管理[J].北京规划建设，2008(5)：160-164.

以及世界遗产纳入统一的指定制度,并对其工程提出与过去有所不同的统一的施工许可制度。

3.1.1.2 保护规划的发展历程

如3.1.1.1所述,英国的在册古迹、登录建筑、保护区、历史公园和园林、战场都需要纳入英国的地方城市规划中,给予制定详细的保护策略。尽管在20世纪80年代英国有些战略规划中已经包含有建筑或遗址的详细历史信息、现状图纸、现状评估报告、未来可能采取的政策以及造价估算等保护规划的内容与思路①,但英国独立的"保护规划"真正开始发展是在90年代引入"基于多维价值的保护规划"以后。英国的国家信托(National Trust)从80年代末开始认识到编制管理规划的必要性,并在90年代开始积极推动管理规划的编制,在该组织的相关指导原则中,管理规划被界定为一种战略规划,这种管理规划已经包含了保护规划的基本内容②。1993年英格兰遗产委员会(English Heritage, EH)开始编制世界遗产哈德良长城的管理规划。1994年,国际古迹遗址理事会英国委员会(ICOMOS UK)要求给所有的英国世界遗产编制管理规划。所有英国的世界遗产相继编制完成了管理规划,有的已经经过2~3次修编。在1995年至2005年期间,英国共有12个机构颁布或者修订了关于编制保护规划的18项指导原则③。1998年牛津大学举办了名为"行动中的保护规划"的国际会议,成为英国保护规划发展历程中的里程碑。英国遗产彩票基金(HLF)结合过去英国的保护规划实践,在借鉴《巴拉宪章》,学习澳大利亚保护规划经验的基础上编制了《历史遗产地保护规划指导原则》(*Conservation Planning for Historic Places*),并在此次会议上发布。该指导原则为英国的保护规划提供了一套标准。来自各个遗产保护机构的人员也在会议上讨论了保护规划的概念,交流了保护规划的编制经验,起到了在保护实践者中推广保护规划理论与方法的作用。2004年,遗产彩票基金的指导原则进行了修订并改名为《保护管理规划》(*Conservation Management Planning*)。在最初的12年中,该基金一共向英国26000个遗产保护项目提供了超过40亿英镑的资金④。而该基金通过要求申请资助者必须提供保护规划以获得资金援助审批的方式在英国极大地推动了保护规划的发展。

3.1.2 基于多维价值的保护规划——世界遗产的管理规划

世界遗产的出现对英国保护规划的发展起到了重要推动作用。英国自1984年加

---

① James Simpson. Conservation Plans: an Edinburgh Perspective[C] // Conservation Plans in Action: Proceedings of the Oxford Conference. London: English Heritage, 1999:66.

② David Thackray. Conservation Plans and the National Trust[C] // Conservation Plans in Action: Proceedings of the Oxford Conference. London: English Heritage, 1999:59.

③ Zheng Jun. Conservation Planning for Heritage Sites: a Critical Review and Case Studies[D]. London: The Courtauld Institute of Art, 2008:73.

④ Heritage Lottery Fund. Conservation Management Planning[S], 2004 [2012-02-10]. http://www.hlf.org.uk/HowToApply/furtherresources/Pages/ConservationManagementPlanning.aspx.

入世界遗产公约,至今已有28处世界遗产。考虑到大部分世界遗产都位于英格兰(18处位于英格兰),且英国的苏格兰、威尔士、爱尔兰又有各自相对独立的文化遗产管理体系,因此本小节对英国世界遗产管理规划的研究是针对英格兰进行。总体来说,英格兰对世界遗产的保护策略是利用原有的城市空间规划体系并编制管理规划,两者相辅相成来提供一种整体保护的方法。由于英格兰的世界遗产大部分都具有复杂的所有权关系,并且规模庞大,因此引入了"基于多维价值的保护规划"方法来组织编制世界遗产的管理规划。

1)基本目标

在英格兰的世界遗产管理规划中,已经认识到世界遗产地发生改变是不可避免的,因为世界遗产必须满足当今社会的需求。因此有效的管理必须考虑对突出普遍价值的识别和提升,而对有可能威胁到这种价值的改变需加以修正或缓和。与地区居民和经济利益相关的可持续利用也是需要考虑的,可持续的利用可能包括经济、社会或教育几个方面,而新的利用也不应该威胁到突出普遍价值。

2)规划指导小组

大部分英格兰世界遗产都是复杂、规模巨大并且通常具有多重所有关系的对象。在同一项世界遗产中也可能有大量的具有利益关系的行政团体。世界遗产管理规划的指导小组提供了管理规划中处于不同位置的成员取得平衡的讨论平台。世界遗产的管理规划必须建立在一个参与式的基础上,由主要的利益相关者组成规划指导小组或者委员会。这些指导小组或者委员会的成员需要根据遗产地的情况改变,但是应该包括具有代表性的所有者、管理者、区域政府机构、地方政府机构,如教区委员会,文化、媒体和体育部(DCMS)[①],英格兰遗产委员会(EH)和其他的政府机构或者是在该遗产地中有相关利益的非政府组织。而该指导小组或委员会的负责人也视遗产的不同而改变,通常是由相关的地方政府或者是遗产地的主要所有者担任。管理规划应该基于所有利益相关者所取得的一致意见制定,并且应该受到公众咨询意见的影响。如果有一位适当的世界遗产协调者则可以使指导小组和管理规划更加有效。而对于一项复杂的遗产来说,这可能需要是一份全职的工作。

3)规划内容与规划层次

成功的世界遗产管理规划关注于识别、保护与利用突出普遍价值,同时也需要兼顾其国家的、区域的、地方的价值,以达到成功的结果,需包含的基本内容有:

- 遗产是什么。对遗产的描述,涉及所有方面,包括它的用途,而不仅仅限于那些表现其突出普遍价值的内容。
- 什么是文化重要性;为什么具有重要性;界定遗产的价值。既要界定突出普遍价值也应该界定其他国家的、区域的、地方的价值,而这些价值要根据需要进行优先排序。

---

① 文化、媒体和体育部(DCMS)是确保英国作为缔约国履行世界遗产公约中的义务的主要中央机构。

- 是什么使得价值变得脆弱。识别使世界遗产的突出普遍价值、真实性、完整性变得脆弱的原因和使价值具有可持续性的方法。
- 可以制定怎样的政策与策略保护这些价值。制定能够延续遗产的特点并对其加以可持续利用的政策与策略,包括教育、提升价值和提供出入口等。
- 这些政策与策略如何实施和监测。确定规划实施的方法,以及监测其有效性的方法。
- 世界遗产的管理规划通常是一种较高层面并且不是特别详细的规划,在复杂的世界遗产中,管理规划可以由特定组成部分或者单个建筑的保护规划进行进一步的补充。

4) 规划过程与规划年限

编制规划和付诸实施的过程也和其内容一样重要。而规划的编制过程基本包括三个阶段:

- 利益相关者参与的规划草案阶段;在这个过程中讨论与参与是在规划中达成一致政策的重要手段。公众咨询是规划草案编制的最后一步,而在草案全过程中都需要进行咨询。
- 所有利益相关者同意并公布规划;这是规划过程中关键性的一步,因为它表达了一致的观点和对遗产管理的方向。
- 规划实施:如果没有取得一致意见的实施方法,规划就没有作用。因此必须有人负责规划实施。管理规划的协调者代表规划指导小组也应该成为规划效果的监测者。

成功的管理规划对实现令人满意的保护和可持续的有益利用来说至关重要,而这本质上是一个循环的过程。联合国教科文组织和相关咨询团体建议世界遗产的管理规划应该有一种全面的视角,长期的目标(30年),并应制定大约每5年的政策。每一年的工作计划将由这些政策产生,列出时间表和框架供指导小组检查。规划的效果需要经受经常性的考核与检验(通常是每5年至6年)。对遗产的历史和价值以及如何利用的持续性研究也是确保遗产的价值被充分理解和保护的关键,不断修正的认识也可以使遗产管理者更好地向游客或公众诠释与展示遗产。①

3.1.3 案例研究:哈德良长城世界遗产地管理规划

3.1.3.1 《哈德良长城世界遗产地管理规划》编制概况

1) 哈德良长城概况

英国哈德良长城是古罗马帝国修筑的位于英格兰北部的边境防御工事(图3-1)。

---

① 本小节内容笔者根据"Department for Communities and Local Government, English Heritage. The Protection & Management of World Heritage Sites in England"翻译并整理。

图 3-1 哈德良长城在英国的区位
资料来源:English Heritage. Hadrian's Wall World Heritage Site, A Case Study[M]. Los Angels:The Getty Conservation Institute,2003:5.

长约 73 英里(118 千米),连接东西海岸,从东部泰纳(Tyne)河边的纽卡斯尔(Newcastle),一直延伸至西部索尔威湾(Solway)的波尼斯(Bowness),穿越了纽卡斯尔和卡莱尔城区,以及诺森布里亚和卡布里亚宽阔的农村。古罗马人选取了英国东西向距离最短的路径从公元 122 年开始由古罗马君主哈德良在今英格兰北面的边界修筑一系列防御工事,以防御北部皮克特人反攻,保护不列颠岛的人民安全,后人称为哈德良长城。哈德良长城包括城墙、城壕、外护墙、瞭望塔、里堡和城堡等。城墙后面有要塞、军营、道路和不少居民区,为驻军提供支持。它完整地代表了罗马帝国时代的戍边系统。哈德良长城是当时军事防御设施中重要的组成部分,有力地证明了当时罗马人的技术水平、战略思想和地质学的发展。1987 年,哈德良长城被联合国教科文组织列入《世界遗产名录》,它满足世界文化遗产标准的第 ⅱ、ⅲ、ⅳ 条标准①。

哈德良长城自建设之日起历经不断地改建、再利用、拆除与保护过程,时至今日,没有一处完全保留了最初的高度。在东部与西部地区,保留有少量地面遗址,在中部一处叫作克莱顿城墙(Clayton Wall)的地区保存较为完好。全线有少量的高速公路、管线等穿越或覆盖的区域,城墙已经完全被破坏。从地貌来看,哈德良长城大体可分

---

① ⅱ.能在一定时期内或世界某一文化区域内,对建筑艺术、纪念物艺术、规划或景观设计方面的发展产生过重大影响。ⅲ.能为一种已消逝的文明或文化传统提供一种独特的至少是特殊的见证。ⅳ.可作为一种建筑或建筑群或景观的杰出范例,展示人类历史上一个(或几个)重要阶段。

为三段：东部的泰纳河河谷低洼区域，在这个区域有稠密的城市，纽卡斯尔自工业革命起发展成为英格兰东北部的经济中心。在泰纳塞德(Tyneside)区域，城墙大部分是埋藏于地下的遗址；地上部分从赫登(Heddon)延伸到伯多斯沃尔德(Birdoswald)，穿过了中部壮观的丘阜区域；第三段的西部区域是低洼的河流谷地，如今这个区域也成为牧场和农业耕作区，长城到波尼斯结束，还有一些古罗马防御体系中一些独立的塔楼一直延续到最西部海边。哈德良长城穿越了英格兰北部多个行政区域，涉及的相关机构和所有权关系复杂，因此哈德良长城的保护与管理工作十分复杂，且操作难度极大。(图 3-2)

图 3-2　哈德良长城现状

资料来源：http://internet.hk/index.php?doc-innerlink-%E5%93%88%E5%BE%B7%E8%89%AF%E9%95%B7%E5%9F%8E，最后访问日期：2012-02-23

2) 管理规划编制情况

1996 年《哈德良长城世界遗产地管理规划(1996—2001)》编制公布，是英国第一处编制管理规划的世界遗产，也是英国最早的基于多维价值的保护规划尝试之一①。2002 年对管理规划加以修编，至 2008 年进行了第二次修编，至今已经有过三版管理规划(1996—2001、2002—2007、2008—2014)。1996 年和 2002 年的管理规划主要由英格兰遗产委员会(English Heritage)负责。2008 版的规划修编由 2006 年新成立的非营利机构哈德良长城遗产有限公司(Hadrian's Wall Heritage Ltd.)负责。

管理规划从内容上看是一份包含了描述遗产和评估价值，界定具有相关利益的组织和个人，分析遗产价值面临的压力，提出主要的利益相关者达成一致意见的总体指导策略，解决在合作过程中利益相关者各自权力范围内的重点关注问题等内容的文件。在哈德良长城的案例中，2002 版和 2008 版的管理规划尽管编排顺序有所差别，但通过比较可以发现管理规划的内容基本一致，主要包括遗产及背景环境说明、遗产地相关利益分析、价值评估及重要性陈述、对上轮规划的回顾、影响世界遗产地的问题分析和政策与行动建议以及规划实施与监测几个方面，后附相关地图和附录。(表 3.1)

---

① 详见"Zheng Jun. Conservation Planning for Heritage Sites: a Critical Review and Case Studies[D]. London: The Courtauld Institute of Art, 2008"附录中对哈德良长城管理规划编制的负责人 Dr Christopher Young 的访谈记录。

表 3.1　哈德良长城 2002、2008 管理规划内容比较

	2002 版管理规划内容		2008 版管理规划内容
第一部分：遗产地的说明与重要性	1. 编制该版管理规划的必要性； 2. 遗产地的说明：地形地貌、考古信息、景观的发展、景观现状与资源现状； 3. 遗产地中的相关利益分析：相关政府机构、地方政府、所有权形式和管理职能、文化与学术利益、经济与娱乐利益、当地社区； 4. 重要性声明与世界遗产标准：重要性声明、材料与工艺、设计与背景环境、自然价值、文化价值、当代价值、世界遗产价值	第一部分：介绍	1. 世界遗产地； 2. 编制该版管理规划的必要性； 3. 世界遗产管理规划委员会； 4. 相关利益团体； 5. 2008—2012 管理规划的准备； 6. 规划的作用； 7. 规划的地位； 8. 哈德良遗产有限公司； 9. 哈德良长城的愿景
第二部分：对 1996 管理规划的评估及对主要管理问题的界定	1. 评估 1996 管理规划的目标与任务； 2. 界定与评价主要的管理问题：主要问题介绍、更广阔的政策环境； 3. 保护世界遗产：世界遗产的边界与背景环境、保护世界遗产的法律与指导原则基础、风险预防； 4. 保存世界遗产：保护世界遗产的战略性框架、景观环境、石工工程的处置措施、考古工程、耕地内的考古遗址、自然栖息地； 5. 利用与欣赏世界遗产：旅游、农业、世界遗产与周边地方社区之间的关系、交通、出入口、世界遗产内的旅游设施、遗产诠释、重建、博物馆、教育； 6. 管理世界遗产：实施与协作、资金、监测与效果评价、相关研究的开展	第二部分：世界遗产地哈德良长城和其景观环境	1. 罗马时期的边界； 2. 哈德良长城世界遗产地的边界； 3. 缓冲区； 4. 哈德良长城和它相关的考古遗址； 5. 地形地貌； 6. 景观； 7. 资源和遗存现状； 8. 资金与来源
第三部分：管理目标	1. 目标介绍； 2. 愿景； 3. 世界遗产未来三十年的管理目标； 4. 中期目标 2002—2007	第三部分：世界遗产中的相关利益	1. 国际利益； 2. 国内政府的利益； 3. 其他国内组织； 4. 区域组织和地方政府； 5. 文化和学术利益； 6. 经济和娱乐利益； 7. 当地社区； 8. 所有权形式和管理职能
第四部分：规划实施	1. 介绍； 2. 规划监督； 3. 规划协作； 4. 规划实施	第四部分：世界遗产哈德良长城的价值与重要性	1. 价值评估； 2. 哈德良长城的突出普遍价值； 3. 重要性声明； 4. 哈德良长城的价值
第五部分：地图		第五部分：2002—2007 管理规划的回顾	1. 介绍； 2. 2002 年以来影响哈德良长城的重要性转变； 3. 2002 版管理规划的评估； 4. 2002—2007 年期间得到的经验与教训
附录	1. 哈德良长城廊道的地理与景观特点； 2. 自然保护的利益； 3. 保护自然遗产的法规概要； 4. 当前的地方规划政策； 5. 哈德良长城的游客调查	第六部分：影响世界遗产地哈德良长城的管理问题	1. 介绍； 2. 管理世界遗产； 3. 界定世界遗产； 4. 保护世界遗产； 5. 保存世界遗产； 6. 世界遗产的展示、欣赏与信息交流

续表 3.1

2002 版管理规划内容	2008 版管理规划内容	
	第七部分：管理规划的实施	1. 行动计划； 2. 资金； 3. 规划的监测与回顾
	附录	

资料来源：笔者根据哈德良长城世界遗产地管理规划（2002—2007，2008—2014）翻译整理

3.1.3.2 《哈德良长城世界遗产地管理规划》编制技术特点

一、管理规划的地位与层次

1）管理规划的地位

管理规划在英国并不具有法定地位，是一种指导性的文件。它不能取代任何立法的框架和相关机构的职责。虽然其制定及讨论过程中有英格兰遗产委员会（English Heritage）的参与，但并不需要政府部门审批通过，而是由规划委员会讨论通过并公布，因此并不具备法律效应。作为一项向利益相关者和公众广泛咨询形成的结果，其在广泛的利益相关团体和个人之间达成了一定的共识，再以此来指导各利益相关者制定、修编与实施他们各自的战略规划和行动计划。换言之，管理规划的权威性只能通过地方政府的规划采纳与执行情况来评估。因此管理规划的执行深受相关法律、政策以及规划体系的影响，当这些外部条件发生改变时，世界遗产管理规划如不能与之相适应，权威性也就受到影响。

2）管理规划对相关政策环境变化的应对

在 2002 版管理规划的规划期限内，英国的城市规划体系发生了重大变革，主要包括 2004 年《规划和强制性收购法》（Planning and Compulsory Purchase Act）颁布，确定了新的两级法定城市规划体系；与规划体系改革相适应的是用规划政策陈述（PPS）自 2004 年起逐步替代了规划政策指引（PPG）。与此同时，英国的遗产保护领域也正在进行改革，未来很可能将世界遗产保护纳入英国经过整合的统一的文化财产（heritage asset consent）保护体系下，建立统一的指定标准和施工许可制度。所有这些都影响到世界遗产管理规划的贯彻和实施。政策环境除了存在变化外，哈德良长城中涉及的相关政策与法规有时也会产生冲突。比如作为世界文化遗产，需要保护其突出普遍价值，但是作为特殊科研价值保护区（Sites of Special Scientific Interest，SSSI），其目的是为了保护英国最好的动植物和地理地质资源，同时特殊科研价值保护区也是英国国内保护区与国际保护区类型接轨的重要类别，因此有关的法律法规是从另一种角度保护哈德良长城考古遗迹和其背景环境，在这样的情况下，相关的部门能够考虑到哈德良长城作为世界遗产的特殊价值就变得十分重要。

针对不断变化的政策环境，2008 版管理规划在修订时特别制定了以下策略：

- 管理规划委员会需要密切关注管理规划期限内开始生效的并对哈德良长城世

界遗产地存在影响的相关政策。
- 地方政府和英格兰遗产委员会需要充分了解遗产的情况,以确保未来执行新的文化遗产批准制度时能和当前应用的在册纪念物的批准制度保持同样高的标准。
- 在遗产保护可能发生改革的情况下,地方规划部门需要始终保持统一的,并与世界遗产的突出普遍价值相一致的标准来批准文化遗产的规划申请。

在上述策略的指导下,制订的行动计划包括:
- 提醒利益相关者注意政策改变对世界遗产的管理及其突出普遍价值保护的影响。
- 建立监测与报告机制,反馈未来的文化财产制度保护标准的影响,并确保与保护世界遗产的突出普遍价值保持一致性。

而为了协调法规政策中的冲突,管理规划制定了以下策略:
- 所有涉及的管理者,在各自的法规体制内处理哈德良长城世界遗产登录范围和缓冲区内的问题时,都应考虑哈德良长城作为世界遗产的突出普遍价值。

制订的相应的行动计划为:
- 在遗产将被多重的法规体制管理的情况下,建立一个监测机制,回顾管理的实践情况和存在的问题。

3) 管理规划的层次

管理规划是一种战略性的,而不是一种特别详细和具体的规划。管理规划提出了观点和方向,建立了原则和总体的指导方针但是没有列出特定的要实施的项目。2008版管理规划指出,规划制定的目标与政策需要通过哈德良长城涉及的不同组织的大量工程来实现。因此管理规划列出了长期目标(30年)、中期(5~10年)目标以及推荐行动计划。这些构成了详细的年度行动计划的基础。此外2008版管理规划将相关利益团体划分成了六类,指出每类团体需要编制各自领域的行动计划,以贯彻和深化管理规划制定的政策与行动计划。这六个需要编制具体行动计划的领域为:

- 规划与保护 (Planning and Protection)
- 保护、农业和土地管理 (Conservation, Farming and Land Management)
- 出入口与交通 (Access and Transport)
- 游客设施、展示与旅游 (Visitor Facilities, Presentation and Tourism)
- 教育与学习 (Education and Learning)
- 考古研究 (Archaeological Research)

每个领域可能包含的内容都是广泛而具有延伸性的。此外在各类行动计划中,有些内容可能存在一定程度的重叠,而有些内容也会在不止一项行动计划中有所涉及。此时,作为协调者的哈德良长城遗产有限公司(HWHL)的作用就体现了出来。哈德良长城遗产有限公司将会和每个利益相关团体一起制定该团体职权范围内的核心政策和行动计划,并界定和区分团体间职权重合的部分,在此基础上形成哈德良长城世界遗产地的行动计划草案。此外还有第七类的交叉型、战略型的行动计划，这类将由管理规划委员会和哈德良长城遗产有限公司直接编制。每个领域的行动计划以《哈德良长城世界遗产地管理规划（2008—2014）》中第六部分制定的政策和行动计划为基础，并以统一的格式和体例制定。

二、价值评估与策略制定

自 20 世纪 90 年代基于多维价值的保护规划方法引入英国以来，作为首个运用该方法编制保护规划的世界遗产，哈德良长城的管理规划反映出在该规划思想的指导下价值评估工作的特点：既评估遗产具有的固有价值，也评估非固有价值；既关注历史价值，也不疏漏当代价值，即使这些价值之间存在着冲突。且价值评估不是一成不变的，规划团队随着社会、经济、文化等外部条件的变化，对哈德良长城的价值认识逐渐完善。从 1996 年到 2008 年的管理规划，规划价值评估的重点从将长城视为古罗马的军事区域转向了"长城和它的背景环境"的整体区域，这种转变反映在对更广阔的环境美学和当代价值的认识拓宽上。对一种考古资源的规划模式逐渐为一种包含了考古资源的活态景观的规划模式所取代。

1）价值评估

（1）1996 版管理规划

从 1996 版到 2002 版管理规划，人们开始逐渐学会处理哈德良长城长期以来为人们所认知的考古、历史价值与当代价值间的关系。目前对哈德良长城的价值认识，在 1996 版管理规划中还没有清晰地形成。当时只是将价值总结为："哈德良长城廊道是重要的……不论其作为罗马遗址的集中体现还是考虑到这些遗迹对当代景观的影响"。[①] 规划总结的价值包括：

- 罗马城墙遗迹和其相关构成以及外围遗产点的考古价值；
- 罗马时期北部边界和其后续影响的历史价值；
- 包围着 80 千米长[②]的城墙的多样化的景观；
- 外围景观的美学与自然价值得到了简要的陈述；
- 世界遗产的价值得到了额外的陈述。

经济和其他的当代价值在 1996 版管理规划中还没有得到清晰表述，只是在规划制定的策略中有所涉及，如 3.1 中指出："四个方面需要加以平衡：①保护考古资源（与相关联的景观），②保护长城外围的农业景观，③确保向公众和当地使用者提供出入口，④认识到长城对地区和区域经济的重要作用。"[③]

---

① 1996 管理规划中的 1.1.9，转引自：
English Heritage. Hadrian's Wall World Heritage Site, A Case Study[M]. Los Angels: The Getty Conservation Institute, 2003:25.

② 哈德良长城遗产地的范围在两轮管理规划修编中都有所调整，下文将给予介绍。

③ 同①.

(2) 2002版管理规划

在2002版管理规划中对哈德良长城的价值评估发生了转变,认为应该在遗产价值(制定保护政策的基础)和当代使用价值(制定发展政策的基础)之间取得更好的平衡。对哈德良长城价值的陈述重点在建立考古价值和其他使用价值之间的联系上:"哈德良长城军事区域在其尺度和特性上具有突出的价值,不仅体现在其建造与规划的技术特性,保留的相关文献、遗存和遗留的相关珍品,也体现在其对当今世界的经济、教育和文化贡献上。"并将价值归纳为以下几个方面:

- 自然价值:在世界遗产地中包含了七个主要的生物栖息地,大部分都被认可为国内或者国际级别的重要的生物资源。
- 文化价值:又分为实证价值与技术价值。实证价值指该军事区域证明了罗马人在英国的存在,并强烈证明了泛欧洲文化的边缘时期英国的历史;技术价值既包括长城的结构本身显示的技术、工程价值和其对过去的社会经济、战术、文化的反应,也包括遗留的文献、铭文、写片等物品的考古价值。
- 当代价值:包括经济价值、休闲和教育价值、社会与政治价值。
- 世界遗产价值:符合世界遗产第ⅱ、ⅲ、ⅳ条标准和源于罗马时期军事技术的价值[①]。

2002版管理规划中对包括经济价值在内的当代价值的关注可以说是与1996版管理规划最大的区别。管理规划中并没有反应所有的利益相关者认为的价值,只是阐释了在咨询与谈判过程中大部分人达成共识的那些。造成2002版管理规划价值评估发生转变的一大原因是2001年口蹄疫的爆发。由于口蹄疫关闭了长城中心区域的步道,在此期间很多野生植物大量繁衍使得景观特征发生改变。此外口蹄疫使哈德良长城相关区域的农业收入降低了大约60%,这也将农业价值推向了管理规划的最前沿。作为当代价值的组成部分,2002版管理规划突出了农业对经济价值的贡献。口蹄疫在景观、旅游、利用和区域经济上的影响直接导致了2002版管理规划的修编,使得该版管理规划更加慎重对待农业问题。

(3) 2008版管理规划

与2002版管理规划相比,2008版管理规划对哈德良长城的价值评估采用的评估体系有所改变,主要原因在于2008版管理规划采用了2008年英格兰遗产委员会通过的《保护准则》[②]所确立的新的价值体系,但评估内容变化不大,仍比较关注遗产的当代价值:

- 自然价值:与2002版管理规划评估角度变化不大。
- 实证价值:包括遗产的复杂性、群体价值、考古价值、景观价值、规模、稀缺性、国

[①] English Heritage. Hadrian's Wall World Heritage Site Management Plan 2002—2007:28-32.
[②] English Heritage. Conservation Principles Policies and Guidance for the Sustainable Management of the Historic Environment[S], 2008:27-31. 其中确立的价值体系包括实证价值、历史价值、美学价值及社区价值(evidential value, historical value, aesthetic value and communal value)。

际影响几个方面。
- 历史价值：包括文献、关联价值、例证价值。
- 美学价值：分区段对哈德良长城所处环境的景观特征进行阐释。
- 公共价值：包括学术价值、教育价值、休闲价值、社会价值、经济价值。

此外，在2008版管理规划中，对哈德良长城作为世界遗产的价值阐述也有所发展，这与将该遗产地置于更广阔的国际背景（包括德国等相关国家开始考虑将整个罗马时期的戍边系统列入世界遗产名录）有关。

2）价值与策略制定

在保护规划中考虑当代价值最容易引发与保护目标之间的矛盾，而哈德良长城的管理规划在评估了遗产地具有的休闲价值和经济价值后，积极地探讨与旅游和农业相关的议题，针对规划中强调的这些当代价值制定了保护和发展策略，当然不是以牺牲遗产价值为代价。

主要的旅游策略由哈德良长城协调机构（HWTP）带领制定。哈德良长城协调机构本身是一个合作团体，具有一个管理委员会和大量的投资者及合作者（政府机构、地方政府以及其他）。这个机构关注经济利益、对遗产的可持续利用以及文化设施对游客的可达性。该机构与其他长城相关的团体展开了合作，将旅游与遗产保护目标整合，提出了发展高品质的旅游，并符合世界遗产保护管理目标的宗旨，如吸引具有高消费能力的国内外游客提升该区域的商业利益，鼓励游客使用公共交通工具或采用非机动方式到哈德良长城区域旅游，激发游客对保护世界遗产地的兴趣，影响游客的行为，通过对世界遗产达成共识的管理宗旨即最大化收益且最小化可能给当地社区带来的不良影响……这些策略反映出旅游价值必须整合到遗产整体价值中。哈德良长城协调机构与其他的旅游机构不同的是它与英格兰遗产委员会密切的合作伙伴关系，它被完全纳入了管理规划和遗产保护中。哈德良长城协调机构在它的宗旨和活动中坚持了可持续发展的思想。可持续，正如哈德良长城协调机构和它的世界遗产合作伙伴们定义的，意味着要坚持世界遗产的总体保护目标，并要平衡规划中提及的各种不同的利益诉求，既包括当代的也包括历史的。

2001年爆发的口蹄疫将农业的收入降低了大约60%，这种在旅游、利用和区域经济上的影响（包括对农业的直接影响）直接导致了2002年规划的修编。在2002年的规划中认识到了农业和遗产保护之间的相关性。作为当代价值的组成部分，规划的重要性陈述中明确了农业对世界遗产经济价值的贡献。管理规划强调可持续的农业发展政策，相关的策略包括：对传统农业的维持（特别是放牧），在畜牧型农业元素中存在很高的美学价值和历史价值，因而被认为是同时保护了历史价值和景观价值的有效方法；同时，农业本质上也是一种经济活动，在很多政府计划中都得到了强调，因此也需要允许多元化经营并加以引导。农民把保护和旅游都看作需要付出的代价，甚至是对经济发展的威胁，但他们仍是世界遗产保护中的利益相关者。面对这些现实矛盾，相关部门制订了一些计划帮助贯彻管理规划的农业发展策略，如环境、食品和农村事务部(DEFRA)的乡村管理计划就是一个用来管理农业实践和由此对世界遗产地产生的影响的项目,该计划鼓励农民保护哈德良长城的景观和生态价值,同时也帮助农民开展多样化的经营以达到更好的经济可持续性。此外还有如仓库计划,帮助农民建设与景观价值不冲突的仓库用来在冬季库存他们的货品以赚取更多的利益。而这类计划也不是由单独工作的一个组织来制订。

三、利益相关者的参与

1) 利益相关者的界定

利益相关者的参与在基于多维价值的保护规划中是一个关键的部分。传统的文化遗产保护中的利益相关者是各个领域的专家,如历史、考古、建筑、生态、生物等领域,他们的观点通过他们的研究和专业意见进行表达。而在基于多维价值的保护规划中,利益相关者还包括其他团体和个人,如居住在遗产地附近的社区居民,或者具有特定某种方面利益的团体。克里斯托弗·杨(Christopher Young)作为哈德良长城世界遗产地 1996 版管理规划的编制者,深刻地体会到遗产地的可持续的保护与管理必须通过采取基于价值的具有弹性的方法,通过合作、谈判才能实现[1]。

由于在两轮管理规划的修编中,对哈德良长城的遗产地范围和缓冲区都进行了调整,因此涉及的利益相关者不完全相同。但是 2002 版管理规划和 2008 版管理规划确定的利益相关者类型基本一致,大体分为政府部门(包括国家级、区域与地方级)、相关组织(包括政府组织和非政府组织)、所有权人(某些组织和个人)和学术机构等几类。以 2008 版管理规划为例,哈德良长城的利益相关者包括:

- 国际组织:联合国教科文组织、布拉迪斯拉发小组(The Bratislava Group,关于罗马边界研究的国际组织)、世界遗产委员会、国际文化财产保护与修复研究中心(ICCROM)、国际古迹遗址理事会(ICOMOS)、世界自然保护联盟(IUCN)。
- 国家级政府部门:文化、媒体和体育部(DCMS)、社区与地方政府部(CLG)、环境、食品和农村事务部(DEFRA)、儿童、学校和家庭部(Department for Children, Schools and Families,DCSF)、商业、企业和管理改革部(Department of Business, Enterprise and Regulatory Reform,BERR)、国防部(The Ministry of Defence)、高速公路管理局(The Highways Agency)。
- 国家级的组织:联合国教科文组织英国国家委员会(The United Kingdom National Commission for UNESCO)、英格兰遗产委员会(EH)、自然英格兰(Natural England)、博物馆、图书馆、档案馆委员会(Museums Libraries and Archives Council)。
- 区域组织和地方政府:区域发展管理局(The Regional Development Agencies,

---

[1] Norman K. The Hadrian's Wall Major Study: A Test for Participatory Planning in the Management of A World Heritage Site[J]. Conservation and Mgmt of Archaeological Sites, 2007, 9(3): 140-173.

RDAs），地方政府（哈德良长城涉及 12 个地方政府），国家公园（涉及两个国家公园），索尔威海岸杰出美景区（Solway Coast Area of Outstanding Natural Beauty，AONB）。
- 学术机构：主要包括两个地方考古协会，大学的考古系（主要是达勒姆大学和纽卡斯尔大学），泰恩威尔博物馆机构（Tyne and Wear Museums Service），文德兰达信托（The Vindolanda Trust），阿尔比亚协会（The Arbeia Society），罗马生活重演团体（Roman live re-enactment groups）等。
- 地方社区：哈德良长城遗产地范围及其缓冲区内大约涉及 43 万户家庭，地方社区除了住户还包含一些游客和遗产地的管理者与经营者[1]。

2）利益相关者参与规划的方式

（1）合作伙伴模式下的主要协调部门与职能

在第 2 章中已经讨论过，对具有复杂利益相关者的保护对象而言，合作伙伴模式被认为是一种有效的保护与管理的模式，保护规划的编制中，也需要通过这种模式让主要的利益相关者参与到规划的过程中，以提高决策的科学合理性和规划的可操作性。哈德良长城是英国首个运用此种模式的文化遗产，该模式需要结合规划委员会和主要协调部门的建立来运作。

哈德良长城的管理规划开始于 1993 年，由英格兰遗产委员会（EH）领导，同时还有两个相关联的事件，即建立了两个组织将哈德良长城中涉及的不同利益相关者联系在一起共同关注长城的保护问题。这两个相关的团体是哈德良长城旅游合作公司（Hadrian's Wall Tourism Partnership，HWTP）和由乡村管理局（the Countryside Agency）负责的哈德良长城国家步道（the Hadrian's Wall Path National Trail）。在此之前，哈德良长城遗产地和其背景环境中涉及的所有权关系和管理关系是分散的，通过这两个组织的建立，将这些跨越部门和地域的所有权关系和管理关系联系在了一起，也直接促成了后来的哈德良长城的管理和规划体制。英格兰遗产委员会是经由哈德良长城管理规划最终确立的管理体制中的核心组织。1996 版管理规划的一项主要成果是成立了管理规划委员会（Management Plan Committee，MPC），代表了哈德良长城遗产地及其背景环境中的主要利益相关者。管理规划委员会每半年聚集在一起回顾规划的执行情况。1996 版管理规划也创立了哈德良长城协调机构（the Hadrian's Wall Co-ordination Unit，HWCU），起到对管理规划执行的日常监督作用。另一个重要的机构即前文提及的哈德良长城旅游合作公司（HWTP），和哈德良长城协调机构一样，其职责也是处理长城相关的日常管理事务，只是更侧重于协调可持续的旅游市场和遗产地的发展中遇到的问题。哈德良长城协调机构一直发挥作用直到 2006 年被哈

---

[1] Hadrian's Wall Heritage Ltd. Frontiers of the Roman Empire：Hadrian's Wall World Heritage Site Management Plan 2008—2014：3.1-3.6 [2012-02.11]. http：//www.hadrians-wall.org/page.aspx/About-the-World-Heritage-Site/Management-Plan.

德良长城遗产有限公司(HWHL,为非营利组织)取代,后来有限公司又纳入哈德良长城旅游合作公司(HWTP)的职能,自然英格兰(涉及管理哈德良长城国家步道)后来也成为管理世界遗产的合作组织之一。下面对管理规划委员会和英格兰遗产委员会的主要职能进一步说明:

规划委员会(MPC)

由于哈德良长城在产权和利益构成上的复杂性以及其自身的跨越行政区的地域分布特点为管理规划的编制带来巨大的挑战。哈德良长城涉及地区的所有权构成十分复杂,其中90%左右为私人产权,10%左右为诸如地方政府、英格兰遗产委员会等机构和组织拥有,主要用于遗产保护和对外开放。此外哈德良长城管理涉及国际、国家及地方政府、国家及区域性组织、地方社区等多个利益群体的文化学术、经济休闲、教育旅游等各方面利益。自1996年第一版管理规划开始,就成立了哈德良长城管理规划委员会,代表主要的利益相关者,成为负责联络、协调与监督管理规划的组织、修编和实施的关键性机构,全程参与到规划过程中。

规划委员会的职责从1996版管理规划开始就得到了界定:

- 监督管理规划中提出的总体和具体的提案的执行情况,并监测执行结果是否符合其最初的目标;
- 建立一个处理管理问题的平台,并通过持续的合作实现对哈德良世界遗产地目标一致的管理;
- 接受相关的责任团体和机构对影响哈德良长城区域的工程的评估报告;
- 确定管理规划中提出的行动项目和具体发展事项的优先顺序;
- 监测世界遗产的状况,提出和同意各类针对世界遗产地面临的威胁使其维持良好状态的行动措施;
- 提出和同意长远的针对保护实践的政策和行为规范,包括研究与记录、出入口设置、对遗产地的诠释和对世界遗产的保护,并保护这个区域内人们的生产生活和谋生方式,鼓励相关团体和机构通过有关政策;
- 在保护世界遗产的前提下,提升地区经济;
- 为规划建议设立的哈德良长城管理单元的工作把握总体方向,并同意其提出的工作项目;
- 回顾管理规划的结论和建议,确定规划更新的时间,并在规划调整时起监督作用①。

管理规划委员会是监督管理规划实施和阶段性回顾评估规划的核心机构,需要每年制订一份行动计划和实施项目评估报告。在任何一个规划期限,管理规划委员会都需要组织阶段性的会晤,以评估之前的规划,并在下一轮规划开始的早期阶段展开研

---

① English Heritage. Hadrian's Wall World Heritage Site, A Case Study[M]. Los Angels: The Getty Conservation Institute, 2003:18.

究，确保取得的有益经验可以传递下去。

管理规划委员会的成员可以来自遗产保护政府机构（English Heritage、Natural England等）、地方政府、研究机构、博物馆、农民联合会、国家公园、旅游、民间保护团体等所有相关的主要机构。管理规划委员会的成员也不是一成不变的，在1996年最初成立时由37个利益相关组织的代表组成，随着规划的修编与调整涉及的利益相关者发生变化，到2005年该委员会的成员组织已经发展为45个。

英格兰遗产委员会（EH）

英格兰遗产委员会（EH）是哈德良长城管理规划确立的管理体制中的核心组织。它同时起到几个方面的作用。在一个层面上，它既是利益相关者也是协调者，而在另一个层面上，它又是国家级权威机构，起到指导和批准其他成员对遗产开展的特定干预活动的作用。英格兰遗产委员会的核心职权和它的历史使命以及法定职责决定了它主要与哈德良长城的历史、考古和价值研究密切相关。在哈德良长城这个案例中，与对自身的职责和对长城的价值认识不断拓展相一致的是，英格兰遗产委员会将自己视为是对长城整体的历史景观和环境的管理者、倡导者和保护者，而不仅仅是针对其中的古迹开展工作。

英格兰遗产委员会是政府在历史环境保护方面的领导团体，也是唯一的具有保护世界遗产职权的国家机构，对涉及在册纪念物的规划申请有法定的批准权力，有给在册纪念物和登录建筑的所有者提供建议的职责，且本身也是该哈德良长城遗产中几个博物馆和历史古迹的具体管理者。由于它在国家层面的职责，英格兰遗产委员会在管理规划过程中在一定程度上就不是一个普通的参与者。英格兰遗产委员会与众不同的是它具有法定的监督与检查权力。如果在特定情况下，谈判、协商和成员间的协作不能达成英格兰遗产委员会可接受的结果，则英格兰遗产委员会有权力做出改变。当然，这种行为被避免在最大尺度上的使用。总体而言，英格兰遗产委员会承担着复杂的职能，既是管理者、监管者、考古学家、商业伙伴，也是仲裁人。认识到这种复杂性后，英格兰遗产委员会和其他成员共同建立了其他组织。

（2）其他利益相关团体和个人的参与

利益相关团体在管理规划中的基本作用是提供咨询，参与协作并监测各种不同方面的活动。利益相关团体需要定期向管理规划委员会汇报。而利益相关团体的工作自2006年起由哈德良长城遗产有限公司（HWHL）来促进。哈德良长城遗产有限公司代表管理规划委员会起到主要的协调管理规划的作用。利益相关团体的主要任务中包括根据各自的工作领域参与制订哈德良长城的年度行动计划。年度行动计划必须基于管理规划中的政策与行动计划来制订，既可以加强对已经采取的行动的认识与理解，也可以在不同领域的行动间建立更有效的协作。

相关个人

在几轮管理规划的编制和实施过程中，都认识到在哈德良长城的案例中，存在很多利益相关者如个人所有者、租赁者、商人、当地居民和游客，他们并没有完全包含在管理规划委员会中。在很多情况下,比如对1996版管理规划进行回顾的公众咨询和2001年针对口蹄疫疫情影响的调查中,都显示出需要建立更广泛的沟通与协调。因此需要建立一个渠道使得更广泛的利益相关者能够参与到管理规划编制中,采用的方式首先是开放式的公众咨询。这类咨询需要根据可能涉及的利益群体和沟通的规模加以组织。在已进行的尝试中,1995年的管理规划草案意见征询就属于比较典型的一次公众咨询。经过该轮公众咨询,规划草案在大量的土地所有者和农民间取得了更好的理解①。此外定期出版刊物(如《哈德良长城新闻简讯》)、网络的宣传都能起到较好和较广泛的受众交流作用。第二种途径是管理规划的评议和公示,管理规划需经规划委员会至少1次的讨论评审,根据意见修改后向公众公示,公众可通过哈德良长城网站或直接联系哈德良长城遗产公司获得规划公示文本,并提供有关意见和建议。规划编制者需要对这些意见和建议进行分析研究,根据具体情况调整规划。第三类公众参与的途径是公众对哈德良长城世界遗产地及其缓冲区内的保护管理问题,除管理规划委员会在例会或临时会议上讨论外,可通过网络、信件或电话等方式与哈德良遗产有限公司联系反映问题或发表意见。对有些特殊项目如有必要会由规划部门或遗产保护部门组织进行社会公示,任何对此感兴趣的公众均可发表评论和看法,提供意见和建议。

四、可接受改变的极限(Limits of Acceptable Changes)

在哈德良长城的案例中,当代价值被认为是哈德良长城价值的重要组成部分,在当代价值中,经济价值是非常重要的,经济价值又主要体现在哈德良长城的旅游和农业方面。根据过去的经验,在所有担负着重要旅游职能的文化遗产中,都显示出旅游的发展往往与文化遗产的保护之间存在矛盾,游客成为导致文化遗产的价值受到威胁与破坏的主要原因。针对这种情况,哈德良长城采用了"可接受改变的极限"方法。

1) 在哈德良长城中的应用范围

可接受改变的极限(Limits of Acceptable Change,LAC)方法是对过去通过限制游客人数来解决游客问题的环境容量方法的替代。这是由于人们把环境容量方法应用到实践中时,发现环境容量并不像人们想象的那么好用,遇到了很多不可逾越的障碍。其中主要原因来自两个方面:①从游客对环境影响的理论基础来看,旅游对环境的许多负面影响来自游客数量以外的其他方面;②从保护区的游客管理原则来看,游憩环境容量的概念被视为有悖于设立保护区以鼓励适当游赏资源的初衷。它使人错误地将注意力仅集中在游客数量的控制上,而忽略了目标设定、过程管理、公众参与等更有效的方法②。相比之下可接受改变的权限将注意力从单纯的游客数量控制转向了

---

① English Heritage. Hadrian's Wall World Heritage Site, A Case Study[M]. Los Angels: The Getty Conservation Institute, 2003:25.

② 李燕琴. 我国自然保护区游客管理科学问题探讨[J]. 科技导报, 2006, 24(7):68-71.

对目标明确、指标多元、监测完备、多方参与的管理过程的强调。

根据哈德良长城管理规划,有一些工程和特定地区的规划需要得到进一步的执行,比如需要编制吉尔斯兰(Gilsland)解说规划和切斯特斯(Chesters)和豪斯戴德(Housesteads)城堡保护规划。这些规划都由特定的参与者来牵头,但也需要服从管理规划,纳入更大区域的总体政策的框架。在这种情况下,有两个重要的实施问题需要强调:首先是如何将区域层面较宽广的视野和决策在一个地方层面或者针对某些特定的资源加以实施;其次是如何在这种地方的、实践的层面来监测价值的改善(或者破坏)并做出管理上的回应。面对这些挑战,乡村管理局和英格兰遗产委员会在哈德良长城中游客最多最敏感的区域——豪斯戴德堡至里格(Rigg)的区段完成了一项对可接受改变极限的研究,而该方法的发展情况和相关研究结论也被纳入了哈德良长城管理规划,成为管理规划的支撑[①]。

2) 可接受改变的极限的工作重点

首先开展可接受改变的极限研究的豪斯戴德堡至里格(Rigg)区域是哈德良长城上最密集使用、压力最大的区域,也有复杂的、重叠的管理关系和所有权形式,涉及大量的机构,包括英格兰遗产委员会、国民信托和诺森伯兰国家公园等。可接受改变的极限(LAC)承认景观改变的现实,而着重于确定可以接受改变的程度。它以管理的结果为目标,希望在不同的价值和功能之间保持平衡,而不是把特定的价值设定为优先保护的目标。这种容忍的限度不是由科学技术决定而是通过利益相关者之间的咨询来确定的。

豪斯戴德堡的可接受改变极限的研究通过利益相关者的协商,将对该区段世界遗产地的保护与利用分解为需要关注的四个方面因素:考古资源的质量、对农业的影响、休闲步道的环境质量、游客感受的质量。对每一类要素,都确定了一定不可突破的限制标准,如"不能使考古资源状况恶化","一年不能有超过40个农民抱怨"。

笔者曾向英格兰遗产委员会的相关项目负责人麦克·柯林斯(Mike Collins)咨询哈德良长城的"可接受改变的极限"(LAC)方法中具体限制标准的设置情况。以下为麦克·柯林斯对问题的回答:

> 这是一个有趣的工作领域:几年前我们投入了很多时间与利益相关者们在长城尝试使用一个实验性方案——"可接受改变的极限"方法,主要用在豪斯戴德堡至里格段,该段是游客量最大的区段,也是一处高地耕地景观。该方法主要的思想是在所有的利益相关团体中就遗址所能接受的改变的限度和当不可接受的改变开始发生的时候采取怎样的渐进措施保护遗址达成一致意见。该实验方法根据该区段的特征主要关注游客对遗址的影响,并采用一种渐进的模型,比如说,当覆盖遗址的草皮开始变光裸的时候,下方的遗址

---

① 详见2002版管理规划的2.1.1。

开始面临危险（可接受改变极限的第一层次限度），达成的一致响应措施可能是先进行密集的草地管理尝试恢复草皮覆盖；如果这种措施没能处理好这个问题，状况继续恶化了，将有可能进一步威胁遗址使遗址面临被侵蚀的威胁，那么将要采取升级响应措施，比如必须实施临时的步道绕行路的设置措施使得该地区的地面得到"休息"以促进恢复。

由此可见，可接受改变的极限方法依赖于一个持续的监测系统的建立，监测环境质量的极限什么时候被突破或者将要被突破，而达到所谓的极限其实还有一系列阶段组成。在哈德良长城中监测选取的五要素是与世界遗产的价值密切相关的。确定了不可接受的改变的极限，还需要伴随着一系列的"管理处方"以应对不同程度的变化，如在册纪念物周围建设围栏的时候需要咨询谁，针对某些环境特别敏感的区段（如Cuddy's Crag，由于游客过多的踩踏，使得城墙局部出现坍塌），采取特殊的游客引导措施，如在宣传资料中不选取这些区段的图片，直到建设好新的步道。

可接受改变的极限方法中针对微观层面的世界遗产管理问题的关键是合作系统的建立而不是一定的数据限制。豪斯戴德堡的LAC方法将有不同利益的机构和个人组织在一起来确定五项要素中的极限是什么，需要怎样加以监测，当要突破极限或者已经突破极限的时候应该采取什么样的措施，关注于针对特定地方问题的快速反应。通过召开会议，监测的实际工作和相关报告得以在主要的利益相关者间得到交流，如果利益相关者有所抱怨或不同意见，在该方法中就需要有所考虑。

可接受改变的极限方法强调成员间的合作作为平衡景观的各种价值的关键，同时也显示了对遗产资源和如何对其加以利用的深入具体的理解。当然，这个工作也被认为是太过于全面、细致并且如果要作为一种广泛适用的管理方法的话代价也过于高昂[1]。因此，如何在哈德良长城的决策制定中广泛采用这种方法，英格兰遗产委员会也还在研究之中[2]。

五、规划的动态性与开放性

哈德良长城管理规划至今已经完成了第三轮，典型地反映出基于多维价值的保护规划是一个动态过程的规划思想。动态的世界遗产管理规划正是基于"决策与实施过程的不确定性""规划即管理""规划是一个过程"的观念来进行的，在这样的观念下，哈德良长城的管理规划整体上不为世界遗产框定最终的管理目标，规划方案总是处于不断地修改和补充之中，规划成果在任何一个阶段都不是终极的而具有开放性，具体表现在以下方面：

---

[1] English Heritage. Hadrian's Wall World Heritage Site, A Case Study[M]. Los Angels: The Getty Conservation Institute, 2003: 32-34.

[2] Atkins Saltaire. World Heritage Site Environmental Capacity Study[R], 2006: 16 [2012-02-27]. http://www.bradford.gov.uk/NR/rdonlyres/B3B2823E-E951-45F7-9FD1-7EECB28BBE3B/0/SaltaireECSFinal-IssuedwithFigures.pdf.

1）遗产地范围和缓冲区

哈德良长城于20世纪80年代中期列入世界遗产名录时，并没有确定申报范围和缓冲区。其世界遗产边界和缓冲区是由1996年第一轮管理规划确定并报经UNESCO世界遗产委员会于1997年批准通过的。

在1996版管理规划编制的过程中，对遗产地的范围和缓冲区就根据公众咨询的意见进行了调整。1995年规划草案针对哈德良长城范围广的特性提出了分层管理策略，最内层即考古核心区由在册纪念物组成，依据古代纪念物法令进行严格保护。纪念物外围部分则由地方规划部门通过规划政策对其发展建设进行控制。这也是经过全面公众咨询后规划给出的意见：严格界定由考古核心区构成的遗址和由地方控制的背景环境。尽管1995年规划草案中的遗产地范围和缓冲区划定和1996版管理规划成果大部分一致，但在公众咨询中还是反映出不同的利益相关者具有不同的价值观。地方政府和土地所有者对一些特定的资源列入背景环境表示反对，因为他们担心将会有更多的监督与管理职责被强加在他们身上，所以不得不做出战略决策，排除了一些特殊的农业、城镇和其他用地。此外，在背景环境的外围，草案最初还曾设置过一个更广阔的范围体现出将哈德良长城视为一种文化景观加以保护的观点，但是在最后通过的管理规划中也没有保留这个范围。

公众咨询显示关于范围边界的最大争议不在于哈德良长城的文化价值，而在于对当前土地管理及土地所有者利益和自由权益的潜在影响。大家普遍关注的是将如此大范围的区域正式划定为世界遗产地所带来的进一步的控制和管理问题。这一问题被提交给政府高层处理，最终由部级层面就边界问题给出最终结论。

此后在2002版和2008版的管理规划中，又对1996版管理规划划定的边界进行了调整。由于1996版管理规划的遗产地范围最初仅包括受1979《古迹和考古区域法案》(*Ancient Monuments and Archaeological Areas Act*)所保护的在册古迹，并未覆盖哈德良长城的所有长度。根据在册古迹名录的调整、考古和研究的新发现以及背景环境的变化，遗产地范围需要进行相应的调整和延伸，以满足新形势下的保护管理需，2002版及2008版管理规划均对遗产地范围进行了调整。根据哈德良长城所经区域的地形变化、城镇及郊野差异和视觉分析，几轮管理规划后确定由世界遗产边界外扩1～6千米范围为缓冲区，以加强哈德良长城的保护和管理。①

2）价值评估

如前文所述，哈德良长城的三版管理规划中，对哈德良长城的价值认识以及采用的价值评估体系都发生过转变。其中在价值认识上的转变主要发生在1996版与2002版管理规划之间。

在1996版管理规划和2002版管理规划存在一些微妙但是重要的变化，其中最

---

① English Heritage. Hadrian's Wall World Heritage Site，A Case Study[M]. Los Angels：The Getty Conservation Institute，2003：27.

显著的就是对遗产价值认识的改变。尽管在 1995 年规划草案和 1996 版管理规划中,已经提出了哈德良长城作为一种景观而不仅仅是一项考古遗址的概念,但这种核心思想在 2002 版的规划中变得更加突出。这种转变反映在针对更宽广的背景环境的美学和当代价值的认识的拓展,也是对口蹄疫疫情及其对世界遗产的价值产生的影响的回应。此外,它也象征了一个向更大尺度和更注重功能整体性的规划方法的转变过程。出入口、旅游收益、旅游影响、农业发展能力和区域经济发展——这些组成了保护哈德良长城的社会背景,尽管这些问题自 20 世纪 70 年代以来就得到了探讨和争论,但管理规划更加积极具体的探讨了这些议题,并将它们以遗产价值组织起来。2002 版管理规划表述的价值因此更加清晰地反映出对哈德良长城当代使用价值的认识。相应的,制定的政策与策略也更加强调当代的使用价值,并注意与遗产的其他价值协调发展。

从 2002 版到 2008 版管理规划,对价值的认识仍然是发展的,但没有发生价值观念的重大转变,只是 2008 版管理规划采用的评估体系根据当时最新的指导原则有所变化,因而对价值的分类有所不同。此外,从更宽广的国际视野看待世界遗产的价值,开始将哈德良长城视为跨越国界的古罗马戍边系统的组成部分。

3)规划目标与策略

从几轮哈德良长城管理规划的编制情况来看,管理规划通过预测远景,决策近期的方式来应对现实中不断发生变化的情况,体现出规划的动态性,其制定的目标在各版管理规划中都分为长期[①]与中期两类。

长期规划目标为 30 年,是对哈德良长城保护的长远理想的描述,是一种协定与共识通过价值评估、专业判断及决策程式的形成,是对远期理想状态的总结性陈述。长期目标包含以下几个方面:对世界遗产的界定,对世界遗产的保存、对世界遗产的保护、对世界遗产的利用与欣赏、对世界遗产的管理等几个部分。在观念上长期目标作为所有利益相关者达成的共识,具有一定的稳定性,其作用主要是把握哈德良长城的发展方向,引导其朝着既定的目标前进,在 2002 版和 2008 版管理规划中长期目标基本没有差别。

中期目标是未来大约五年的规划目标,中期目标(objectives)贯彻长期目标的意图,每个目标下分若干主题(issues),每个主题制定细化的政策(policies),每条政策下再制定具体的行动计划(actions),形成目标—主题—政策—行动计划四个层级,体现出目标的层层细化和落实。从主题这一层就开始体现出不同时期规划的阶段特性,前一轮规划的主题不一定还是下一轮规划的关注重点。至于政策和具体的行动计划就更加面向现实需要,差异显著。这部分作为规划实施的重要依据,对这段时间内必须回答的问题进行决策,而不需要对哈德良长城未来发展遇到的所有问题进行决策。对那些当前不具有决策能力或者当前不是最紧急的问题可以先搁置,当现实发展到了需

---

① 2002 版管理规划中在长期目标之上还概括了愿景若干点。

进行决策的阶段再处理。而对那些完成得不理想的决策也可以在后续的规划中调整或者继续贯彻实施。

总的来说，长期目标起到控制作用，中期目标包含行动计划在内的几个层次内容提供日常管理决策的依据。这样，规划成为一个过程，一个伴随着哈德良长城世界遗产地发展过程滚动的、非一次完成的过程。决策不是一次完成的，而是在相关因素明朗的时候逐步做出，引导遗产一步步走向未来。

4）规划的实施、监测与修编

规划动态性的重要表现是在规划的编制过程中需要通过规划实施结果加以动态监测，并即时反馈来定期修正规划目标、调整原有规划策略。这种模式能够有效地解决规划目标在实施过程中由于现实情况发生变化导致规划不再适用于现实管理的问题。

在哈德良长城管理规划中，几轮管理规划对规划的实施与监测都给予了充分的关注，尽管具体的实施与监测方法有所发展，但几轮管理规划提出的确保规划实施和对规划加以有效监测的方法基本相同，主要包括以下几个方面：

- 要求确保规划实施的资金与人员，特别是向利益相关机构充分传达使其了解确保资金与人员的必要性，同时向其传达管理规划的目标与策略，管理规划的协调机构（如 2002 版管理规划中的 HWCU，2008 版管理规划中的 HWHL）承担该宣传工作。
- 进一步编制年度行动计划，贯彻执行管理规划提出的目标与策略，同时还需每年评估年度行动计划的执行情况。
- 提出可行的考核办法，包括从景观环境、考古遗址、游客体验与教育、可持续的经济增长几个方面加以考评，并提出每个方面可以考评的具体因素。
- 世界遗产委员会要求每六年评估各国世界遗产的情况，管理规划也采用与此基本相同的周期来回顾管理规划的实施情况并组织修编。
- 要求利益相关机构建立监测机制，监测其行动计划的执行情况。

哈德良长城管理规划的两次修编就是根据规划实施情况调整目标与战略的结果。从规划编制的情况看，除了根据对哈德良长城的价值、保存状况的评估外，新一轮管理规划的目标与策略的制定必须基于对上一轮规划实施情况的评价，吸取其中的经验教训加以制定。在这样的反馈与修正模式下，各轮管理规划也表现出不同的阶段性作用：如 1996 版管理规划的核心作用被评价为建立了一个在哈德良长城遗产中涉及的利益相关者可以进行协商取得平衡的管理体制，以达成统一的目标，产生具体工作项目；2002 版管理规划表现了人们对遗产价值认识的转变，比起之前的规划，这一轮规划的目标与策略将可持续的经济发展、风险和灾害的预防提到了相当重要的位置；2008 版管理规划与 2002 版管理规划相比，总体目标与方向没有太大改变，只是有所拓宽和延伸，相比前几轮规划，最大的变化在于 2008 版管理规划对自 1996 版管理规划建立起来的管理体制做出新的调整，即 HWHL 有限公司的成立对之前协调机构职能的整合。

3.2 加拿大"保护规划"的发展与实践

3.2.1 加拿大保护规划的发展概述

3.2.1.1 文化遗产保护的发展历程

尽管加拿大在 19 世纪末开始出现私人倡导的老城堡修复活动,但遗产保护活动在 20 世纪初还是比较少见。20 世纪初相继成立了一些机构和团体,如加拿大皇家风景名胜保护委员会(the ROYAL SOCIETY OF CANADA's Committee for the Preservation of Scenic and Historic Places in Canada,1900)、加拿大历史遗迹及纪念地委员会(Historic Sites and Monuments Board of Canada)、魁北克文化财产委员会(the Commission des biens culturels du Québec,1922),不列颠哥伦比亚省还颁布了一些法律以保护本土文物(1925)和倡导遗产保护,成立的团体有安大略省建筑保护(the Architectural Conservancy of Ontario,1932)。这一时期以建立住宅博物馆和对未经修复的军事遗址的保护为特点。20 世纪 20 年代至 30 年代对早期建筑的学术研究兴趣渐增,出现了对历史建筑的精确测绘。相关出版物激发了公众对历史建筑保护的热情。在这段时间,保护主要由政府推动,与历史名人或历史事件相关的建筑物往往得到了较多的关注。大量的遗产保护普及者推动了这一时期遗产保护的发展,使这一时期成为遗产重建和室外博物馆建立的阶段。大规模的遗产修复与重建工程在开展了由政府资助的充分的历史研究后得以展开。

20 世纪中叶,加拿大遗产保护领域发生了重要的转变。国家艺术、文学、科学发展皇家委员会(1951)提出将建筑纳入遗产范畴。在此以前,建筑与遗址除非与历史人物或事件相关,通常被认为不具有遗产价值。1953 年加拿大联邦政府颁布的《历史遗迹与纪念地法》(Historic Sites and Monuments Act)于 1955 年进行了修订,修订后的法令确定重要的建筑可以指定为国家历史遗迹。但直到 60 年代,指定的历史建筑仍只有几十处,省级、市级的保护建筑遗产的标准还未制定。70 年代当私人商业逐渐涉足建筑遗产再利用领域后情况才发生了改变。在 1993 年完成的一份商业重建计划中,建筑遗产已经成为其中一个重要组成部分。历史城区的整体保护也主要是在 60 年代末至 80 年代初通过私人投资发展起来的,更多的社团参与了 70 年代至 80 年代兴起的省级主要街区复兴项目。1976 年加拿大加入了《保护世界文化和自然遗产公约》,开始进入遗产保护的国际舞台。20 世纪以来,遗产保护的领域逐渐扩大,特别是近几十年中,新的遗产类型不断出现,如乡土建筑和工业遗迹、历史街区、文化景观和 20 世纪遗产等①。

---

① 根据"http://www.thecanadianencyclopedia.com/index.cfm?PgNm = TCE&Params = A1ARTA0003726"上的资料翻译并整理。

目前，加拿大形成了国际、国家、省和地方等多层次的遗产保护体系。隶属于加拿大遗产部(Department of Canadian Heritage)的国家公园局(Parks Canada)是在加拿大组织实施世界遗产公约的执行机构。除了个别世界遗产由于土地所有权属于地方政府自行管理外，国家公园局参与或全权管理其他世界遗产。在加拿大文化遗产保护中特别值得一提的是加拿大的国家公园体系。尽管国家公园建立的最初是为了保护具有突出价值的自然资源，但经过近120年的建设与发展，加拿大国家公园体系已经发展成一个涵盖多种地域形式、多种遗产形式和多种政策项目的多元结构系统。① 其中陆地系统国家公园和海洋海岸系统国家公园项目偏重于自然资源保护②。加拿大遗产河流项目既涉及自然资源也涉及文化资源。而在国家公园体系中涵盖的文化遗产政策项目则包括诞生于1919年的国家历史遗迹项目，自20世纪70年代起不断扩充的历史运河项目(70年代)、联邦遗产建筑和遗产火车站项目(80年代)、联邦考古项目和加拿大总理墓地项目(90年代)，这些项目有些可以视为是国家历史遗迹项目的延伸(如历史运河项目)，有些则作为对国家历史遗迹项目中特定内容的补充(如联邦遗产建筑和遗产火车站项目)。涉及的广泛的文化遗产只有一部分直接归国家公园局管理，如加拿大的950多处国家历史遗迹，其中167处由国家公园局直接管理，其他通过省级和地方政府或私人机构的合作而得到管理，国家公园局为这些机构提供管理的技术支持③，而遗产火车站由于其属于铁路公司的私有财产而由铁路公司负责运作，国家公园局与国家历史遗迹与纪念地委员会(Historic Sites and Monuments Board of Canada)都只负责技术咨询作用。加拿大的国家历史遗迹中涉及的内容包含有对国家具有重要意义的场所、人物和事件，其中的场所可以是战场、考古遗迹、建筑物或城市街区，没有统一的模式或典型。加拿大在省一级也普遍制定了自己的遗产保护法律，用以保护省级认定的具有历史意义的场所、人物和事件，通常立法倾向于保护能够促进地方旅游发展的建构物和街道景观。在市级层次主要由隶属于规划和建筑部门的遗产保护部门提供遗产保护服务。他们主要负责确定城市文化资源的保护战略并对历史资源进行评估、规划与管理。

3.2.1.2 "基于多维价值的保护"方法的发展

《巴拉宪章》(1979)明确提出了文化重要性的概念，与此同时，加拿大也开始接受相似的概念。卡尔曼(Hal Kalman)于1979年给加拿大国家公园局提出了历史建筑的价值评估法，作为加拿大的第一套评估历史建筑价值的方法得到了广泛的应用。这套标准要求从建筑、历史、环境、实用性、完整性几个方面对建筑的价值加以评估，但这套方法在当时还主要是通过分级的方式来帮助遗产确定采用相应级别的保护措施。很多城市在这套方法上加以修订，形成了各自的标准，再根据评估结果，通过区分土地利

---

① 王连勇.加拿大国家公园规划与管理[M].重庆：西南师范大学出版社，2003：35-36.
② 在这些项目中也明确要保护其中涉及的文化资源。
③ 数据来自 http://www.pc.gc.ca/progs/lhn-nhs/index_e.asp，最后访问日期：2011-07-21.

用,制定设计法规,采用相应级别的措施,制定经济刺激条件等,形成一整套保护计划。后来加拿大遗产保护学者阿拉斯泰尔·科尔(Alastair Kerr)认识到这种评估方法过于局限于建筑遗产的可见价值,而忽略了社会和文化等不可见价值。1983年,加拿大ICOMOS颁布的《阿普尔顿宪章》提出:对建成环境采取干预措施必须考虑以下价值:文化重要性、组构的保存状况与完整性、环境价值,以及对物质、社会和经济资源的适当使用①。20世纪90年代起,加拿大同澳大利亚、英国、美国一样开始在遗产保护实践中积极采用基于多维价值的保护方法②。1994年,加拿大国家公园局发布的《文化资源管理政策》是现行国家公园局综合管理国家历史遗迹及其他文化遗产的纲领性文件。该政策指出各类文化资源管理规划的编制必须确保保护该遗产被指定时的价值,同时也强调公众必须参与规划,重视公众的利益③。2000年加拿大政府提出"古迹优先权"(Historic Places Initiative,HPI)政策,古迹优先权实际是一项联邦、省和地方的协作机制,与加拿大宪法规定的省和地方政府对文化与土地管理的基本职责有关,该政策强调在保持联邦政府的特定职权的情况下,下放文化遗产保护的权利给省级和地方政府。由于认识到广泛的社会、股东和司法参与的重要性,古迹优选权吸收了各类历史遗产保护团体和民众参与评价遗产。其核心项目是一项全国历史遗产的在线登录项目。随着遗产范畴的扩大,从"古迹"向历史城镇、文化景观等概念拓展,对遗产价值的评估在加拿大也表现出由专家领导向公众参与转变的态势。国际机构如世界银行通过其遗产保护项目也促进了基于多维价值的保护方法在加拿大的发展。

3.2.2 基于多维价值的保护规划——国家公园的管理规划

加拿大国家公园局作为加拿大遗产保护的重要机构,其涵盖的政策项目总体上分为国家公园、国家历史遗迹、国家海洋保护区三大类。根据加拿大国家公园局的要求,都需要编制相应的管理规划,尽管根据不同的政策项目类型,规划体系中涉及的规划类型比较多样,但管理规划在加拿大国家公园的规划体系中处于核心地位,用于贯彻国家公园的各项政策与方针。

1) 基本原则

加拿大国家公园局提出了管理规划的几项基本原则:包括"完整性",要求管理规划集中于完整地传达国家公园局的权力;"基于结果",管理规划需要为遗产的保护提供远景目标,并通过战略目标、提出行动计划来实现这些远景目标,同时还应提供过程中的监测与报告;"参与性",重视管理规划过程中合作伙伴、选民、利益相关者的作用与价值,以可以反馈他们的需求和期待的方式吸引他们参与规划;"尊重原住民",加拿

---

① ICOMOS Canada. Appleton Charter for the Protection and Enhancement of the Built Environment,1983[2011-07-26]. http://www.international.icomos.org/charters/appleton.pdf.

② http://www.newwestcity.ca/council_minutes/0214_11/CWDS%20Definition%20and%20Quantification%20of%20Significant%20Heritage%20Merit.pdf,最后访问日期:2011-07-22。

③ http://www.pc.gc.ca/docs/pc/poli/princip/sec3/part3e.aspx,最后访问日期:2011-07-23。

大国家公园局注重与原住民的合作以在规划过程中吸纳他们的传统知识、价值和文化遗产;"财政责任",强调管理规划需要用对财政负责的方式编制同时也强调规划编制要考虑财政来源的现实性;"清晰与简洁",管理规划与所有附件都是公众政策文件,因此应以清晰、简明、易懂的语言编写;"及时性",所有参与规划过程的人都有责任确保采用及时有效的方式进行规划的编制、回顾与实施。

2)利益相关者的参与

加拿大国家公园局有在管理规划过程中咨询利益相关者与原住民的传统。而咨询仅仅是一种利益相关者参与的方式,国家公园局也开始采取其他方式,以吸纳利益相关者参与确定保护目标的全过程。加拿大国家公园局确定的管理规划编制的过程为吸引广大利益相关者参与提供了大量的机会。以下是加拿大国家公园局在利益相关者参与的过程中关注的主要问题:

公众参与项目必须是开放、透明、公正的。加拿大公园局应努力使参与者认识到原住民、地方社区、外部团体和个人在界定主要问题,形成愿景目标中的特定作用,以及在采纳或者拒绝特定观点中的理性与限制;吸纳与保护遗产相关的官员在"范围界定文件"中就参与规划过程;对于过去没有参与规划过程的个人或民族文化团体,要采用新方法吸纳他们参加,并应尊重他们的观点与价值;应建立衡量参与有效性的机制,以确定何种参与方法能满足参与者的需要;及时告知利益相关者,他们的意见是如何被采纳的,在建立与他们的持续的合作伙伴关系中已经完成了哪些重要工作;利益相关者应参与到主要的工作、愿景与战略的制定过程中;国家公园局也必须学会尊重所有参与者以建立共同的理解与统一的目标。加拿大国家公园局还特别强调在某些特定遗产的保护中与原住民的协作。

受到土地所有权、国家公园成立时的协议、管理双方协议的影响,超过三分之一的加拿大国家公园、国家历史遗迹、国家海洋保护区是由加拿大国家公园局与其他机构合作管理的。协作管理可能是受到涉及不同层次的机构的不同法律文件的影响。如果在一项协议或者土地所有权协议中明确了规划与管理过程中的合作,那么就是受到宪法保护的。建立协作管理的协议可能是联邦、省级的协议或者是与原住民签订的协议。根据这些协议,协作管理委员会将建议责任部长在遗产的规划、运作和方法上来实现协议的目的。管理规划也需要阐释协作管理的责任和操作的机制。当与协作管理委员会合作时,规划人员必须考虑时间、经费和成员个人的义务以建立一个互信的工作关系。

3)规划层次与规划内容

在规划层次上,管理规划属于战略性的规划,它是综合、概括的,涵盖了国家公园管理的各方面内容,为顺利实施管理和制定后续更为详细的规划与行动计划构筑起一个框架。为了确保管理规划的连贯性和进行规范化操作,国家公园局编制了详细的编写指南。最近十多年的政策声明和法律条款也都强调要定期修订管理规划,针对文化遗产类对象,要重点关注"纪念性的完整"的建设和可持续发展。在管理规划的编制过

程中,要对多种规划理念进行选择,要体现管理层的各项决策,同时要有公众的参与。管理规划的编写大纲如下:

- 前言:对责任部长批准管理规划的确认函,由加拿大国家公园局办公室编写并由责任部长的联系人认可。
- 建议声明:包含加拿大国家公园局签字的内容和向责任部长推荐批准规划的理由,通常包括加拿大国家公园局行政总裁、单元管理部门、协作管理者或者管理顾问委员会的签名。
- 实施摘要:管理规划的主要目标以及实现这些目标的主要战略、行动和预期效果。
- 目录
- 绪论:简要介绍管理规划的目的;法律和政策基础,管理手段是如何整合了所有机构的职责;任何参与规划的第三方或协作规划与管理方的职责;区域背景和地理区位(包括地图)和规划过程,包括公众参与、管理或顾问委员会的作用。
- 遗产地的重要性:对遗产地的描述,遗产在加拿大国家公园体系中的地位以及被指定的价值;遗产的区域环境,包括它在相关文化环境中的地位;遗产还需要满足的其他公众政策的目标,如在其他法律中的要求;对列为世界遗产的国家历史遗迹,需阐释加拿大国家公园局如何在世界遗产公约指导下行使其职责;建立时或确定土地所有权的协议。这部分特别要注意回答以下问题:为什么遗产被指定?在整个遗产保护系统中有何重要性?为什么遗产对加拿大乃至世界具有重要性?遗产是如何证明了它的领先地位?
- 规划背景/条件:总结规划的背景包括状态报告中的主要信息,简要阐述"纪念性的完整"或生态可持续性以及与之相关联的遗产要素;当前游客体验、资源保护、公众教育机会的状况;遗产的独特品质;遗产的历史、规划史;传统使用功能;地方原住民社区、利益相关者和居民的参与;协作管理实践状况和遗产当前的主要问题。
- 愿景阐述:管理规划的愿景根据对上一轮规划的愿景的修订得出。对新编规划来说,需要参考范围界定文件中界定的主要因素。愿景是对未来目标的展望,需要认真制定以便其能够独立作为有效的沟通工具。
- 主要战略:是管理规划的主要部分,将愿景转化为战略方向。主要战略应具有前瞻性并使人明了遗产将会怎样被管理;主要战略提供了设定规划目标、行动的框架,帮助明确主要问题与机会,并建立能够实现规划目标的战略方向。
- 保护区管理方法:某些国家公园中包含特定类型的保护区的,需编制单独的部分论述对每个保护区的资源保护、游客体验、公众教育的目的与主要的战略。
- 合作伙伴关系与公众参与:管理委员会的作用(在需要的遗产地);任何正式参与、咨询活动与合作关系包括与其他政府机构、合作团体、地方团体等签订的协议;确保利益相关者、原住民、合作伙伴持续有效地参与管理规划、解决问题的原则与战略；主要开展区域协调和合作的领域；监测公众参与有效性的战略。
- 穿越高速公路、水道和公用工程(在适宜的地区)：针对遗产涉及高速公路等公用工程的，应说明规划对这些设施的影响。
- 城镇所在地(仅针对国家公园)：对国家公园中包含了城镇的，说明城镇的历史和自然环境、与国家公园的关系和主要问题、现有相关规划、城镇在国家公园中的作用、对它的主要管理措施等。
- 公园分区及荒野区声明(仅针对国家公园和国家海洋保护区)：提供公园分区的说明，如果有环境敏感区要做简要说明。对跨越了广大地理区域的国家历史遗迹和遗产运河，分区可以作为不同地区的规划工具。
- 行政管理与业务运作：说明管理与运作相关的主要问题包括环境管理政策、相关管理设施的设置。
- 监测
- 战略环境评估摘要：应确保评价规划中所有的目标与行动对环境可能产生的影响。
- 参考文献
- 行动计划概要的附件
- 其他附件

4）规划过程与规划年限

加拿大国家公园局认为管理规划是一个参与、评估、决策制定、监测与修订的不断反复的过程，所以管理规划的整体过程主要包括状态报告、范围界定文件、管理规划、年度实施报告和五年回顾几个组成部分。

其中状态报告是对国家公园、国家历史遗迹或国家海洋保护区当前状况的概要文件，每五年编制一次，也是范围界定文件和管理规划五年回顾的基础。对文化遗产来说，状态报告的目的包括描述遗产纪念性的完整、环境资源的状态，为了改善遗产的状态已经实现的内容，同时也作为决策制定的辅助工具。它的编制建立在对文化遗产的持续监测上，对评估管理规划的有效性具有重要作用，可以指出本轮规划的不足。状态报告也是一份公众文件，因此需要用简明的非技术的语言来编写。

范围界定文件是在管理规划编制与修订过程中必须编制的文件。根据状态报告，该文件用来界定在下一个规划过程中的主要问题。它的作用是用来向国家公园局的行政总裁说明规划的范围与内容，并获得推进规划的授权。具有争议的、有国家政策的和有法律规定的问题必须包含在文件中，当然范围界定文件只是一种概要性文件，不需要界定管理规划中要包含的所有问题。范围界定文件不是一份公众文件，有关的合作管理成员的参与应该在该文件提交给国家公园局的行政总裁以前就得到确定。

管理规划是国家公园未来管理的战略指导依据，它的编制需在公众咨询的指导下，由国家公园局负责的部长批准，并提交议会讨论，它也是每个国家公园的公众问责性文件。作为一种长期与战略性的指导，管理规划通常建立15年以上的愿景目标。

对国家历史遗迹来说，它的基本目标是明确界定维护文化遗产"纪念性的完整"的方向和基本方法，同时在确定怎样管理遗产的过程中吸引原住民、合作伙伴、利益相关者的参与。按照规定，国家公园局要在议会法案宣布建立一个新国家公园之后的五年内编制管理规划以供责任部长审定批准，并提交给议会。

年度实施报告是所有国家公园局要求执行的另一项政策。年度报告的形式可以是简短的报告也可以是专业性的几天的研讨会，年度报告的作用是确保规划过程中的信息流动，也帮助确保利益相关者持续的参与规划的重要决策过程。地理相关或者是主题相关的国家历史遗迹也可以联合起来编制年度报告。

法律要求管理规划每五年都需进行检查、修订并再次向议会提交。五年回顾的作用是评估当前规划的目标是否是有效的，并确定管理规划是否需要修订或者重新编制。为了遵循法定的五年规划过程，回顾过程需要通过状态报告来推动，而状态报告往往在责任部长批准管理规划三四年后就开始编制[①]。（图 3-3）

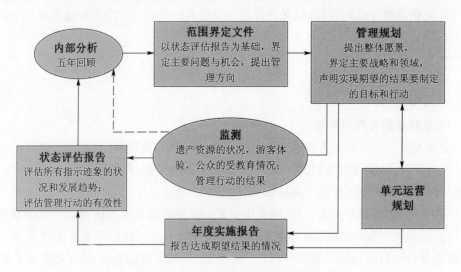

图 3-3　加拿大国家公园管理规划循环过程
资料来源：笔者根据"Parks Canada. Parks Canada Guide to Management Planning[S], 2008：19"翻译并绘制

3.2.3　案例研究：里多运河国家历史遗迹管理规划

3.2.3.1　里多运河国家历史遗迹管理规划编制概况

1) 里多运河概况

里多运河是加拿大安大略省东南部的一条历史运河，其最北端在首都渥太华市北

---

① 本节根据下列文献中的内容翻译并整理：
Parks Canada. Parks Canada Guide to Management Planning[S], 2008 [2011-07-01]. http://www.pc.gc.ca/eng/docs/bib-lib/docs3.aspx.

面的渥太华河上。运河自北向南贯穿渥太华市后一直向西南延伸,沟通沿途多处自然水系,最后到达安大略湖的金斯敦(Kingston),运河全长约202千米。里多运河实际上是由两条独立的河流——里多河和卡特拉奇河(Cataraqui)组成,里多河发源自大里多湖(Big Rideau Lake)东北流向渥太华(Ottawa),卡特拉奇河(Cataraqui)源自纽波罗湖(Newborol Lake)西南流向金斯敦(Kingston)。

里多运河出于军事战略目的建设。1812年到1814年,英国和美国为争夺这一地区的控制权展开对抗。战争凸显了作为殖民区主要运输线的圣劳伦斯河的脆弱。两国对抗结束后,美国仍被英国政府认为是很大的威胁,因而修建一条可靠的军事运输线对英国政府来说是十分必要的,军事规划者们就把注意力放到了卡特拉奇河和里多河。英国政府决定在加拿大北部英国殖民区内从渥太华河到安大略湖修建里多运河(图3-4)。1826年,皇家工程师团陆军中校John By被英国政府任命,负责督造里多运河。运河始建于1828年,建成于1832年。为了减少挖掘量,John By设计了"平水"(slackwater)系统,即通过修建高坝将运河沿线的自然水聚起,从而抬高水位,消除急流和浅滩,使本来无法通航的水道能够通行蒸汽船。里多运河全线的最高点位于纽波罗,从纽波罗到渥太华的落差达97米,而到金斯敦的落差则达到131米,通过21处闸站的47座船闸连接了里多河和卡特拉奇河,通过18千米的人工开凿河道(canal cuts)在渥太华河和安大略湖之间创造了航船水路,由于与泰运河(Tay Canal)相连还提供

图3-4 里多运河在加拿大的区位

资料来源:Parks Canada. Nomination of the Rideau Canal by the Government of Canada, 2006 for Inscription on the World Heritage List, 2006.

了通向佩斯(Perth)的航路。军事方面,最初在运河沿线比较脆弱的地点修建了 6 处作为防御阵地的闸站,在金斯敦海港的东岸修建了亨利城堡。此后为了应对殖民地的叛乱,在一些闸站又增修了防御性的闸门监视人的房子。最终在 1846 年到 1848 年之间,在金斯敦海港修建了一些圆形石碉堡(martello tower)以增强防御。

随着英国和美国关系的改善以及圣劳伦斯海路的发展,里多运河的军事作用几乎没有派上用场,以原始的状态保存下来。到 19 世纪中期,成为一条有效的商业运输系统,跟世界上许多其他运河一样,里多运河起到了发展催化剂的作用,给周围原本是荒地的广大地区带来了深远的社会、经济影响。沿运河逐渐发展起一些基于农耕、磨坊和服务业的小聚落,运河最北端渥太华河畔还发展出一个大型市镇 Bytown,1855 年 Bytown 改名为渥太华,1867 年成为新加拿大的首都。19 世纪 70 年代,里多运河沿岸的秀美风光刺激了沿岸地区旅游业的发展。19 世纪末沿运河发展起很多旅馆,到第一次世界大战后越来越多的夏季小别墅沿运河修建起来,以吸引旅游者和观光客。近年来,运河的历史文化价值得到越来越多人的认同,观光旅游成为里多运河的主要用途。

2004 年 10 月 1 日,里多运河被收入加拿大世界文化遗产预备名录,加拿大政府在申报世界文化遗产时认为里多运河符合 i、ii、iv 三条标准。2007 年,里多运河在第 31 届世界遗产委员会会议上被列入世界文化遗产名录。ICOMOS 在对里多运河的评估文件中,认为里多运河符合申报世界遗产的两条标准:i. 里多运河是人类天才创造力的杰作。iv. 里多运河是代表反映了人类历史上重要时期的整体技术的突出实例。作为世界上少有的最初为军事目的修建的运河,里多运河及其附属防御工程修建于英国和美国争夺北美大陆北部的控制权时期。里多运河世界遗产地保护区面积为 21 454.81 公顷,沿运河两岸向外 30 米为缓冲地带面积为 2 363.20 公顷,整个里多运河世界遗产地面积 23 818.01 公顷。(图 3-5)

图 3-5 里多运河上的船闸、建筑与景观——渥太华船闸(左)、卡勒顿 Martello 炮塔及堡垒(中)、湿地(右)

资料来源:Parks Canada. Nomination of the Rideau Canal by the Government of Canada, 2006 for Inscription on the World Heritage List, 2006.

2) 里多运河管理规划编制情况

作为加拿大的国家财产,里多运河具有几重身份,它既是世界文化遗产,也被加拿大政府认定为国家历史遗迹，同时里多水路也属于加拿大遗产河流。根据《历史遗迹和纪念物法案》(*Historic Sites and Monuments Act*)规定，每个加拿大国家历史遗址都要编制相应的管理规划。1996年加拿大国家公园局组织编制了里多运河国家历史遗迹管理规划，2005年对该规划进行了修订。作为世界遗产地，里多运河还于2005年编制了专门的世界遗产管理规划。但是从规划内容看，世界遗产管理规划的内容较国家历史遗迹管理规划的粗略与简单，且在世界遗产管理规划中也说明里多运河原有的法律法规、政策和规划能起到长期有效的保护与管理世界遗产的作用①。因此，本文只研究里多运河国家历史遗迹的管理规划②。

1996版管理规划提出了"里多运河廊道"的概念，指包含了相关的自然、历史和文化要素，涉及沿运河社区的复杂区域，也可以视为一个受运河影响的区域，包括相关的景观和生活在其中的人。里多运河廊道涉及的景观十分多样，既经过了高度城市化的加拿大首都渥太华市，也穿越了乡村农场、小村庄和荒野地区。里多运河廊道的概念一直沿用到2005版管理规划中。最新经过修订的2005版管理规划为管理加拿大国家历史遗迹里多运河提供了长期的战略指导，其目的是保护里多运河的纪念性的完整，指导公众合理利用运河，保障实践活动按照文化资源管理准则开展，并保护运河的自然价值。从里多运河国家历史遗迹管理规划(2005)的目录构成看，规划包含以下内容：

- 简介
- 纪念性的完整
- 愿景与指导原则
- 遗产保护
- 生态系统管理
- 滨水土地利用与发展
- 游客设施与服务
- 遗产旅游和休闲
- 管理与运作
- 水管理
- 持续的协作与公众参与
- 环境评估概要
- 规划实施
- 附件

以上章节总体上可以分为5个主要组成部分：第一部分规划背景；第二部分通过

---

① Parks Canada. Rideau Canal World Heritage Site Management Plan[S], 2005:11 [2012-02-11]. http://whc.unesco.org/en/list/1221.

② 根据"Rideau Canal National Historic Site of Canada Management Plan, 2005"，该规划中没有包含金斯敦弗雷德里克城堡的内容，因为该处也是国家历史遗迹，单独编制管理规划，在本文中不再涉及。

一份"纪念性的完整"声明概要总述运河遗产的价值;第三部分描述愿景与指导原则;第四部分是规划的核心部分,界定面临的挑战、主要战略和实现目标的行动;第五部分是环境影响评价和5年实施计划。

3.2.3.2 里多运河国家历史遗迹管理规划技术特点

一、管理规划的地位与层次

1）管理规划的地位与目标

国家历史遗迹的管理规划是一种法定规划,根据《加拿大国家公园机构法》(*Parks Canada Agency Act*, 1998)、《加拿大国家公园法》(*Canada National Parks Act*, 2000)的要求,每一个国家历史遗迹必须在新成立的5年之内编制一份管理规划提交给国会审批[①]。国家公园局制定的历史运河专项政策是国家历史遗迹政策的组成部分,因此历史运河必须根据国家历史遗迹的有关规定编制管理规划。管理规划是国家历史遗迹管理与经营的依据。里多运河管理规划编制完成后就作为加拿大国家公园局保护、展示与运营里多运河的政策,同时根据安大略省规划法案(*the Ontario Planning Act*),管理规划也成为运河相关地区土地利用和发展的联合声明。加拿大国家公园局将会鼓励相关地方政府理解里多运河管理规划中制定的基本原则,并通过其他规划机制敦促地方政府将这些原则应用到地方的正式规划中。[②]

加拿大修建运河的历史可以上溯到17世纪40年代,以后由于商业、交通和军事防御的目的而发展成为具有一定规模的运河网络。到了当代,除了圣劳伦斯河通航外,其余运河系统几乎都失去了原有的运营规模。在这一背景下,20世纪70年代,联邦政府决定将加拿大的运河系统从交通部移交给加拿大国家公园局管理。按照联邦法律的规定,国家公园局管理着加拿大的9条历史运河。为促进运河遗产的保护与展示,并鼓励适当的民间利用,国家公园局专门制定了加拿大历史运河的专项政策作为国家历史遗迹政策的重要补充。该政策认识到水路航运是运河展示其遗产特征,或为游客提供遗产体验的组成部分,同时又强调不得因为增加运河的通航能力而改变历史运河的结构、运作手段和通航程序。运河沿岸的自然景观、野生动物栖息地和文化资源相互补充,有助于培育运河的环境质量。管理当局要据此制定系统的管理规划,以保证在进行航运的同时,能起到保护、展示和恰当利用文化与自然资源的作用。关于运河区进行恰当利用和开展活动,国家公园局规定,要在尊重运河资源的遗产特质、保障安全的前提下允许公众欣赏与利用历史运河。基于运河营业对其他利益相关者带来的现实或潜在的影响,国家公园局要与省级政府的相关部门、个人、机构或团体进行合作,以便实现运营历史运河的预期目标。管理当局同时也要鼓励各种团体积极参与

[①] Parks Canada. Parks Canada Guide to Management Planning[S], 2008:80 [2011-07-01]. http://www.pc.gc.ca/eng/docs/bib-lib/docs3.aspx.

[②] Canadian Heritage, Parks Canada. Working Towards A Shared Future, Rideau Canal Management Plan, 1996:45.资料来源:加拿大国家公园局里多运河国家历史遗迹项目管理负责人Anne Feeley女士提供。

历史运河事业,为公众提供恰当的设施与服务,以满足公众的相关需求①。

2) 管理规划的层次

1996 版和 2005 版管理规划都秉承了管理规划是一种战略性规划,为后续管理、规划和实施工作提供框架思路。在历史运河政策的指引下,2005 版里多运河管理规划在提出规划愿景和指导原则后,就运河遗产保护、生态系统管理、滨水土地利用与发展、游客设施与服务等几个方面,按照"当前工作──→面临挑战──→战略目标──→国家公园局采取的主要行动──→与其他部门合作内容"的结构,一步步制定工作框架。这种工作框架确定了工作的基本原则与方向,但并不是具体的操作层面的工作内容。如就运河遗产保护(遗产保护、生态系统管理、滨水土地利用与发展、游客设施与服务、遗产旅游和休闲、管理与运作、水管理是 2005 版管理规划中的几个专题内容),规划指出加拿大国家公园局需采取的行动包括:

- 对确保运河"纪念性的完整"和其运行的安全与可靠的工程设施开展持续性的监测与保护项目,并在运河的长期规划中细化;
- 监测并开展维护项目,保护第一级和第二级建筑的历史价值以确保它们的"纪念性的完整";
- 保护重要闸站的文化景观特点、视觉与视觉联系要素以确保"纪念性的完整"声明中阐述的这些景观的价值得到了保护;
- 确保新的景观元素和使用功能不破坏闸站的历史价值和景观;
- 与承租人就保护运河沿岸的具有历史重要性的私人建筑达成一致意见;
- 保护具有考古敏感性的区域,以保护"纪念性的完整"声明中界定的具有历史价值的考古资源;
- 清查与评估加拿大国家公园局所有的可移动遗产、考古物品和遗产地,以保护"纪念性的完整"声明中界定的它们的历史价值;
- 在成员与利益相关者之间提升对里多运河"纪念性的完整"的认识并推行文化资源管理政策。

而与其他相关部门的主要合作行动包括:

- 鼓励地方政府在它们的官方规划中执行文化遗产政策并建立遗产顾问委员会以向地方议会在运河沿岸的历史建筑和景观的保护中提供咨询;
- 建立一个遗产机构与组织、地方遗产和土地利用规划部门的关联工作系统以促进清查、保护和监测运河廊道中的重要建筑和文化景观;
- 鼓励在运河沿岸和闸站的新建设中使用传统建筑风格以与运河廊道中的建筑遗产相协调;
- 界定对保护遗产的环境和闸站具有重要作用的视线区域,和相关的私人所有土

---

① Parks Canada. Historic Canals Policy. Minister of Supply and Services Canada.[2011-08-14]. http://www.pc.gc.ca/docs/pc/poli/princip/sec2/part2e.aspx.

地和涉及的特定社区,鼓励土地所有者和地方政府通过私人土地管理工作、适当的规划方法(如制定遗产区域的方法、开放空间政策、遗产的地役权政策和法定区划)的实施来保护它们的价值;
- 利用对里多运河廊道文化景观第二阶段的研究,在遗产的利益相关者和相关地方政府中提升对运河廊道的文化资源的认识,并通过私人管理和地方政府行动来保护这些资源;
- 与史密斯福尔斯镇、遗产的利益相关者和位于史密斯福尔斯镇闸站的吊桥国家历史遗迹的所有者合作,保护这些构造物的国家重要性。

每项行动中包含的具体工作内容与工作方法仍是具有延伸性的。管理规划明确需要将管理规划的指导思想贯彻到相关的规划编制与工作中,从而指引进一步工作的开展与运作。正如1996版管理规划中指出的那样:规划不可能解决运河面临的所有问题,或者是指出运河未来发展的每一个方向。规划只是提供一个人们可以建立合作的工作框架。①

二、价值评估与策略制定

1) 价值评估

(1) 早期价值认识与1996版管理规划

1926年,里多运河因其突出的国家历史重要性(National Historic Significance)列入国家历史遗迹名录,以纪念里多运河开始建设100周年,当时对里多运河的价值认识主要是将其视为一项杰出的技术成就,其将加拿大安大略省的东部荒野地区变成了一条交通线路。20世纪60年代晚期,里多运河由加拿大交通部管理,在是否要将运河整体系统机械化的斗争中开启了关于运河价值的对话,运河除了是一条交通线路外开始被视为一项文化资源以及能够给沿岸社区带来一种文化认同②。1967年,再次确认里多运河具有国家历史重要性,并认识到里多运河的历史重要性由整体船闸系统,包括船闸、碉堡、水坝、堰和闸门监视人的小屋这些构成要素体现;应该建立一个国家历史公园以包含所有这些构筑物并诠释运河系统,并由部长承担运河维护与运营、保护运河所处的独一无二的历史环境的职责。除了历史重要性,加拿大安大略省政府在这个阶段开始认识到里多运河在新时期所具有的新作用,即里多运河的休闲旅游价值,自此以后在加拿大相关政府部门的一系列政策中都开始考虑运河在当代的利用与保护之间的关系。1972年,里多运河由加拿大交通部移交给加拿大国家公园局管理,体现出对里多运河作为文化遗产的重视,随后交通部和国家公园局两个部门都表示愿意

---

① Canadian Heritage, Parks Canada. Working Towards A Shared Future, Rideau Canal Management Plan, 1996:7. 资料来源:加拿大国家公园局里多运河国家历史遗迹项目管理负责人 Anne Feeley 女士提供。
② Heather Thomson, Heritage Planner, Parks Canada. Unlocking the Rideau Canal:Planning for the landscape of a World Heritage Site. Irish National Landscape Conference 2009[C]. Published by the Heritage Council Kilkenny, Ireland, 2009:79-88.

就运河的保护与休闲利用展开合作。1990年,加拿大国家公园局开始组织编制管理规划。到了1996版管理规划,已经形成了对里多运河价值的比较系统的认识。1996版管理规划的正文内容包括七章。从内容构成看,1996版管理规划中没有单独的章节评估里多运河的价值,仅有第一部分"一条通往明天的遗产廊道"中在介绍里多运河这项国家财产时,对遗产的价值有所陈述,此外在附件二比较集中地概括了里多运河的历史价值和休闲娱乐价值。在1996版管理规划中对里多运河价值形成了如下认识:

- 运河构造中的重大工程技术成就,突出的石工船闸和拱坝技术,且其中大部分工程设施得以保存至今;
- 在19世纪加拿大军事防御战略中的作用;
- 作为交通运输线路,对加拿大北部地区的商业交换与移民的影响;
- 160多年来持续不变的运营状况,包括里多运河沿岸的19世纪建筑的杰出范例和处于自然遗产环境中的工程;
- 里多廊道的自然环境所具有的重要作用,不仅与历史水道的形成、运河的设计与建造有关,湿地和未开发的河岸地区对运河的生态环境健康、自然景观、在运河沿线的居民定居和区域可持续发展中也具有重要作用;
- 它的休闲旅游价值[①]。

(2) 2005版管理规划

2005版的管理规划与1996版的管理规划相比,在规划的编制体例上发生了较大的变化。其中最大的区别就是2005版的管理规划通过编制"纪念性的完整"声明来全面阐释里多运河的价值。尽管在价值的认识上没有发生本质的转变,但是管理规划中通过设置单独的"纪念性的完整"声明概述的章节,并将"纪念性的完整"声明作为附录使得价值评估更加清晰、全面与具体。

根据"纪念性的完整"声明,里多运河的价值被分为两大类,一类是指定为国家历史遗迹所具有的历史价值即被指定的原因,另一类是运河的其他价值。对里多运河被指定的原因,"纪念性的完整"声明中概括为:

- 运河系统的建造;
- 大量遗存的运河的船闸、碉堡、坝、堰和闸门监视人的小屋等增加了大部分闸站的完整性;
- 运河系统独特的历史环境。

运河遗存的构成中所有被指定为国家历史遗迹的都与运河最初的建造和军事历史相关,也与运河被指定为国家历史遗迹的原因直接相关,从而在规划中被列为一级文化资源。而其他的文化资源则被列为二级文化资源。二级文化资源承载了运河的

[①] 根据"Canadian Heritage, Parks Canada. Working Towards A Shared Future, Rideau Canal Management Plan, 1996"中第一部分、第三部分以及附件二中的内容翻译与整理。资料来源:加拿大国家公园局里多运河国家历史遗迹项目管理负责人 Anne Feeley 女士提供。

其他价值,这些价值包含:
- 二级文化资源体现出的后军事时代的运营、维护与管理;
- 运河不断变革的功能——从商业到休闲娱乐;
- 运河廊道的价值,包括运河对整个廊道涉及的社区产生的持续作用、里多运河廊道的遗产价值和运河本体与廊道自然环境间的持续的关系;
- 里多运河在国际运河体系中的作用。

除此以外,"纪念性的完整"声明中还单独阐释了运河自然生态环境的价值,认为:
- 运河自然生态环境对廊道整体系统的健康和完整有重要作用;
- 运河自然生态环境是廊道独特的景观特质和历史的组成部分;
- 对保证廊道内的休闲体验的品质有重要作用。

总的来说,对里多运河价值的认识是一个逐渐完善的过程。早期只认识到里多运河的历史和技术价值,20世纪60年代逐步扩展到运河在当代的休闲旅游价值,进入90年代开始编制管理规划,随着国际遗产保护领域在可持续发展议题影响下对人和自然关系的重视,逐渐认识到里多运河自然环境所具有的价值,赋予特定自然环境以文化的意义,并且随着加拿大对基于多维价值的保护方法的运用,在1996版管理规划中已经懂得要从上述维度对里多运河的价值做出整体评价。而到了2005版管理规划,又根据加拿大国家公园局特有的"纪念性的完整"声明的方法充分肯定与强化了价值评估在管理规划中的地位与作用,并明确了评估标准,除了从技术价值、历史价值、社会价值、生态景观价值和休闲旅游价值几个方面更加清晰地加以提炼,也分清了里多运河被指定为国家历史遗迹的直接相关价值和其他间接价值,及承载各类价值的文化资源,以帮助更好地建立价值评估与决策制定间的关系。

2) 价值与策略制定

尽管规划体例上有所差异,但1996版与2005版的两轮管理规划相比,并没有太多工作目标、方向、政策或运作与管理上实质性的转变。无论1996版还是2005版的管理规划中,里多运河的价值评估都强调了运河的历史与技术价值、环境的景观与生态价值以及休闲旅游价值。从1996版管理规划起就根据这样的价值认知确立了规划的三个主要目标:保护运河作为加拿大特性的象征;确保环境的健康;促进可持续的利用。管理规划从这三个方面提出规划愿景与规划策略,三大目标被并置于同等地位,在策略制定中相互影响,没有简单地将某一些价值置于绝对优先的地位,注意根据具体的情况提出协调策略。

比如在第一类目标——保护运河作为加拿大特性的象征中,规划除了根据保护要素分类提出保护策略外,也承认发生改变的必然性,针对工程设施和运河沿岸的建筑,除了提出要保护原材料、原工艺、原有建筑风格的原则,也提出针对次要工程设施,不得不采用现代材料和技术的情况下,允许根据各自的特点采取特殊措施;在需要建造新建筑时,应要求建筑体量、设计与位置选择与遗产环境相协调;在对景观的保护中,规划对今后可能出现的地方规划、场地规划、岸线结构调整、桥梁、管线穿越的情况提出了规划原则,强调加拿大国家公园局在地方政府和相关规划中提供咨询和技术支持的地位,确保贯彻保护里多运河作为加拿大某种特性象征的目标,如明确在地方的正式规划中应鼓励运河沿岸的发展,保护河岸开放空间和自然景观,加拿大公园局将利用管理规划确定的岸线土地利用发展概念来影响地方政府调整传统发展意识。

第二类目标——确保环境的健康主要是从保护自然环境的生态景观价值的角度出发,管理规划将对这一类价值的保护同样放置在非常重要的位置,包含的内容也十分丰富,从湿地、鱼类与野生动物、水生植被、水质、水管理、评估人类的影响几个方面制定全面保护里多运河生态系统健康的工作框架,提出加拿大国家公园局应与自然资源部、保护机构、地方政府、运河廊道涉及的利益团体等开展如调查与评估、制定进一步的资源管理规划、进行环境质量监测、提升公共意识的合作等工作。

在促进可持续的利用中,规划分析了里多运河在新时期的三种主要利用功能,即旅游、娱乐与教育,认为通过领导、协作与管理,里多运河廊道可以发挥它在旅游、娱乐与教育方面的潜力,这对确保环境的健康,保护运河作为体现加拿大特性的象征也有促进作用。管理规划认为加拿大国家公园局应与相关机构、地方政府与个人展开合作,在保护里多运河文化与自然资源的前提下,尽可能地提供更好的旅游、娱乐与教育机会,由此确定了需要与相关机构、部门、团体与个人开展合作的内容,以更好地理解不同客群的需求再确定相应的设施、服务与项目,并由加拿大公园局评估相关设施与项目对里多运河的影响。

在2005版管理规划中,规划将上述三类目标与策略分解为遗产保护、生态系统管理、滨水土地利用与发展、游客设施与服务、遗产旅游和休闲、水管理几个方面。虽然分类更详细,但基本延续了1996版管理规划的目标,在策略与行动的制定模式也与1996版管理规划相类似,即在每项内容下,都注意要权衡多方面的价值,重视加拿大公园局与相关部门、机构、团体与个人的协作,没有一项战略目标下的保护策略与行动是由单独部门承担完成的。

三、利益相关者的参与

利益相关者的参与在里多运河的管理中已经有很长的历史。早在20世纪60年代,里多运河地区的原住民就自发组织了运河遗产的保护活动,反对当时将运河全线的船闸机械化,并取得了成功。与中国大运河相似的,里多运河也是一项跨区域的遗产:它穿越了安大略省的12个市。大量的利益相关组织与团体,如遗产组织、湖泊协会、旅游组织等都对里多运河产生了影响。

加拿大国家公园局认为,管理规划成功的关键在于能够让尽可能多的利益相关者持续地参与管理规划的编制与实施过程,这使得里多运河的管理规划关注于构建与其他利益相关成员之间的关系。正如在1996版管理规划中指出的那样:公众参与是里多运河廊道未来管理所必需的。加拿大国家公园局在管理过程中会告知公众,而方案的实施也需要通过加拿大国家公园局自身和其他组织的合作努力。公众咨询的结果在最终规划的编制中会得到考虑,公众参与是规划成功的关键。

1) 利益相关者的界定

在1996年第一版的管理规划中已经指出,需要一个团队来推动规划目标的实现,这个团队应包含交流者、生物学家、运营与维护人员、工程师、管理者和支持团队、其他政府机构和地方政府以及了解了有关信息的一部分公众组成。这个团队应注意共享他们的专业技能与资源。里多运河由加拿大国家公园局负责管理与协调,与运河廊道涉及的其他利益相关成员合作。成员间的工作互相补充。在国家层面,里多运河作为世界遗产归联邦政府所有,已经确定的遗产范围是里多运河的高水位区域和相关的船闸、堡垒,并在运河两侧设置了一个30米的缓冲范围。包括缓冲范围在内的地域涉及联邦、省、地方三级政府的相关部门,当地的社区团体、原住民团体、大量的非营利组织、市民组织和其他在里多运河廊道区域具有利益的私人和商业团体都被认为是里多运河的利益相关者。对于里多运河涉及的所有利益相关者,规划特别编制了专门的附件阐释其在里多运河的保护与管理中承担的作用。

加拿大国家公园局

其中加拿大国家公园局的目标是保护与展示运河,将运河的构造物与自然环境视为体现了国家历史重要性的系统,同时将其维护与运营为一条休闲旅游功能的水道。加拿大国家公园局与安大略省、地方政府和其他利益相关团体合作,在保护里多运河历史与自然环境的同时发展它的休闲旅游功能。

省级机构

省级机构包括安大略省的自然资源部,环境能源部,公民、文化与娱乐部,地方住房与事务部,农业、食品与乡村事务部,经济发展、贸易与旅游部。这些部门分别负责自然资源的可持续利用,生态系统的健康维护;自然环境的保护,能源的健康使用;制定文化遗产保护政策与项目,支持有关的休闲娱乐项目;编制地方土地利用规划,处理相关审批,发展与住房相关的项目;推动可持续的农业和食品产业,支持乡村地区的更新项目;制定旅游策略、政策和项目并提供有关的研究信息。

联邦机构

加拿大国家公园局也与加拿大环境部的环境保护服务机构、加拿大海岸警卫队和其他一些联邦机构在运河的管理问题中进行协作。

保护机构

保护机构主要涉及两个保护组织,即里多流域保护局和卡特拉奇保护局。它们的职责主要是通过编制流域规划保护里多流域的环境质量,并在资源管理和保护意识的提升中参与合作。

地方政府

管理规划认为里多运河途经的地方政府通过土地利用的控制在保护历史、自然和景观价值方面具有关键性的作用。

相关利益团体

相关利益团体指其他相关的非政府组织，如湖泊和旅游协会、历史协会和鱼类与运动俱乐部等，它们在保护里多运河的遗产价值中起到了不可或缺的作用①。

2）利益相关者参与规划的主要参与手段

（1）规划委员会

加拿大国家公园局建立了里多运河顾问委员会。委员会由代表了运河中涉及的不同利益团体、部门的个人组成，是运河规划与管理中的一种基础的利益相关者参与手段，采用的主要方式是咨询。在运河管理包括规划编制中的每个重大决策制定的时候都需要咨询委员会的意见。2001年加拿大国家公园局与里多运河顾问委员会合作举行了第一届里多水道学术研讨会，此后举办了另外四场研讨会并将继续举办下去。研讨会也成为获取申遗公众支持的主要工具。

（2）利益相关者的参与方式

在整个规划过程中，国家公园局采取的主要手段包括：在规划草案的编制过程中，就重要的信息制定交流战略，在制定政策、确定设施和某些活动的规划中在适当的阶段引入利益相关者的参与；与省级、联邦和地方政府展开讨论，以确保规划与相关部门的政策和行动保持一致并获取它们的支持；规划草案要征求利益相关者的意见，包括征求安大略省议会成员的意见；通过开放参观和网络的方式促进公众的参与；支持里多运河顾问委员会就里多运河碰到的问题召开阶段性的研讨会；促进利益接近的利益相关者建立联系网并支持他们的工作目标；持续支持如"里多运河的朋友""里多水道土地信托基金"②等组织的工作目标；编制面向公众的年度规划实施评估报告，并邀请里多运河顾问委员会参与检查规划的实施情况，每5年在管理规划的修编开始以前编制运河的状况报告。

（3）管理规划的独特编制方式

除了上述参与方式外，在里多运河管理规划中很明确的一个观点是里多运河不可能从它所处的环境和周边的社区中孤立开来，这也给管理规划的编制指出了一个新的方向，使得管理规划的内容非常具有特点，即重点关注加拿大国家公园局与相关部门或其他利益相关者之间的合作。从规划成果看，不论1996版还是2005版的管理规划，在确定的分项保护目标下，制定的策略与行动都清晰指明除了国家公园局以外需要参与的其他利益相关者。1996版管理规划以列表的方式明确了保护运河作为加拿大特性的象征、确保环境的健康、促进可持续利用三大目标下的各项措施中，需要参与实施的国际、国家、省级、地方等各级相关者（表3.2）。而2005版管理规划则在遗产

---

① 根据"Canadian Heritage, Parks Canada. Working Towards A Shared Future, Rideau Canal Management Plan, 1996:9-11"中的内容翻译整理。

② "里多运河的朋友"成立于1982年，其工作目标为对里多运河廊道的不可替代的魅力的提升与保护，加强公众对里多运河廊道的了解与欣赏，以获取维持里多廊道良好状态的强有力的公众支持。"里多水道土地信托基金"成立于1996年，其主要目的为保护里多廊道内的土地。

保护、生态系统管理、滨水土地利用与发展、游客设施与服务、遗产旅游和休闲等单项目标下，分别制定出国家公园局采取的主要行动和与其他利益相关者协作开展的主要行动。如果不是对利益相关者参与规划的必要性有足够的认识，具有比较充分的沟通基础和比较完备的利益相关者参与机制，则无法确定这些需要共同参与执行的策略。

表 3.2　1996 版管理规划中的利益相关者参与行动表（节选）

规划目标	结果	加拿大国家公园局	地区级		省级		国家级		国际
			政府机构	公众	政府机构	公众	政府机构	公众	
6.2 保护运河作为加拿大特性的象征	里多运河的文化资源								
	工程设施的保护、修复与保养	✓							
	运河建筑的保护、修复与保养	✓		特定利益团体					
	运河区域的考古遗址的保护	✓							
	保护文化景观	✓							
	场地规划与维持			公众、特定利益团体					
	保护船闸附近的土地	✓	地方政府、保护机构	沿岸居民、开发商、特定利益团体、商业运营者	国籍、文化和娱乐部		加拿大遗产委员会、国家首都委员会、加拿大农业委员会		
	维持/控制现有的私人利用	✓	地方政府	沿岸居民、特定利益团体			加拿大农业委员会、国家首都委员会		
	商业管理	✓	地方政府	商业运营者、公众、特定利益团体			国家首都委员会		

资料来源：笔者根据"Canadian Heritage, Parks Canada. Working Towards A Shared Future, Rideau Canal Management Plan, 1996：附件五"的内容翻译与整理

根据本书 2.2.3.2 节中所述，在某些保护规划指导原则中将利益相关者的参与分为告知——→咨询——→共同决策——→共同行动——→支持独立的社团利益等参与度逐渐由低到高的层次，从上述分析中可以看出里多运河管理规划基本达到了最高层次，利益相关者的参与在里多运河的管理规划中是非常深入人心的。

四、纪念性的完整声明

1）里多运河纪念性的完整声明概况

与英国在制定策略阶段采用"可接受改变的极限"方法来作为达成一致意见的工作框架不同，加拿大国家公园的管理规划在价值评估阶段采用了一套独特的工作方法——"纪念性的完整"声明，以作为一种管理工具，坚守保护规划的基本立场。纪念性的完整的概念用来描述国家历史遗迹的健康与整体性。国家历史遗迹的纪念性的完整包含了三个方面的含义：指与遗产指定原因直接相关的资源不受到损害或遭到威胁；国家历史遗迹的指定原因在公众间产生了有效的共鸣；而遗产的其他价值即使不是与指定原因直接相关的那些，在制定影响到遗产的策略或行动时也能得到重视。

里多运河管理规划中的核心部分就是制定保护策略与行动以保护里多运河的文化资源并促使公众了解里多运河所具有的价值。而里多运河纪念性的完整声明的作用是为管理规划奠定价值基准。

里多运河纪念性的完整声明分为12节，分别为：简介、纪念性的完整的目标与定义、纪念性内容声明、历史与地理背景、指定的场所、不可移动资源（一级）、可移动资源（一级）、体现国家历史重要性的信息、二级不可移动资源、二级可移动资源、里多运河廊道的自然环境、遗产信息与公众的交流。其中重点为三个部分的内容：第一部分说明与里多运河被指定为国家历史遗迹直接相关的理由的资源，既说明资源的整体，也说明资源的具体组成，描述这些资源的历史价值，同时说明采取何种策略保护这些历史价值；第二部分是如何在公众之间引起有效的共鸣，说明里多运河具有国家历史重要性的原因和理由，并制定增进公众了解里多运河的策略；第三部分是说明与里多运河指定为国家历史遗迹并不具有直接关联的资源，这些资源反映出里多运河具有的其他重要性，帮助遗产管理者在指定策略的过程中全面考量里多运河具有的价值。

里多运河纪念性的完整声明的一大特点是尽管里多运河包含了很多出色的工程设施与历史建筑，但是在纪念性的完整声明中却没有将它们视为孤立静态的文化资源，而是将它们与运河廊道这样一个区域联系在一起，因为运河廊道的生态系统是运河管理中不可分割的组成部分，同时运河也是一条仍在运营的水道，每年通行大量的船只，其景观的多样性和利益相关者的复杂性在纪念性的完整声明中得到了应有的重视。

2）里多运河纪念性的完整声明的主要内容

纪念性的完整声明是加拿大国家历史遗迹管理规划中非常有特色的一项工作方法，是对文化遗产的完整价值评估，并根据价值评估提出初步的保护策略。里多运河纪念性的完整声明的编制要点包括：

第一是界定需要评估的对象。包括指定为国家历史遗迹的场所和超出了指定场所但是对里多运河的历史和景观都有影响的周边自然环境。

第二是对文化资源加以分类。指定为国家历史遗迹的场所包括国家公园局管辖范围内的土地和水体,在这个范围内,有一些文化资源与里多运河被指定为国家历史遗迹直接相关,被界定为一级文化资源,其余则为二级文化资源。一级、二级文化资源又按照工程设施、建筑、闸站景观(二级资源中无此类)、考古遗址、可移动资源进行分类。

第三是按照文化资源的分类评估价值并提出保护措施。注意了整体与分类评估相结合的方法,对一级、二级文化资源中的工程设施、建筑、闸站景观(二级资源中无此类)、考古遗址、可移动资源和里多运河的自然景观分别进行价值评估以了解里多运河的整体价值,再提出保护策略。

纪念性的完整声明在工作方法上并没有先验地偏重于对某一类价值的评估,但是通过区分与里多运河被指定为国家历史遗迹的直接相关和间接相关的资源,提醒人们关注那些最具有重要性的文化资源,除了要求获得价值的完整视野,也通过这种方式辨析了运河的核心价值及承载这些价值的资源,从而为规划、管理与实施提供一种价值参照基准。从表述上看,纪念性的完整声明内容相当的全面、清晰并注意用语的简洁,制定的策略也是比较概要的,以便于各类利益相关者和公众的理解。

以下为里多运河纪念性的完整声明的主要内容:

(1) 指定为国家历史遗迹的场所

里多运河指定为国家历史遗迹的地区是在国家公园局管辖范围内的土地和水体,包括里多运河达到高水位时的河道。所有处于指定区域内并与运河的建造和军事时期的历史相关的资源,被认为对里多运河的国家重要性具有重要意义,被确定为一级文化资源。而所有指定区域内的其他文化资源为二级文化资源。

加拿大国家公园局的基本目标是保护指定区域的自然与文化价值。尽管一级文化资源界定了里多运河国家历史遗迹的范围,但是超出国家公园局管理范围的土地和水体之外的某些环境也被认为具有历史价值。如重要的港口、岸线、船闸和河道周边,以及它们与周边城镇中心区之间的视觉联系区域。

指定的场所具有的价值:
- 运河建造中的工程技术成就;
- 自1832年起其持续不断的季节性的运营;
- 保持了大部分最初建造时的遗存的运河整体系统的完整性;
- 闸站体现出的延续性与完整性以及这些闸站表现出的一个完整的系统;
- 与滨河沿岸特定地区和社区的历史、生态、视觉方面的联系对运河的独特历史环境有所贡献;
- 运河广阔的湿地和湖泊揭示了运河的建造与自然环境之间的关系,这也是运河独特的历史环境的不可或缺的组成部分。

保护指定场所的策略：
- 通过维护运河的航行系统保护一级文化资源的独特历史环境；
- 按照加拿大国家公园局的文化资源管理政策保护与军事时期相关的文化资源；
- 保护现存的船闸、坝和堰的手动操作模式；
- 保持运河与渥太华市中心的遗产景观完整与清晰的视觉联系；
- 强化了金斯敦港口景观的军事特色，使表现了堡垒、港口与运河之间关系的景观与视觉联系保持清晰与完整；
- 沿岸地区廊道遗产特色在适当的发展与使用中得到保护；
- 运河廊道中经确认的社区的特质得到保护；
- 与运河的建造相关，是运河独特历史环境组成部分的地标、视觉景观和运河群岛、沿岸和湿地的自然生态特质得到保护；
- 一级文化资源的价值在公众中引起有效的共鸣。

（2）一级文化资源

根据纪年完整性声明，一级文化资源包括40个船闸（里多运河共47个），18道坝、堰、堤（共45道），18栋运河建筑组成的12个闸门监视人的房屋，4座堡垒，军用建筑和铁匠铺，22处闸站的景观，所有从建造时期和军事时代遗留的考古遗址，军事时期的档案资料，从建造时期和军事时期遗留下来的考古物品。

工程设施：

在对工程设施（包括船闸和坝、堰、堤）的评估中，评估团队发现很多船闸、坝等都经过维修或重建，包括不同程度的使用一些新的材料，这也是过去160年运河运营的组成部分。评估过程中没有确定一定的最初的结构指标要求。只要工程设施最初建造时材料的核心部分还得以保留——如保留在原位而不仅仅是只用作外立面——就被认为是保留了最初的结构。那些完全使用新材料重建或仅保留着最初构件的遗迹和仅将最初的材料作为立面的一部分的则不被认为是保留了最初的工程系统。

一级工程设施的价值被评估为：
- 与运河最初建造的成就有直接关联；
- 对运河系统独特的历史环境有所贡献；
- 是对航运系统的持续运营有不可或缺的作用；
- 形式、材料和功能上的物质遗存；
- 手动操作模式；
- 对19世纪早期工程技术和建造技术的体现。

保护一级工程设施使之不受损害与威胁的措施包括：

- 将它们保持在运行的状态;
- 常规的监测和维护制度应作为日常操作与保护项目必不可少的组成部分而存在;
- 现存的手动方式得到保护;
- 它们最初的材料、体量和形式得到符合文化资源管理政策要求的技术和专业保护;
- 做出任何的改变、修复或干预都应做好记录;
- 当前船闸的门、阀门的材料和设计得到保护;
- 它们的历史价值得到公众的有效共鸣。

建筑:

在被列入一级文化资源的建筑中,也有一些经过了一定程度的新建和修复工作,7处闸门监视人的房屋增加了第二层。而评估团队认为所有这些建筑仍保留了足够的核心元素仍可以被列为一级文化资源。

一级建筑的价值被评估为:
- 与军事时期运河的建造有直接的联系;
- 是运河最初建造目的的物质证明;
- 功能性设计的品质;
- 对运河系统的历史环境独特的贡献;
- 与相关闸站的历史特质的关系。

保护一级建筑使之不受损害与威胁的措施包括:
- 根据文化资源保护政策和加拿大联邦遗产建筑评审办公室(FHBRO)操作规程①来保护它们的历史特质;
- 根据文化资源保护政策,它们的历史环境得到保护;
- 做出任何的改变、修复或干预都应做好记录;
- 常规的监测和维护制度作为日常操作与保护项目必不可少的组成部分而存在;
- 它们的材料、形式、功能设计的品质得到保护;
- 通过适当的植被管理,保持或加强对这些建筑遗产的可见度;
- 它们的历史价值得到公众的有效共鸣。

闸站景观:

闸站的景观是运河系统的基本组成要素,并且是里多运河历史环境不可分割的组成部分。景观通过对历史环境的保留的角度,与建筑、工程设计、开放空间和其他景观特质的空间联系的角度来进行评估,并需评估新要素的总体影响。

---

① the FHBRO Code of Practice

一级闸站景观的价值被评估为：
- 与运河的早期操作的关联关系；
- 对运河系统的独特历史环境的贡献；
- 与沿运河系统的遗产社区的视觉与历史联系；
- 作为地标的作用，以及提供了运河系统沿岸的连续感；
- 现存历史格局和外观包括它们的开放空间形式；
- 闸站内外的历史景观；
- 闸站建筑和工程设施的背景脉络和遗产环境。

保护一级闸站景观使之不受损害与威胁的措施包括：
- 保护当前的历史格局和景观形式，包括开放空间和自然界的循环模式；
- 通过鼓励的方式与地方政府和其他各级政府、私人土地所有者和合作者建立协作，保护闸站景观的历史景色和与周边景观的视觉联系；
- 通过恰当的植物管理保护或改善闸站内的历史景观；
- 使用新的景观元素（招牌、停车场、特许货摊、植被、建筑、电线杆等）时需要根据文化资源管理政策中的原则进行审核以保护历史格局、景观形式和闸站的景色；
- 根据文化资源管理政策评估对闸站景观的新使用方式或活动的适宜性；
- 它们的历史价值得到公众的有效共鸣。

考古遗址：

由于尚未建立对一级的陆上和水下考古遗址的综合名录，因此评估考古遗址的方法就是将所有运河建造和军事时期留下的考古遗址都评估为一级文化资源。有些考古遗址尽管与运河的建造和早期运营有直接的关系，但是由于远离运河和指定区域，大部分这类遗址都是运河建造时使用的采石场遗址，这些遗址没有包括在文化资源名录中而仅对其中特别重要的一些列出了名单。

一级考古遗址的价值被评估为：
- 与运河的建造有关；
- 与运河的军事用途有关；
- 是遗存的物质元素。

保护一级考古遗址使之不受损害与威胁的措施包括：
- 建立和维护运河遗址的评估记录；
- 遵循文化资源保护政策和加拿大国家公园局的考古资源管理指南，对已知的考古遗址进行监测和保护；
- 通过鼓励的方式与地方政府、其他各级政府、私人土地所有者和其他

成员建立协作以保护水下考古遗址;
- 所有涉及地下干预的工程(包括种植新的植物)都要进行审核以查明对遗址的潜在影响;
- 所有涉及水下干预的工程都要进行审核以查明对遗址的潜在影响;
- 在确保遗址安全的情况下,使它们的历史价值得到公众的有效共鸣。

可移动资源:

分为两类,一类是指遗留的大量关于运河的规划、调查、地图、报告等早期设计资料,另一类是考古物品。对这些物品的价值,纪念性的完整声明认为:它们为运河前期的路线提供了信息;与运河的调查、设计、建造之间存在关联;为评估运河的建造对自然环境的影响、运河的建造方法、建造技术和工具、闸站遗址和相关的社区、运河相关的工作和社会生活保留了信息;也具有艺术价值,存在展示的可能。

对这些物品采取的使之不受损害与威胁的措施主要包括:建立清查与评估名录;加拿大国家公园局所有的一级文献可以供研究与展示,并应通过适当的设施收藏;保护考古藏品的完整性;确保这些物品的历史价值得到公众的有效共鸣。

(3) 二级文化资源

除却一级文化资源体现出的指定理由,里多运河还具有其他的价值,这些价值主要包括运河后军事时代的运营、维护与管理,运河不断变革的功能,运河廊道的价值以及里多运河在国际运河体系中的作用。与这些价值相应的有20处工程设施、19栋建筑、考古遗址、档案资料和考古物品被评估为二级文化资源。

二级工程设施:

二级工程设施的价值被评估为:
- 与运河的商业和休闲功能有关;
- 与廊道的社区和运河系统的扩张有关;
- 在运河连续的运营中的作用;
- 不断改变的建造技术的证明;
- 手动操作模式;
- 形式与材料的物质遗存。

保护二级工程设施价值的措施包括:
- 在运营条件下得到监测与维护;
- 手动操作方式得到保护;
- 形式、体量在可能的情况下得到保护;
- 当前船闸的门、阀门的材料和设计得到保护;
- 它们的历史价值得到公众的有效共鸣;

- 做出任何的改变、修复或干预都应做好记录。

二级建筑：

二级建筑的价值被评估为：
- 与后军事时代的运河运营和维护有关；
- 与运河的社会生活有关；
- 与廊道涉及的社区的产业活动有关；
- 被指定为联邦遗产建筑（Federal Heritage Buildings）；
- 功能性设计的品质；
- 形式与材料的物质遗存；
- 与相关闸站的历史特质的关系。

保护二级建筑价值的措施包括：
- 它们的材料、形式、功能设计的品质得到保护；
- 它们的历史环境得到保存；
- 做出任何的修复、干预都应遵循文化资源保护政策。

二级考古遗址：

二级考古遗址的价值被评估为：
- 与运河不断改变的功能有关；
- 与后军事时代运河的运营、维护与使用年限有关；
- 遗存的物质元素。

保护二级考古遗迹的措施包括：
- 建立和维护运河遗址的评估记录；
- 遵循加拿大国家公园局的考古资源管理指南对已知的考古遗址进行监测和保护；
- 通过鼓励的方法与地方政府、其他各级政府、私人土地所有者和其他成员建立协作以保护水下考古遗址；
- 所有涉及地下干预的工程（包括种植新的植物）都要进行审核以查明对遗址的潜在影响；
- 所有涉及水下干预的工程都要进行审核以查明对遗址的潜在影响；
- 在确保遗址安全的情况下，使它们的历史价值得到公众的有效共鸣。

二级可移动资源：

二级可移动资源包括档案材料、历史物件和考古物品。与运河存在潜在关系的物品数量众多，纪念性的完整声明中将后军事时期到1967年间所有与运河存在直接关联的物品界定为二级可移动资源。纪念性的完整声明将这些物品的价值主要归于与运河系统的商业与休闲功能的相关性，反映出社会生活、闸站与相关社区的信息等方面。对这些物品采取的使之不受损害与威胁的措施也主要以建立清查与评估名录、加强收集为主。

(4) 里多运河廊道的自然环境

里多运河廊道的生态系统（包括土地、水体、植物和动物）被认为是组成里多运河自然和历史景观的不可或缺的组成部分，因此也被认为是应该得到保护的重要资源。

自然生态系统要素的价值被评估为：

- 对廊道的生态系统的健康与整体性具有重要作用；
- 是廊道景观特质和历史的重要组成部分；
- 对沿廊道区域的休闲与生活品质具有影响。

提出的保护自然生态系统要素的措施包括：

- 建立并维持对里多运河土地和水体的生态清单；
- 监测具有特殊重要性的自然资源；
- 保护加拿大濒危野生动物现状调查委员会（the Committee on the Status of Endangered Wildlife in Canada，COSEWIC）确定的稀有、受威胁或濒危的动植物群；
- 那些由于战略区位、物理或生物特性对政府和非政府组织的环境监测或保护生物多样性的项目具有特殊价值的生态资源应得到保护；
- 具有特殊价值的要素应根据自然生态系统的保护与管理的有关政策加以管理。①

五、规划的动态性与开放性

1）规划修编的必要性

加拿大国家公园局的管理规划指南中已经明确管理规划是一个动态过程，需要在快速发展的社会中明确相应的政策方向。为了实现这个目标，管理规划需要定期进行回顾与修编。每五年进行修编的机制是确保遗产所有的价值得到保护的重要方式，也是加拿大联邦法律的要求。通过这种方式，遗产的价值得以保护、展示的情况可以得到持续的监测。

1996版管理规划就如何保护运河的价值提供了一个综合的框架，并界定了加拿大国家公园局在沿岸发展、生态管理、运河的公共使用和区域旅游等方面的作用。而随着现实条件的变化，对管理规划开始出现新的要求，比如要遵循《加拿大国家公园局管理规划指南》中的体例要求来编制规划。2000年出现了对国家历史遗迹应编制纪念性的完整声明的要求，需要确定明确的措施以保护里多运河纪念性的完整。此外，在后来的法律和政策中，对管理规划修编的过程也有了详细规定，为了适应里多运河面临的现实情况，管理规划的修编过程由对原有规划的回顾、对新问题和发展趋势的界定、

---

① 笔者根据"Parks Canada. Rideau Canal National Historic Site of Canada Management Plan, 2005：附件A"中的内容翻译并整理。

公众咨询和新规划的编制几个环节组成。

2) 规划的目标与策略

在2005版管理规划中,以附件的形式全面评估了1996版管理规划的实施情况。2005版管理规划从工程设施、建筑、遗产技能、考古资源、文化景观、地方规划和沿岸发展、生态系统管理、遗产旅游、休闲娱乐、公共安全等这些方面来评估1996版管理规划的实施情况,认为1996版管理规划制定的多项保护策略取得了良好的效果,如在工程设施方面:保护了现存的历史工程设施和船闸、桥和坝的手动操作模式;建立了对工程设施的监测和维护项目;对主要的工程设施采取的修复工作都能依据原设计和原材料进行等。在文化景观方面:保护与改善了运河闸站的文化景观;开展了闸站景观的研究、清查和评估工作;研究了在一些闸站恢复历史景观的可能性;制定了管理运河商业活动的规则等。在文化资源管理方面:分享了知识,并确保管理成员在制定决策的过程中执行文化资源管理政策等。在地方规划和沿岸发展方面:地方正式规划、正式规划的修订、法定区划、其他分支规划和地方与私人规划中都注意了保护运河的自然、文化、景观和休闲价值;鼓励地方政府和私人土地所有者保护运河的遗产特质等。在生态系统管理方面:通过建立清查名录以及制定资源管理规划、地方规划和达成管理协议等保护了运河廊道沿岸的湿地;保护了运河中的鱼类栖息;管理了航道的水下植物;对水质改善有所帮助;开展了水资源管理研究以降低水管理对鱼类和野生动物的影响;在需要的地方开展了环境影响评估;建立了衡量环境改变和持续的环境影响的基准等。

从这些对实施情况的评估可以看出虽然在里多运河管理规划中制定的只是指导性策略,但实际涵盖的内容非常广泛,策略的延伸性也是非常强的。与1996版的管理规划相比,2005版管理规划在管理目标和策略上没有根本的方向性变化,但对1996版管理规划进行了进一步深化与扩展。规划从遗产保护、生态系统保护、滨河土地利用和发展、遗产展示、游客设施和遗产旅游和休闲几个方面制定了管理目标和策略。2005版管理规划对1996版管理规划目标的深化和延伸,主要体现在几个方面:一是就某一方面的内容提出细化的措施或者就尚未完成的策略明确进一步的实施要求;二是提出继续开展研究与界定有关要素、确定某些指标的要求;三是继续强调和地方政府、相关政府机构、相关团体合作的重要性,并就需要加强合作的方面提出下一步的规划策略。

3) 规划的实施、监测与修编

在管理规划中确定了项目和行动实施的优先性原则,主要根据项目或行动的资金和人员到位情况以及对运河遗产纪念性的完整、生态系统的健康、航运系统和对游客体验的影响情况来确定其执行的优先顺序。资金和人员已经到位的,有益于保护运河遗产的纪念性的完整,保持航运系统的整体性,保护环境,确保公众安全和向游客提供高品质的服务的应该优先执行。其他则根据可能产生影响的情况确定优先顺序。

加拿大国家公园局在管理规划以后还使用年度商业规划来确保改善遗产的运营

状况。管理规划是遗产地商业规划的基础,确定了商业规划的战略发展方向。商业规划则进一步确定管理规划中制定的策略何时以及如何执行。商业规划也根据纪念性的完整声明、客户的服务情况和对资源的有效与精明使用来确定规划中的优先顺序。

管理规划的实施情况由里多运河国家历史遗迹负责人负责监测。负责人需要通过每两年的遗产保护区状况的报告和年度商业规划实施报告来汇报管理规划的实施情况。每5年管理规划都需要进行检查和修订并再次向议会提交。

3.3 小结

本章在欧洲国家和新世界国家各选取了一个案例研究"基于多维价值的保护规划"的实践运用情况。虽然两个国家的行政管理体制、法律法规、规划体系等有所不同,遗产之间也存在个体差异,但是哈德良长城和里多运河两处遗产都是规模巨大、价值内涵丰富,需要处理复杂的利益相关者关系的对象,而这些也是大运河遗产保护规划中面临的核心问题,且这两处遗产都在世界遗产的保护目标下开展了保护规划编制工作,正所谓"他山之石,可以攻玉",对这两个案例的研究可以带来一些经验启示。

本章在开始分析具体的规划编制情况之前,先研究总结了英国和加拿大的文化遗产保护发展历程、保护规划及"基于多维价值的保护规划"方法的发展情况,以交待两个案例的规划背景。英国世界遗产的管理规划和加拿大国家历史遗迹的管理规划都是"基于多维价值的保护规划"方法融入两国的保护规划体系后的产物。从规划的具体实践情况看,哈德良长城和里多运河的管理规划在规划层次、价值评估、利益相关者参与、沟通与谈判中坚持底线的方法和规划的动态性等几个方面,都体现出"基于多维价值的保护规划"的技术特点和规划思想。

哈德良长城和里多运河的管理规划都对遗产开展了全面评估以认识遗产的多维度价值内涵,并在规划中引入利益相关者的参与。特别是对哈德良长城这样一处按照一般的保护观念可能被视为"静态遗产"的对象,英国遗产保护界能够随着实践的深化,逐渐认识到遗产的"当代价值"不容忽视,而发展出一套将长城视为"活态景观"的规划方法。在规划中充分注意利益相关者的参与和协调,这对大运河遗产保护规划来说应该具有特别的启示意义,即不应该过于夸大自身问题的独特性。里多运河的管理规划和哈德良长城的管理规划中分别采用了"纪念性的完整"声明和"可接受改变的极限"两套工作方法,在价值评估阶段对把握保护规划的价值取向和在策略制定阶段达成具有可操作性的一致意见具有借鉴意义。

4　大运河遗产保护规划编制及其实践难题

　　世纪之交，国际文化遗产保护领域先后出现的文化景观、文化线路、遗产廊道、遗产运河等一系列新的遗产概念，表现了人类对文化遗产认识的发展。在这样的时代背景下，2006年5月25日，国务院将京杭大运河（春秋至清）整体公布为第六批全国重点文物保护单位，分布范围为"北京市、天津市、河北省、山东省、江苏省、浙江省"。根据《全国重点文物保护单位保护规划编制审批办法》的规定，"文物保护单位保护规划是实施文物保护单位保护工作的法律依据，是各级人民政府指导、管理文物保护单位保护工作的基本手段。"因此，保护规划编制是全国重点文物保护单位保护工作的重要任务。

　　2006年12月，国家文物局将大运河列入《中国世界文化遗产预备名单》，确定了大运河遗产保护的基本要求和工作方向。根据《实施〈保护世界文化和自然遗产公约〉的操作指南》的规定，申报世界遗产的材料中必须包括管理规划。2008年3月国家文物局在扬州"大运河申报世界遗产工作会议暨大运河保护规划编制要求研讨会"上，确定了大运河遗产保护规划的编制任务与基本日程。

　　以国家的名义动员各地开展大运河遗产的保护规划，这样大规模的保护规划编制工作是前所未有的。规划在向前推进并取得巨大成绩的同时，有一些重要问题受到申遗时间表的限制没能圆满解决。进入到后申遗时代，随着大运河在国家重大发展战略中的作用被反复强调，大运河沿线遗产地获得巨大社会效益和经济效益的同时，在申遗时未能解决的多重管理和多种利益冲突问题愈加凸显，在这个阶段全面回顾并反思大运河遗产保护规划的编制过程，分析其规划方法与技术特点，以进一步探索优化与解决路径具有新时期的现实意义。

　　从大运河遗产保护规划的工作进程看，至2011年9月，大运河遗产涉及的35个城市地市级保护规划全部编制完成，8省中的部分省份（如江苏、浙江）的省级保护规划通过了省级初步评审，而全线的《大运河遗产保护与管理总体规划》初步成果于2010年12月提交。此后虽经过多轮修改，但全线的总体规划实际早于各省级保护规划提交初步成果。在规划编制过程中，中国文化遗产研究院和东南大学还负责编写了《大运河遗产保护第一阶段编制要求》《大运河遗产保护第二阶段规划编制要求》以分别指导地市级和省级保护规划的编制。编制要求的撰写团队与规划团队深入到具体的问题时认识到，尽管国际上的各种遗产概念给了我们启示，但规划的编制还必须考虑中国大运河遗产保护面对的现实问题，这个过程中规划思路也发生过调整。

本章节根据大运河遗产保护规划的推进情况,首先以市级规划和总体规划为主要的研究对象,结合编制要求中的思路转变,分析大运河遗产保护规划纵向推进过程中的主要内容与技术方法;此外大运河遗产的时空跨度大,自然地理条件复杂,不同区段具有不同的保存现状,这种差异也对第一阶段各地市规划的编制产生了影响,本章节进一步对各区段的保护规划编制情况给予分析总结,以全面剖析大运河遗产保护规划编制的情况与遭遇的问题。

4.1 保护规划的工作布局与基本思路

4.1.1 大运河遗产保护规划的阶段与地位

4.1.1.1 大运河遗产保护规划的阶段布局

大运河遗产跨越八个行政省及直辖市和超过35个以上的地级城市。大运河遗产保护规划体系纵向由三阶段构成:第一阶段的大运河遗产市(地市)级保护规划,第二阶段的大运河遗产省级保护规划和第三阶段的大运河遗产保护与管理总体规划(国家级)。编制过程如下:

2008年6月至2008年12月,由中国文化遗产研究院和东南大学编制完成《大运河遗产保护规划第一阶段编制要求》(简称《一阶段编制要求》)。

2009年1月至9月,在编制要求的基础上运河沿线共计35个市(包括直辖市)组织编制保护规划。第一阶段规划编制主要解决了各市对所属区域运河遗产的确认工作,并在此基础上划定了保护区划,明确了其他规划内容。

2009年1月至2009年6月,编制《大运河遗产保护第二阶段规划编制要求》(简称《二阶段编制要求》)。根据编制要求的规定,要求省级规划在市级规划的基础上整合各段遗产,并进行遗产认定分级,对各省的运河遗产分为全国重点、省级重点、县和市级重点和运河遗产四个等级,并要求对运河按照流域和自然河段进行重新梳理。

2009年8月起开展大运河遗产分省保护规划的编制工作。

2010年3月至2012年,开展大运河遗产保护与管理总体规划的编制工作,初步成果于2010年12月提交国务院相关部委征求意见。(图4-1)

4.1.1.2 大运河保护规划的性质与地位

国内文物保护单位的保护规划根据对象规模的不同,内容可能涵盖从城乡规划的控制性详细规划到工程设计的各个层次。《关于〈中国文物古迹保护准则〉若干重要问题的阐述》(2000)中指出:"凡是具有环境要素的和群体规模的保护单位都应当编制保护总体规划","范围很大,功能众多的大型组群,可按不同功能编制分区规划",但这里的总体规划和分区规划与城乡规划中对应的概念又有差异,并没有明确

图 4-1　大运河遗产保护规划编制过程
资料来源：笔者根据中国文化遗产研究院大运河遗产保护规划项目组内部资料改绘

类似城乡规划中总体规划与分区规划在编制目标、内容和深度上的差异化要求；所谓的保护总体规划中的保护区划、建设控制要求、视廊控制、土地利用调整等内容在文物保护规划中所要求的深度也更接近城乡规划的控规层面。而大运河遗产保护规划的性质和定位与一般文物保护单位则有所不同。大运河遗产保护规划是将沿线遗产纳入大运河申报世界遗产范围的基本文件依据，由于涉及的空间地域广阔，作为一类规划成果形式，又需要同既有的相关规划体系衔接；加上大运河沿岸的保护和发展有必要纳入地方政府全面考虑的计划中，故《一阶段编制要求》中这样界定大运河保护规划的性质与地位：

市级大运河遗产保护规划是大运河遗产省级保护规划的下位规划，又是市域内各运河地段和地区保护详细规划的上位规划。

市级大运河遗产保护规划与所在市的城市总体规划等相衔接和整合构成所在城市总体规划的一部分。

每级大运河遗产保护规划都在横向与同一级别的大运河航道治理及发展建设以及水利等其他规划及其相关技术文件共同构成该级别大运河规划的综合体系。

4.1.2　大运河保护规划的基本思路

4.1.2.1　我国文物保护规划的发展历程

在分析大运河遗产保护规划的基本思路之前，有必要探析我国文物保护单位保护规划的发展概况和相关的编制要求。我国的文物保护规划起步较晚，自 20 世纪 90 年代初出现由国家文物局审批的文物保护规划开始，至 2004 年国家文物局发布《全国重点文物保护单位保护规划编制审批办法》和《全国重点文物保护单位保护规划编制要求》为止，可算是文物保护规划的缘起和初创时期。

20 世纪 90 年代以前，我国基本没有独立体例的文物保护单位专项保护规划。90 年代以后，随着国家对文物工作支持力度和保护修缮工程量的加大，开始需要制定更具计划性的工程规划;此外,90年代后世界文化遗产申报工作也开始提出编制保护规划的要求。于是文物保护规划开始了初始的探索阶段。这一时期的文物保护规划编制模式可按照内容分为三种类型:第一类是在以往文物保护工作模式上进行的"工作计划"类型,规划深度类似工程可行性研究报告,编制人员主要是文物系统内的管理和专业人员,有时也包括考古专业人员;第二类是参照《历史文化名城规划编制要求》(1994)进行的"专项规划"类型,内容以文物环境的景观整治和基础设施改善为主,基本不涉及文物本体保护内容,编制人员主要是规划师;第三类是按照旅游要求编制的"详细规划"类型,主要规划内容为展示工程,编制人员多是建筑师,包括在校教师。这一阶段的保护规划反映出我国文物保护规划的早期特征,即具有单纯的工程规划目标,受到不同的专业技能限定,缺乏独立规划体例和规范,以及缺乏规划理论与保护理念。

1995年年底,国家文物局在"全国文物保护工作会议"上第一次提出了"大遗址"的保护概念及其保护所面临的严峻形势。这一颇具"中国特色"的文物保护问题,将文物保护规划的目标推向了综合系统的资源保护方向。在大遗址问题提出的同时,1997年10月国际古迹遗址理事会中国委员会(ICOMOS China)与美国盖蒂保护研究所、澳大利亚遗产委员会合作,开始编撰《中国文物古迹保护准则》(*Principles for the Conservation of Heritage Sites in China*)(简称《准则》)。在历经5年的编撰过程中,《准则》吸收了澳大利亚《巴拉宪章》的内容,陈述了文物保护规划在文物保护总体工作中的地位和作用,并在《关于〈中国文物古迹保护准则〉若干重要问题的阐述》中,进一步阐释了保护规划的6项基本内容:(1)基本情况;(2)保护总原则和预期总目标;(3)保护措施;(4)规定利用功能;(5)展示陈列方案;(6)管理手段。2001年,我国关于文物保护规划特别是大遗址保护的任务进一步突出,在国家文物保护事业重点发展项目的工作要求下,我国文物保护规划编制人员在国家文物局、考古学家、历史学家、规划专家、遗产保护专家等多学科专家的直接指导下,展开了一系列以大遗址为重点的规划编制工作。与此同时,作为ICOMOS China《准则》推广试点项目,我国文物保护规划在国际合作方面也做出了初步尝试,在美国盖蒂保护研究所与澳大利亚遗产委员会的协助下,编制完成《莫高窟保护与管理总体规划(2001—2010)》和《避暑山庄及周围寺庙十年保护规划(2001—2010)》。

2003年5月,中华人民共和国文化部令签发了第26号令,发布了《文物保护工程管理办法》,其中第四条规定"文物保护单位应当制定专项的总体保护规划,文物保护工程应当依据批准的规划进行"。该文件的面世第一次直接从法规层面确定了文物保护单位保护规划在遗产保护领域的地位。2003年,国家文物局开始实施文物保护工程资质管理,发布了《文物保护工程勘察设计资质管理办法(试行)》,2004年1月公布了第一批文物保护工程资质单位名单。2004年8月,国家文物局正式颁布了《全国重点文物保护单位保护规划编制审批办法》与《全国重点文物保护单位保护规划编制要求》。文件规定了全国重点文物保护单位保护规划的适用范围、指导思想、编制原则、编制要求和管理程序,提出了保护规划编制的 12 项基本内容:(1)评估文物保护单位的价值、重要性及其环境影响、社会与人文影响;(2)评估文物本体及其环境的保存、保护、管理和利用现状,分析主要破坏因素;(3)明确规划原则、性质、目标、重点和保护对象等;(4)划分保护范围与建设控制地带,提出管理规定;(5)制定保护措施,包括保护工程和保护技术要求;(6)制定相关的环境治理和生态保护措施;(7)提出其他相关领域规划的要求;(8)划定功能分区,限定利用功能;(9)制定开放计划,核定游客容量控制指标,确定展示项目、路线组织和必要的服务设施;(10)说明规划范围内拟建项目的必要性,编制选址策划,提出建筑功能设定、规模测算和建筑设计的规划要求;(11)提出管理建议,确定日常养护和监测内容,考虑社区参与计划;(12)编制规划分期、实施重点与投资估算,提出实施保障。文件还制定了相关的具体编制要求,建立了国家级的文物保护单位保护规划的编制规范与管理体系的初步框架。进入这一阶段,文物保护规划除了在考古遗址、古建筑群和石窟寺等主要文物类型方面展开探索,也开始涉足世界文化遗产领域,但是涉及的对象如故宫、秦始皇陵等还是以传统文物类型为主。

至此,我国文物保护单位保护规划从管理模式到设计理论、规范,经由《准则》引入的国际理念与基本手法,结合我国文物保护和城市规划等领域的法规、规范,经历了从无到有、逐渐规范化的过程。①

4.1.2.2　大运河遗产保护规划的基本思路

1)"文化遗产"还是"文物保护单位"

大运河是一处跨越八省市的全国重点文物保护单位,历经两千余年的沧桑变化,时至今日仍在使用的南北大动脉。运河河道及两岸每天都在发生重要的经济和建设活动,处于不断发生变化的过程中。它的航运、水道、水文及两岸涉及的相关管理部门就包括了水利、交通、规划、国土、发改、环保等多个系统。因此如何确定它的保护区划和相应的管控力度是编制要求和规划过程中的一个难题。在《一阶段编制要求》的撰写过程中,编制团队已经认识到大运河遗产的特殊性,该编制要求的特点之一就是用文化遗产的概念代替了文物保护单位。

"文物"是我国文物保护运动自 20 世纪五六十年代以来通行至今的一个最重要的观念,由此衍生的法定概念"文物保护单位"是我国半个多世纪以来文物工作赖以生存和得到法律保护的基本概念。而如果将大运河界定为文物保护单位,则开始遭遇各种困难,主要的原因是《文物保护法》为文物保护单位赋予的基本权利无法落实到大运河的核心部分——运河河道及沿岸的带状地区上。为此,在《一阶段编制要求》中,开始尝试采用文化遗产的概念来替代"文物保护单位",这也与当前我国文化遗产保护工作

---

① 陈同滨.国家文化遗产保护规划概述[C]//中国文化遗产研究院.文化遗产保护科技发展国际研讨会论文集.北京:科学出版社,2007:19-34.

的发展趋势相适应①。文化遗产的概念是自中国加入世界遗产组织以来,综合了《保护世界文化和自然遗产公约》和《保护非物质文化遗产公约》两个国际公约的基础上,结合我国的文化遗产保护现状做出的界定。"文化遗产"和"文物保护单位"相比,有以下几点不同:第一,不局限于法定保护的范畴,可以是文物保护单位,也可以是非文物保护单位;第二,不局限于一个主管部门,可以由文物部门主管,也可以由其他部门以及团体、个人主管;第三,不局限于自上而下的认定,而看重自下而上的公众参与。因此它既有深刻的内涵又有广阔的外延,具有良好的视域和操作的弹性②。

然而这样的思路在《二阶段编制要求》中发生了转变。根据国家文物局在《二阶段编制要求》阶段性讨论会议中传达的意图,考虑到应该对世界文化遗产采取最严格的保护手段,有必要将大运河遗产纳入《文物保护法》确定的强而有力的保障体系下,以切实有效的保护运河遗产,并同时明确在公布为文物保护单位时并未明确的保护对象,《二阶段编制要求》充分强调了"文物保护单位"的概念,提出要在省级规划中对大运河遗产予以分级,分为全国、省级、市县级,以确定已经是和未来推荐列入各级文物保护单位的遗产名单,并对大运河遗产的保护区划仍采用文物保护单位的保护范围和建设控制地带的概念。而随后编制的《大运河遗产保护与管理总体规划》和各省段规划,却不得不考虑相关部门(水利、交通等)的现实反对意见,故仍无法完全套用《文物保护法》中对文物的保护范围与建设控制地带的相关要求。因此,对于大运河遗产中的核心构成部分即申遗的核心部分是否纳入文物保护单位体系并未有定论。

2)以文物保护单位保护规划为基础的规划体例与内容

大运河遗产保护规划由国家文物局组织编制,所采用的规划编制体例与文物保护单位保护规划的体例基本一致,包含的各部分内容也相类似。《一阶段编制要求》提出,大运河遗产保护规划的文本大纲包括:①总则,②运河遗产构成,③评估,④保护区划与保护的管理和控制,⑤展示规划要求,⑥保护管理要求,⑦考古规划要求,⑧规划分期,⑨相关规划建议,⑩图件。主要的内容是明确大运河遗产的构成,确定需保护的对象;评估大运河遗产的价值;评估遗产本体和环境的保护、管理、利用、展示现状;划定保护区划,制定管理规定;制定相关环境整治和生态保护措施;制订展示计划,确定展示项目和必要的服务设施;提出运河遗产的管理建议和考古研究计划;确定优先行动计划和规划分期;提出对相关领域规划的要求。而《二阶段编制要求》除了增加了遗产分级的要求,在规划的基本体例和主要内容构成上没有发生根本性变化。这些规划体例与内容以全国重点文物保护单位保护规划的体例为基础,没有根本性的突破。

从规划编制的现实情况看,与一般的文物保护单位保护规划在保护措施、环境治理、展示规划等分项规划中有较深入地研究,制定的规划策略一般比较具体,且面向实

---

① 2005年12月,《国务院关于加强文化遗产保护的通知》发布,首次正式在国家级公文中确定了中国"文化遗产"概念的内涵和外延。国家文物局单霁翔局长近年分析与总结文化遗产保护工作发展趋势时也多次提及这样的发展趋势。
② 侯卫东,朱光亚.规划引导与大运河保护[J].中国名城,2008(2):15-17.

施不同的是:大运河各阶段的遗产保护规划尽管具有文物保护单位保护规划的体例,但受到编制时间等因素的限制,这几项内容并未作为工作重点,各地市与省份把握的深度、方法也不一,规划的重点是放在确定大运河遗产的构成,明确保护对象,价值评估与划定保护区划几个方面。(图4-2)

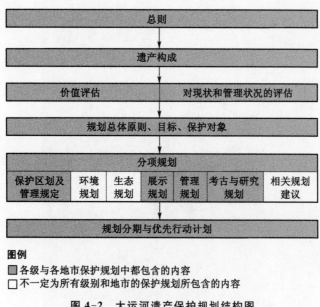

图 4-2 大运河遗产保护规划结构图
资料来源:笔者绘

4.2 申遗视野下大运河遗产对象的界定

4.2.1 申遗视野下大运河遗产核心特性的确定

大运河的开凿起源于春秋战国,汉魏时曾是国家的粮食运输主要路径。隋唐时期开辟的运河,以长安和洛阳为中心,北至军事重镇屯涿郡,南至杭州,形成由永济渠、通济渠、淮扬运河、江南运河组成的长达2 700余千米的漕粮通道。元代以后至明清,中国的政治中心从西北迁移到北京,于是在隋唐开凿的大运河基础上,在今淮安地区进行了截弯取直,转而形成南北向的京杭大运河,其路线也缩短至1 700余千米。它北起北京,往南经天津、河北、山东、江苏至杭州,成为南北交通的大动脉,其中很多段落至今仍发挥着重要的交通、运输、行洪、灌溉、输水等功能。(图4-3)

4.2.1.1 申遗与大运河遗产的核心特性确定

大运河是跨越八个省及直辖市和超过35个地级市的巨型遗产,其中仅京杭大运河的干线就超过1 780千米,如果加上支线和长江、淮河及黄河以外的相关水源地,涉及的地域更加广阔。大运河遗产的数量之多,密度之大,类型之庞杂,可谓前

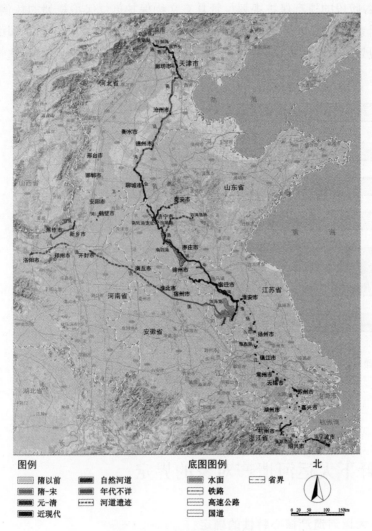

图 4-3（彩图）

图 4-3 大运河遗产年代图
资料来源：中国文化遗产研究院，东南大学建筑设计研究院，等. 大运河遗产保护与管理总体规划，2011.

所未有。自申遗引起对大运河遗产保护的关注以来，对如何认识大运河遗产的特性与内涵，国内遗产保护界存在多种不同的观点。其中比较具有代表性的几种有：以王景慧、阮仪三等为代表的学者主张以文化线路的概念来认识与评估运河遗产，强调大运河不仅是伟大的古代工程创造，更在历史上起到了重要的文化经济功能，汇集了古代经济、文化、制度、科技、工程技术等诸多领域的广泛信息，极大地促进了运河区域乃至更广阔地区的经济发展与文化交流[1]；以俞孔坚等为代表的学者认为应将遗产廊道的概念引入到大运河的保护规划与申遗工作中，建议借鉴遗产廊道将自

---

[1] 阮仪三，丁援. 价值评估、文化线路和大运河保护[J]. 中国名城，2008(1)：38-43.

然生态、经济与历史文化相结合的遗产区域保护理念,采用区域而非局部的观点,建立多目标的综合保护与规划体系[①];而徐嵩龄则认为应将大运河遗产视为"系列遗产",将其视为一种具有相同的人文特征和自然特征的离散遗产个体整合为一个同质群体的处理[②]。学术界一度对运河遗产以国际遗产保护领域的何种遗产类型加以界定并确定其遗产构成乃至进一步确定申报世界遗产的类型,存在过不同的观点。

申遗激发了对大运河遗产特性与内涵认识的研究,这也直接影响到保护规划中运河遗产的分类与遴选、价值评估的方向。如果从文化线路的角度出发,应以遗产的历史性和文化意义为核心将遗产加以归纳分类,而如果从科技和工程的视角,那么河道和水工设施将成为遗产构成的主体。随着大运河遗产保护规划编制的逐级开展,规划团队认识到过去对大运河遗产的调查、评估与研究其内涵的工作,偏重于运河的人文历史价值,而对大运河的重要属性——工程技术价值的了解和研究相当匮乏。此后国际工业遗产保护委员会(TICCIH)研究编制的《国际运河遗产名录》中的理念在大运河的遗产构成与价值评估中起到了关键性的影响。《国际运河遗产名录》提出:运河遗产的重要性与价值可以从以下四个方面加以考虑:技术、经济、社会和景观因素,其中核心的是技术因素。大运河纵贯中国南北主要地区,跨越包括长江、含沙量巨大的黄河在内的多条大江大河。大运河的工程技术特性逐步成为保护规划编制中的关注重点。

4.2.1.2 大运河遗产的演变与技术成就

从多年降雨量只有500毫米的海河流域到超过1 300毫米的太湖平原,大运河沿线面临的水资源短缺问题、洪涝灾害的影响和江河泥沙的干扰是世界其他运河难以比拟的。加上大运河的运用正是历史上的黄河夺淮时期,为保证运河的运营,历史上采取的借黄行运、引黄济运、避黄改运、蓄清刷黄等措施,都体现出大运河建设历史上高超的工程技术成就。

春秋末年是大运河兴修的第一段高潮时期。诸侯国为称霸中原而开凿运河。这些运河后来日益演变为大运河的重要河段。如今徐州的古汴渠自西来,为古鸿沟一支,始开于战国初期,四百年后演变为通济渠(隋唐东西大运河的重要河段)。吴国兴修的邗沟后来成为淮扬运河;秦国开凿的灵渠则演变为区间运河,至今保存完好。该时期的运河大部分位于江河中下游的平原水系发育地区,连通天然相邻的水体,开凿路线一般不长,且水路迂回,因此与天然河道之间的差别并不明显。直到约四百年后的西汉,重要的运河才逐渐具有水源保障能力。以邗沟从最初的迂回路线截弯取直为例,历经约1000年,从西汉至唐代中期(公元前206—805),邗沟路线的逐渐取直,邗沟

---

① 李伟,俞孔坚,李迪华.遗产廊道与大运河整体保护的理论框架[J].城市问题,2004(1):28-31.
② http://www.china001.com/show_hdr.php? xname=PPDDMV0&dname=I12CC51&xpos=16,最后访问日期:2011-10-08.

水路路线存在多处地形差,在没有工程设施的最初,通航受河湖水位的影响很大。直到唐宋时期,在高邮——宝应段兴建涵洞,运河水量供给和调蓄能力得到提高,才逐渐演变为相对独立的工程体系。春秋战国时期的运河开凿,实现了江淮、黄淮、长江与珠江水系间的连接。运河的技术成就主要反映在规划技术方面,人们对河流分布、流向以及区域地理等有了一定的认知。江河以地形差异分流别派,运河是通过工程措施将天然河流联系起来的人工水道。(图4-4a)

图4-4a(彩图)

图4-4a 大运河历史演变图(春秋—东汉)

隋唐宋时期建设形成东西大运河,成为运河建设史上的第二次高潮时期。永济渠和通济渠的成型,标志着这一时期形成了横贯东西、纵贯南北的水路骨架。其中东西大运河是在鸿沟基础上开凿而成的通济渠,南北大运河在黄河以南沿袭了邗沟与江南运河,黄河以北则是永济渠。隋代永济渠是在三国曹魏所筑的区间运河基础上形成的,唐宋后演变为海河南系的御河(即后来的卫河)。元以后御河在临清以下与会通河汇合,即今南运河。唐宋时期宋代的工程体系成就更大。时淮扬运河与汴河通过淮河连接,淮扬运河、淮河与汴河间存在水位差,船只的转运常受到淮河干扰。为避淮河之险,北宋时从淮安至泗州间开凿了龟山运河。龟山运河与淮河相交的两个运口有闸控制水位,以使两河水位能够平顺衔接,便于船只过淮。宋代的另一工程技术成就是在淮扬运河和江南运河上创修复闸。复闸除了具备季节性水量调节功能外,通过航道上多级闸门与引(退)水设施的运用,形成了类似现代船闸工作原理的工程设施。复闸至元代开始退化,逐渐为堰坝取代,但闸名延续至今。隋唐宋时期运河的主要技术成就是联系了长江、黄河、淮河的河段成为相对独立完备的工程体系。运河与天然河流相交的运口,通过使用工程技术措施使得两河之间平缓衔接,且同时具备了交通调度、水源供给、泥沙防治等综合功能,从而使人工水路与天然河流的边界日益分明。(图4-46)

元代致力于运河山东以北段。南段虽有残破,尚存宋代遗规。元都在北,绕卫河(御河),嫌通江南太迂回,遂兴建通惠河、会通河将隋唐永济渠北段的白河(今称北运河)、卫河(今称南运河)与黄河以南的淮扬、江南、浙东运河连接起来,以使前代运道截弯取直,形成从北京至杭州的京杭运河。明清时期,江南运河与浙东运河属于地方水利工程,不由国家经营,其兴建和管理费用主要由地方开支。通惠河开通后,因水源不足与地势高差而煞费经营。元初郭守敬尝试通过引北京昌平白浮泉和西山群泉之水来解决此问题。这一时期的水源工程造就了北京的人工河湖水系,有些如昆明湖、什刹海、南海、北海、长河等至今仍在发挥作用。元代,通惠河上曾设闸24处,实现了航道水深的逐段节制,使船只得以逆流而上,由东便门入城至积水潭。明代白浮泉干涸,漕船不再进京,但货运和客运持续到19世纪初。会通河北至临清,南至济宁,是元代京杭运河重要的一段。经郭守敬设计,会通河以合理选线,沟通了汶、泗、卫与黄河,并实现了水源供给。但元代并没有解决好会通河地形最高段的水源问题,漕运主要依靠海运。直到明代兴建戴村坝水源工程和南旺分水枢纽,通过闸、坝、堰、堤等水工建筑的运用,才成功穿越高差达50米的山东地垒,实现了跨流域调水与水量配置。

元明清正值黄河夺淮700年期间,黄河洪水和泥沙对运河的侵扰超过以往任何时期。宋建炎二年(1128)黄河自滑州改道入泗水,东南经徐州、宿迁、邳州,至淮安清口与淮河汇流,夺淮河下游河道入海,虽期间摇摆不定,终成定局。至16世纪末至19世纪中期,黄河对运河的干扰由于沙淤而日益严重,清嘉庆元年(1796)后漕船过清口已相当困难。淮河在黄河的影响下最终于1851年由洪泽湖改道入长江,而黄河则于1855年改道北行。1902年清政府终止漕运,对大运河的经营也随之停止,京杭大运河南北贯通的历史宣告结束。在黄河夺淮的数百年间,清口枢纽发挥了重要的作用,保

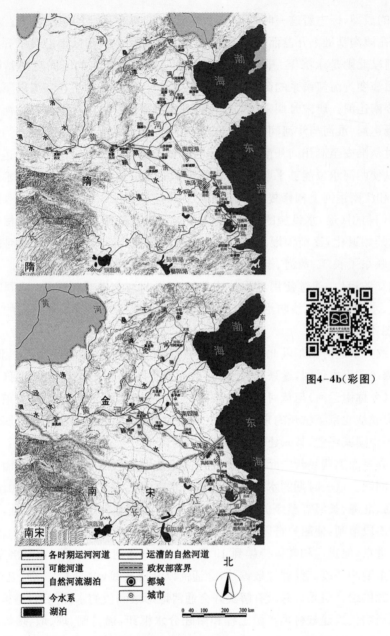

图4-4b（彩图）

图4-4b　大运河历史演变图（隋—南宋）

证了运河成功的穿越黄河。清口枢纽由洪泽湖——→淮安——→宿迁运口组成，是在黄河夺淮300年后兴建的。明万历中河道总督潘季驯及靳辅均主张以清刷黄、蓄清敌黄，而黄河渐淤渐高，淮水不能尽出。潘季驯在淮安筑高家堰，以清口为出水口，高家堰为大堤。大堤上建滚水坝。黄河夺淮期间自然环境的改变，以及为维系运河运用所持续进行的长达400年的大规模水利活动，共同造就了人工湖——洪泽湖。清口——→洪泽湖工程体系实现了淮河水量的季节调节，维系了运河在清口穿越黄淮平交段的水量、水位控制,进行了一定程度的泥沙治理。淮河改道归江后,洪泽湖成为苏北地区重要的水源工程,也是今后南水北调工程的骨干调蓄水库之一。洪泽湖完整的古代工程体系代表17世纪西方工业革命前水利工程规划、坝工建设的最高水平,拥有丰厚的文化遗产价值和可持续运用的功能。① (图4-4c)

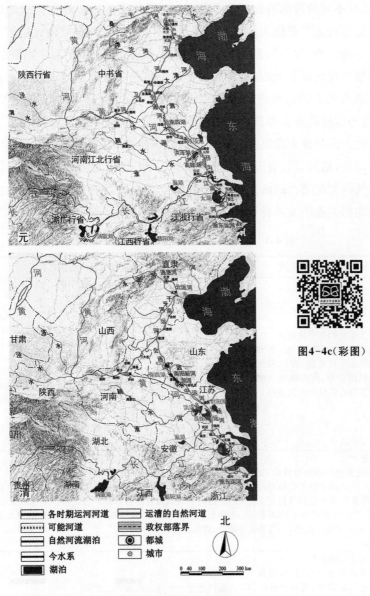

图4-4c 大运河历史演变图(元—清)
资料来源:中国文化遗产研究院,东南大学建筑设计研究院,等.大运河遗产保护与管理总体规划,2011.

① 中国水利水电科学研究院.京杭大运河遗产构成与特性研究报告[C]//国家文物局文物保护与考古司,无锡市文化遗产局.中国文化遗产保护无锡论坛:文化线路遗产的科学保护论文集.南京:凤凰出版社,2010:242-250.

4.2.2 大运河遗产的构成与遴选

4.2.2.1 大运河遗产的构成

对大运河遗产工程技术特性的认识是随着规划的进行在水利史专家的参与下逐渐深化的,也对不同阶段的规划产生了影响,主要体现在遗产对象构成的确定和价值评估方面。大运河遗产是指大运河水运体系及其沿线分布的,反映大运河水利工程历史作用和历史地位的,并有相关考古证据、实物、科学数据和确切的参考文献证明的,与大运河发展历程直接相关的,具有突出普遍价值的各类遗迹与遗物。通过分析国际上列入世界遗产名录的运河遗产案例可以发现:运河遗产的保护对象不仅局限于河道,还应包含与运河的建设和发展相关联的各类遗产,甚至运河沿岸的自然景观也应纳入保护范畴。以加拿大的里多运河为例,202千米长的运河沿岸地区,其中涉及的保护对象包括河道,船闸、坝、堰等水利工程设施、历史建筑及沿线自然生态景观等多种类型。结合我国文化遗产的法定保护类型,最初两个阶段的编制要求中考虑的首先都是所有类型的相关遗产及其背景环境完整登录的原则。(表4.1)

表4.1 编制要求中的大运河文化遗产构成

一阶段编制要求中的遗产构成	二阶段编制要求中的遗产构成
1. 大运河水利工程及相关文化遗产 指古代和近现代如水道、水源、水利工程设施、航运工程设施、古代运河设施和管理机构遗存、运河档案文献及与运河相关的古代祭祀文化遗存。	1. 大运河遗产——水利水运工程(水工)遗产 (1) 在用水利水运(水工)工程 　　在用的大运河水利水运工程,包括现在仍维持有航运、灌溉、排涝及其管理功能的相关河道、水利水运工程设施、航运工程设施等,并被证明是具有代表性和具有突出价值的。 (2) 废弃水利水运(水工)工程 　　古代属于中国大运河(京杭、隋唐运河及其他具历史价值的漕运运道、古水道等),现在已失去航运、灌溉、排涝及其管理功能的废弃河道、水源、水利水运工程设施、航运工程设施、运河设施和管理机构遗产。 (3) 水利水运(水工)工程遗址 　　古代曾经存在过,具有历史价值的中国大运河(隋唐运河、京杭大运河、浙东运河)各类遗址。
2. 大运河聚落遗产 指建成、发展或变迁与运河的建设、交通、商业、生产活动密切相关的沿运河的城镇与村落等聚落。它们以留存了运河文化,并与运河密切相关的城市节点、滨河历史文化街区或地段、建筑群落等为代表。	2. 大运河遗产——运河城镇、运河村落 指建成、发展或变迁与运河的建设、交通、商业、生产活动密切相关的沿运河的城镇与村落等聚落。它们留存了运河文化,以及与运河密切相关的城市节点,如城墙、城门、古街区、滨河历史文化街区或地段、建筑群落等。
3. 其他大运河物质文化遗产 指在大运河两岸独立分布的、能够见证大运河历史发展进程、与运河经济和文化发展历史直接相关的各类不可移动文物,以及某些在地理关系上见证大运河沿线重大历史事件、重要历史人物活动、重要社会文化发展的历史遗存。如大运河建成后的某些古遗址、古墓葬、古建筑、石刻与碑碣、近现代重要史迹及代表性建筑。	3. 大运河遗产——其他相关历史遗存 指在大运河两岸独立分布的、能够见证大运河历史发展进程、与运河经济和文化发展历史直接相关的各类不可移动文物,以及某些在地理关系上见证大运河沿线重大历史事件、重要历史人物活动、重要社会文化发展的历史遗产。如大运河建成后的某些古遗址、古墓葬、古建筑、石刻与碑碣、近现代重要史迹及代表性建筑。

续表 4.1

一阶段编制要求中的遗产构成	二阶段编制要求中的遗产构成
4. 大运河生态与景观环境 　　指大运河背景环境，包括大运河郊野生态环境和大运河城镇景观环境。大运河郊野生态环境包括运河河道两侧郊野中的一定范围内的农田、林地、湿地、湖泊、河流等自然景观及与原生的乡村建筑景观；大运河城镇景观环境指运河沿线城镇中一定范围内的与运河相关的城镇人工景观环境。	4. 大运河遗产——非物质文化遗产 　　指反映了运河遗产历史变化的及运河沿线存在过并保存和流传至今的与运河相生相伴的非物质文化遗产。可包括：老地名、运河船工号子、戏曲、俗语、民间故事、传说、风俗习惯，因运河商贸、文化交流而推动发展形成的运河各段的菜系、土特物产及各种手工工艺等。
5. 大运河相关非物质文化遗产 　　指反映了运河遗产历史变化的及运河沿线存在过并保存和流传至今的与运河相生相伴的非物质文化遗产。可包括：老地名、运河船工号子、戏曲、俗语、民间故事、传说、风俗习惯，因运河商贸、文化交流而推动发展形成的运河各段的菜系、土特物产及各种手工工艺等。	5. 大运河背景环境——城乡建设环境、郊野自然环境 　　指大运河背景环境，包括大运河城乡建设环境和郊野自然环境。大运河城乡建设环境指运河沿线城镇中一定范围内的与运河相关的城镇人工景观环境，及与其相关的原生乡村建筑景观。大运河郊野自然环境包括运河河道两侧郊野中的一定范围内的农田、林地、湿地、湖泊、河流等自然景观。

资料来源：笔者根据《一阶段编制要求》《二阶段编制要求》整理

　　除了参考国际世界遗产先例的完整性原则，两版编制要求中运河遗产分类的变化也反映出随着规划的推进，规划团队在申遗目标下，对大运河遗产认识的变化过程。在《一阶段编制要求》中，编制团队借鉴国际经验，认识到运河遗产与传统文物保护单位保护对象的差异，认为其涵盖了我国现有的所有法定保护类型：文物保护单位、历史文化名城、历史文化街区，同时还涉及其他不属于法定保护对象的生态和景观环境以及非物质文化遗产。《二阶段编制要求》对大运河遗产构成的调整已体现出受到世界遗产中"遗产运河"概念的影响而将大运河的工程技术价值确认为其核心价值。因此《二阶段编制要求》将"水利水运工程遗产"单独列为第一类核心的运河遗产。考虑到大运河的部分河道、水利水运工程设施仍在发挥作用的特性，将"水利水运工程遗产"进一步分类，分为在用水利水运（水工）工程、废弃水利水运（水工）工程、水利水运（水工）工程遗址三大类。

　　到了第三阶段的《大运河遗产保护与管理总体规划》，规划团队进一步认识到河段的不同水源、地形条件对运河的开凿与发展提出了不同的要求，运河是经不同历史时期的建设，由不同水利工程设施组成的相对独立的工程体系。因此规划选择了其中支撑大运河整体框架、承载遗产核心价值的遗产元素为主要规划对象，将大运河遗产按照形成的历史时期分为了十个区段（通惠河段、北运河段、南运河段、会通河段、中河段、淮扬运河段、江南运河段、浙东运河段、卫河（永济渠）段、通济渠（汴河）段），并更加清晰地通过与大运河工程技术特性的"亲疏远近"关系将构成中国大运河遗产的遗产要素分为运河水工遗存、运河附属遗存、运河相关遗产三大类：

• 运河水工遗存包括河道遗存、湖泊/水库/泉等水体遗存、水工设施遗存三个子类。运河水工遗存是构成遗产价值的核心内容,是大运河建造、运行和演变历史的根本物质实证。其中河道遗存主线和重要支线、复线、引河是大运河遗产技术、经济价值的最直接的载体,也是其他遗产要素价值得以确认的基础;湖泊、水库、泉等水体遗存和水工设施遗存是大运河遗产技术、景观价值的最直接的载体,并为河道遗存的真实性提供最可靠的证据。

- 运河附属遗存包括配套设施遗存、管理设施遗存和沉船遗址等其他附属遗存三个子类。运河附属遗存是大运河运行历史和运输管理方式的实物证据,是大运河遗产经济、社会价值的独特见证,并为理解运河水工遗存的价值提供了不可或缺的历史信息。
- 运河相关遗产包括相关遗产点和相关历史文化街区两个子类。其中,相关遗产点包括相关碑刻、古建筑、古遗址、近现代建筑与史迹等,而《一阶段编制要求》中的大运河聚落遗产则被认为应该落实到具体的历史文化街区。运河相关遗产对于大运河建造、运行和演变历史具有重要的佐证作用,也为理解和深化运河水工遗存、附属遗存的技术、经济、社会、景观价值提供了极其重要的历史信息。

确定了以工程技术特性为核心,城乡建设环境和郊野自然环境作为非技术要素就被归入到大运河的背景环境,不再作为大运河遗产的构成内容。再加上规划的后期编制逐渐以确定申遗的对象为目标,并回归到文物保护规划的思路,大运河遗产确定为以不可移动的物质文化遗产为主体,因此第三阶段的《大运河遗产保护与管理总体规划》又完全去掉了非物质文化遗产一类,强调其构成应是体现遗产核心价值的物质遗存。这些变化总体上体现出根据大运河遗产的核心特性(以申遗为目标,随着将申报类型向遗产运河靠拢而得以确定)将大运河遗产对象构成逐步廓清的过程。

4.2.2.2 大运河遗产的遴选

一阶段保护规划的开展,是以对运河相关的历史文化资源的筛查为开端的。通过对文献和相关的文物、水利、规划等部门提供的资料的研究,再结合现场踏勘确定的大运河遗产构成清单,构成一阶段地市级保护规划也是大运河保护规划整体工作的基础。在地市级保护规划的编制过程中,各编制单位对大运河遗产的遴选达成的一致原则是从与运河的关联度上,明晰是根据与运河的"历史相关度"而不仅是"地理相关度"纳入大运河遗产的范畴。这意味着即使某些遗产位于紧邻大运河的沿岸地区,但如果与运河的开凿与演化没有关联(如某些形成于运河开凿之前的遗产)则不能列为大运河遗产,比如江苏宿迁的项王故里,尽管是宿迁市代表性的文化遗存,也位于运河畔,但因为与运河没有历史关联而不能列入。具体的"历史相关度"判别依据则根据遗产的类型而定,比如其他大运河物质文化遗产的遴选以是否能够证明运河及运河文化的发展演化进程,同时受运河及运河文化的影响为标准,具体包括:反映运河修建、使用、运营的真实历史信息；反映经运河传播带来的文化交融结果；体现运河流域的生产生活方式、思想观念、风俗习惯等；反映因运河而兴的发展变化脉络等内容。而聚落遗产的遴选则以聚落的演变发展是否曾受到运河影响，或者对运河的开凿建设产生影响为标准[①]。

而二、三阶段的大运河保护规划遗产的遴选除了根据遗产价值的高低进行筛选外，另一个遴选的核心思想是围绕大运河遗产核心的工程技术特性展开，主要为了突出与保障大运河运行的工程遗存、附属设施及管理设施遗存，以及与其文化意义密切的相关文物古迹。因此以第一阶段保护规划成果中的遗产构成为依据，第三阶段保护规划根据以下原则对遗产进行确认：

- 支撑大运河整体框架。即实现南北、东西主线路尽可能贯通。如通济渠（汴河）确实无法贯通的，通过其中的段落和节点支撑。
- 承载遗产核心价值。即优先确认春秋、隋——→宋、元——→清代的河道，以证实中国大运河的历史悠久、展现两个重要的全线贯通时期的总体格局。对于沿线遗产的认定，强调其历史功能、位置这些重要特征对所在河段价值的贡献和各类元素之间的关联。
- 在全国层面具有重要价值和保护意义。即优先关注具有代表性意义的运河工程及其遗址的整体性，优先关注体现中国古代独特的水运水利制度及运河文化的运河附属遗存和相关遗产[②]。

由于二阶段各省级规划实际晚于三阶段成果提交，其遗产分类与遴选标准受到三阶段的影响，首先强调对表现大运河工程技术特性的贡献度，进而是与大运河文化意义的关联度。如提出：

- 省级的大运河水工遗产应为历史时期的主航道，或发挥助漕作用的重要支线与水源和水利工程。
- 附属遗产应为有确切文献、实物或考古证据证明与大运河的建设、管理、祭祀等直接且密切相关，且有一定规模的、真实性较高的地上或地下历史遗存。
- 相关遗产需有较高的真实性、完整性，位于运河主航道和重要支线两侧，且有确切文献、实物或考古证据证明其能够见证大运河对文化交流和经济社会发展的促进作用[③]。

---

① 无锡市人民政府，东南大学建筑设计研究院. 大运河（无锡段）遗产保护规划(2010—2030)，2009：4-5.
② 中国文化遗产研究院，东南大学建筑设计研究院，等. 大运河遗产保护与管理总体规划(2011—2030)规划说明，2011.
③ 东南大学建筑设计研究院. 中国大运河江苏段遗产保护规划(2011—2030)规划说明，2011.

4.3 申遗视野下大运河遗产的价值评估

4.3.1 大运河遗产的价值构成

自1999年《中国文物古迹保护准则》问世,《巴拉宪章》的精神已经开始影响我国的文化遗产保护事业,而在2004年《全国重点文物保护单位保护规划编制要求》出台以后,价值评估已经在保护规划中成为必不可少的一部分,但是价值类型主要沿用此前《文物保护法》所界定的历史、艺术、科学三大价值,申遗促使对大运河遗产多重价值的思考走到了台前。

与文物保护单位保护规划的编制中明确应从"文物价值(历史、艺术、科学价值)与社会价值两大范畴开展价值评估"不同,在申遗的目标下,国内学术界对大运河遗产的内涵与特性存在不同的认识。大运河遗产保护规划的价值评估如何开展也因此存在一个目标不明到逐渐明晰的过程。从一阶段地市级保护规划的编制成果看,各地市的保护规划存在沿用传统文物保护规划的价值评估和结合世界遗产的标准开展价值评估的两种倾向,遗产价值的分类与评估重点因而没有统一的标准,比如有根据传统的文物保护单位保护规划的编制习惯,以历史价值、科学价值、艺术价值为基础来评估大运河遗产价值的(河北省、安徽省);有从与世界文化遗产的几条标准的比对来开展大运河遗产的价值评估的(如江苏省常州市);有综合了遗产运河和文化线路的概念,同时结合《中国文物古迹保护准则》(2000)中确立的历史、科学、艺术三方面价值来开展价值评估工作的(浙江省各市)。而从价值构成的范畴看,主要涉及历史价值、科学价值、艺术价值、文化价值、社会价值、旅游价值和景观价值几个方面。大运河各类价值中最受到关注的有:①运河作为水利工程的工程技术价值;②运河作为漕、盐运通道反映出的高度建制化价值;③运河在社会经济与文化交流方面的价值。而运河的景观价值、旅游价值、当代使用价值尽管在35个地、市级规划中仅有少部分地市有所涉及,但也体现出某些编制单位对大运河遗产价值的认识突破了一般文物保护单位价值的范畴。随着逐步确立大运河遗产的核心特性为水利工程技术特性,及至三阶段保护规划,终于明确了以侧重于运河遗产的工程技术特性的《国际运河遗产名录》作为规划的重要参照标准,将其中确定的技术、经济、社会和景观四个方面作为大运河遗产的价值构成分类。在《大运河遗产保护与管理总体规划》中对大运河遗产的价值阐述如下:

1) 技术价值

大运河是农业文明时代最具复杂性、系统性、综合性的超大型水利工程,体现了我国古代杰出的运河科学规划思想,利用自然河道或开凿人工河道长达三千多千米,沟通了中国的政治和经济中心,形成了世界上最庞大的远距离水运体系;在运河的规划设计中解决了跨越中国五大水系的问题,以及不同河流自然环境下的水源、泥沙和洪水等问题；运用世界上最早的闸、坝、堤、堰、弯道等建造技术巧妙地克服自然高差，达到控制水位高低，调节水量盈缺，节制水流速度等目的；首创了应对多种情况的治水理论和治水方略，如束水攻沙、治黄保运等；在运河开凿和工程建设中产生了众多的具有代表性的工程实践，如北京的水源工程、通惠河与会通河的梯级船闸工程、汶上南旺运河越岭的分水枢纽工程、淮安清口运河渡黄的运口枢纽工程、淮安高家堰"蓄清敌黄"的大坝关键工程、苏北宿迁淮安段的堤防系统工程、沿太湖塘路工程等。

2）经济价值

大运河是国家意志的体现，是世界上仅有的为了确保粮食运输安全，以达到稳定政权、维持帝国统一目的，而由国家投资开凿、国家管理的巨大工程体系。为了实现漕运这一特定目的，国家通过设立专门管理机构分段分级管理，在资金、技术、安全、管理等方面给予大力支持，从而保障了最多时每年上万多条船、总量达400万~600万石的漕运的畅通，满足了国家粮食运输、军资调配和赋税、官盐等重要物资的运输需求。在服务于漕运的同时，也促进了沿岸的村镇乃至城市建设和经济的发展，运河城市与村镇因运河兴旺而兴旺，因运河衰落而衰落。大运河也促进了中国东中部地区的大沟通和大交流，并与丝绸之路和海上丝绸之路的重要节点都会洛阳、明州相联系，成为沟通陆海丝绸之路的内陆航运通道。

3）社会价值

大运河沟通、融合沿线的政治、经济、文化、思想等，促进了中国国家的统一和经济、文化交流，强化了国家和民族的认同感。隋代大运河为唐宋时期帝国政权的维护和经济、文化的繁荣提供了有力支撑；元代至明清的大运河加强了北京地区的政治和军事地位，为北京地区在唐宋以后成为中国古代的政治统治中心、经济管理中心、军事指挥中心、文化礼仪活动中心奠定了基础。大运河沿线也产生了许多与其密不可分的文化与习俗，如运河人家、运河街市、运河传说……大运河上演了或见证了历史上许多人文事迹。

4）景观价值

大运河是人类和自然的大型联合工程，古人建造和维护大运河，因地制宜、针对不同地域的水文地形等地理特征采取了相应的处理方式，形成了丰富多样、各具特色、却又紧密关联为一个整体的线性景观。运河的持续修建和维护，促进了其所经过地区地形地貌和景观的不断变化和形成。因运河而生的古镇和街区反映了大运河沿线人们围绕运河航运而进行沿岸土地开发、利用的持续过程，在这一长期并延续至今的过程中，体现了人与自然之间长期持续的互动[①]。

[①] 中国文化遗产研究院,东南大学建筑设计研究院,等.大运河遗产保护与管理总体规划(2011—2030)规划,2011.

4.3.2 大运河遗产的价值评估方法

虽然各城市在一阶段地市级保护规划中采取的价值评估方法五花八门,但整体与分类评估相结合、定性与定量评估相结合是较多采用的两类方法,到了第三阶段的保护规划,除了仍然采用这两类方法外,另一个突出的特点是根据大运河遗产的工程技术特性,关注系统价值大于单点价值,因而采用了大运河全线与分段评估相结合的方式。

4.3.2.1 整体与分类评估相结合

在地市级保护规划中,相当一部分城市采用了整体与分类评估相结合的方式。整体评估主要是对大运河遗产价值按照确定的构成分类进行总体阐释,如按照历史、科学、艺术的价值分类或按照技术、经济、社会、景观的价值构成进行某地市运河遗产总体价值的定性阐释。分类评估是根据规划中确定的遗产构成类别采取对应的技术路线和评估方法,有所区别的开展价值评估。普遍采用的是《一阶段编制要求》中确定的水利工程设施及相关文化遗产、其他物质文化遗产、聚落遗产、相关非物质文化遗产、生态与景观环境五大类。在进行分类评估的时候,有些城市仍以文字性阐述的方法为主,有些则针对各类遗产制定不同的评估指标体系,由于各类遗产的特性不同且大运河遗产在不同区段具有的特性也不相同,不可能存在一套普适的方法。设置评估指标体系一般是根据不同类型遗产的特性设定两级评估因子,一级评估因子常采用历史、科学、艺术等价值,二级评估因子根据各项目组对该区段运河遗产特性的理解加以设计,分别给两级因子确定指标权重,最后针对具体遗产给出综合评分或等级的方法。(表4.2)

4.3.2.2 定性与定量评估相结合

部分地市级保护规划(如北京,江苏的常州、镇江)的价值评估利用GIS技术采用了定性与定量相结合的评估方式。定性评估主要以文字描述为主,不论在大运河遗产的整体价值评估还是分类评估中都可以使用,以全面地评估遗产的综合情况。定量评估是指建立评估指标体系,制定针对某类遗产的价值评估表,对单项遗产根据确定的评估指标体系进行打分以确定其价值高低的方法。定性与定量评估相结合,是为了增强价值评估的科学性。

定量评估的方式易于对每一遗产点的每一评估因子进行全面细致的了解与分析,且可通过更细致的打分排名对遗产点之间的价值高低进行直观的横向比较,有助于保护侧重点的确定与遗产的分级。但其中除了一些可以在现场评估的因子外,还有一些因子(如历史价值、工程规划技术、设计技术、工程影响力、真实性、完整性等)很难或无法完全依靠现场调研做出判定,需要结合文献资料、推导、访谈等方式,以"历史相关性"为指向,对各类资料信息进行综合比对梳理才能做出综合判断。由于对各项评估因子在总体构成中所占权重值确定的主观性以及对各项评估因子的标准打分人理解水平的不同等因素影响,定量评估的方式也会存在一定的误差。与定性评估的方式相结合,则可以在一定程度上弥补定量评估的缺陷,这种做法是为了从更整体的视角,尽可能客观科学地评价单项遗产或某一类遗产的价值。(表4.2)

表4.2 常州市河道价值评估体系

层次Ⅰ	评估指标			权重	指标分解	评估标准(具备一项即可)				评分
						一等(100分)	二等(75分)	三等(50分)	四等(25分)	
价值特色评估	1综合价值64%	历史价值		20%	①最早的建设年代是否久远	隋以前	隋唐宋	元明清	其他	
					②是否携带大量的历史信息	很多	较多	一般	否	
					③是否在国际国内拥有知名度	国际知名	国内知名	省内知名	否	
					④是否为国内外稀有工程	世界稀有	国内稀有	省内稀有	常见	
		文化价值		12%	①河道及相关文献能否包含文字图像,并见证工程的时代背景和当时的社会状况(包括社会、政治、文化等)	充分见证	较充分见证	部分见证	没有见证	
					②河道能否反映当时的社会意识形态(如宗教与祭祀)	充分反映	较充分反映	部分反映	没有体现	
					③河道是否具有教育、精神、旅游等方面的精神价值,进而在精神层面给人们施加影响	重大价值	较重要价值	一般价值	否	
		科学价值	工程规划技术	6%	①河道选线与自然环境是否协调	协调	较协调	一般	否	
					②河道规模是否与自身功能相适应	适应	较适应	一般	否	
					③枢纽规划功能是否全面	全面	较全面	一般	否	
					④劳动力组织是否合理	合理	较合理	一般	否	
			工程技术先进性 设计技术	6%	①改善通航水深的能力	强	较强	一般	否	
					②解决复杂泥沙问题的能力	强	较强	一般	否	
					③解决复杂水流问题的能力	强	较强	一般	否	
					④工程的防冲减淤能力	强	较强	一般	否	
					⑤工程防冲减淤技术在建设时期达到的水平	领先	先进	一般	否	
					⑥工程是否反映出人性化设计	充分反映	较充分反映	部分反映	没有体现	

续表 4.2

层次 I	评估指标			权重	指标分解	评估标准(具备一项即可)				评分
						一等(100分)	二等(75分)	三等(50分)	四等(25分)	
价值特色评估	1 综合价值 64%	科学价值	工程技术先进性	施工技术	6%	①河道开挖施工技术在建设时期的先进性	领先	先进	一般	否	
						②石方施工技术在建设时期的先进性	领先	先进	一般	否	
						③截流施工技术在建设时期的先进性	领先	先进	一般	否	
						④地基工程施工技术在建设时期的先进性	领先	先进	一般	否	
				材料选择	6%	①护岸材料选取是否合理	很合理	较合理	一般	否	
						②所用材料在工程建设中发挥的作用	重大作用	较重要作用	一般	否	
						③工程材料特性的保持完整程度	很完整	较完整	一般	否	
			工程技术影响力		8%	①对当时人们认识和利用自然的能力是否具有代表性	典型代表性	较有代表性	一般代表性	否	
						②工程技术在当时的地位水平	领先	先进	一般	否	
						③对当时工程建设和科学发展的贡献	重大贡献	较大贡献	一般贡献	否	
						④后期发展是否充分(包括持续性、发展性和传播性)	很充分	较充分	一般	否	
						⑤对现代科学的启示	重大启示	较大启示	一般	否	
						⑥对我国科学史的补充、修正和完善的作用	重大作用	较大作用	一般	否	
	2 保存现状 36%	真实性			15%	①河道是否维持了原有的流路	全部延续	大部	少量	否	
						②后续维护中是否沿用了最初的材料和结构	是			否	
		完整性			15%	①河道水流是否依然通畅	通畅	涵闸阻断	封堵	回填	
						②河道护岸和相关水工建筑物是否完整	保存完好	保存较好	一般	差	
		延续性			6%	①河道是否延续了原有的通航、输水等功能	延续	基本延续	大部丧失	丧失	
						②河道两侧是否延续了原有的自然景观	延续	基本延续	大部丧失	丧失	
					总分					

资料来源:吴晓,王艳红,高军军,等.大运河申遗背景下河道类遗产保护的价值判研初探:以大运河(常州段)为例[J].现代城市研究,2011,26(9):46-55.

4.3.2.3 全线与分段评估相结合

大运河遗产的核心是运河水工遗存,也就不同于一般的文化遗产需要从工程体系的整体性来考量。整体性意味着整体价值大于单项遗产的价值之和。从大运河的修建与运营历史看，不同的河段形成于不同的历史时期，且大运河跨越五大水系，存在显著的自然环境差异。运河的南部为长江三角洲，江南地区水网密布，海拔高程较低；长江以北为地势低洼的里下河地区；进入黄淮海平原后，在淮北也有一系列湖泊洼地；再向北，由于黄河挟沙量较大，形成地势较高的黄河冲积扇；向北至南运河、北运河地区，排水不畅；运河北部为燕山余脉，地势抬升幅度较大。全线地势高程起伏较大，在这些不同的自然条件下产生了不同的水利问题，出现了各河段不同的工程技术特点。因而在第三阶段的总体规划中，规划除了对运河全线的遗产价值加以评估外，还以河段为基本单元形成遗产的价值评价。

三阶段规划通过对相关历史文献的搜集、整理与分析，对现状的踏勘以及对相关专业学者的咨询，将大运河全线根据其修建历史与水利工程体系分为通惠河段、北运河段、南运河段、会通河段、中河段、淮扬运河段、江南运河段、浙东运河段、卫河（永济渠）段、通济渠（汴河）段，分别对其修建历史与运营情况，在经济、文化交流中的作用以及各河段的工程技术成就进行了评估（图4-5）。以淮扬运河段为例，对淮扬运河段的价值评估为："淮扬运河段主线江淮，属历代漕运必经之路，尤其是明清时期，在国家经济中地位显赫，具有漕运中枢的地位。除了漕运总督统摄全漕外，丰济仓为清代四大粮仓之一，淮安钞关是明代七大钞关之一，清时年税收额排全国前三位的税关。淮扬运河沿线工程密集，较好地处理了河湖相依、入江水道选择、黄淮运关系等问题，有突出的历史和科学价值。淮安清口枢纽的河道、闸坝、堤防、疏浚、维护、水文观测工程共同组成运口大型水利枢纽，堪称人类水运水利技术整体的杰出范例。吴到今逐渐形成的长江运口，由瓜洲运口、仪征运口、白塔河、小京口构成，是引江水济运的重要设施，文献记载的真州闸、二斗门船闸体现了当时中国水运工程的水平，是江南运河过江运船的要道，是漕粮水运的重要港口。"①

4.3.3 大运河遗产的"真实性"

在评估运河价值的过程中，如何认识大运河遗产的"真实性"是一大难题。"真实性"的概念最早见于《威尼斯宪章》，当时的概念主要针对欧洲文物古迹的保护与修复。此后《奈良真实性文件》对文化遗产的真实性进行解析，文件指出了解文化遗产价值的能力，部分取决于这些价值的资讯来源是否可以被视为可信的与真实的，真实性是作为关于价值所必要之合格因素。《世界遗产公约实施行动指南》中也规定列入世界遗产名录的文化遗产至少应符合突出普遍价值中的一项标准以及真实性标准。"真实性"是整个20世纪文化遗产保护领域最核心的概念与原则。根据世界遗产公约的《操作指南》，提名登录《世界遗产名录》的遗产地要达到设计、工艺水平、材料和环境有关

---

① 中国文化遗产研究院，东南大学建筑设计研究院，等.大运河遗产保护与管理总体规划（2011—2030）规划说明，2011.

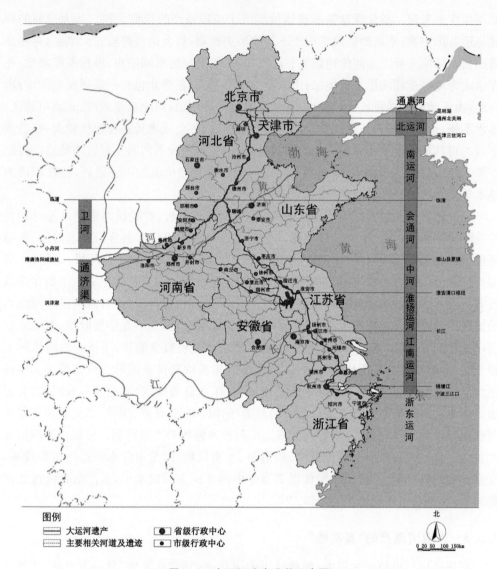

图 4-5 大运河遗产分段示意图
资料来源：中国文化遗产研究院，东南大学建筑设计研究院，等.
大运河遗产保护与管理总体规划（2011—2030）规划说明，2011.

的真实性标准。① 近年来，随着世界范围内对遗产内涵认识的拓展，先后在世界文化遗产中增加了历史城镇、文化景观、文化线路、遗产运河等新的遗产类型。对这些新类型的文化遗产，则不适合套用原来的真实性标准。在这样的背景下，1996 年国际工业遗产保护委员会通过了《国际运河遗产名录》（简称《名录》），该名录"并非各国家申报项目的总和，也不是推荐列入《世界遗产名录》的正式提名。它的作用只是尽力在'专家'层面达成意见共识，帮助世界遗产委员会掌握都存在哪些具有重要价值的遗址、古迹、

---

① 费尔登，朱可托. 世界文化遗产地管理指南[M]. 刘永孜，刘迪，等译. 上海：同济大学出版社，2008：80.

景观、运输航线和廊道。"①《名录》指出:"真实性并不适用于运河这类功能型的结构或形态,因为建造这类结构或形态的首要目的是不断满足经济需求,因而它们总是不断得到维护或部分翻新。1994 年 9 月在加拿大召开的国际专家会议就此所达成的一致意见是:运河所经历的技术变迁本身也是水道遗产的重要组成部分。"②

这样的界定对在大运河遗产保护规划中如何评估遗产的真实性与价值起到了重要的指导作用。大运河的河道在 20 世纪五六十年代以来经过多次改道和拓宽,以应对经济发展、交通运输和水利建设的需要,这些河段运河的驳岸与相关水工设施也多已经过改造或进行了重建,比如江南运河处于河网密布地区,尽管河网水系的整体结构相对稳定,但各级河道随着城镇的社会经济发展频繁发生变动,人们根据城镇发展的需要,随时对运河河道进行疏浚整治甚至改道。沿岸一些曾经存在并具有重要历史文化价值的遗产点也随之灭失,如果按照过去的真实性标准来评价,可以确定为真实性已经受到破坏或已不具有真实性。此外,与国际上其他列入世界遗产名录的运河相比(如里多运河和米迪运河),中国的大运河还具有更加复杂和特殊的自然地理条件。大运河沟通五大水系,在大运河这一运道网上,黄河的地位既重要又特别。黄河多泥沙,善淤、善决、善徙、洪枯比大。黄河这条多泥沙的河流在过去的两千多年间并没有固定在一个河道上,迁徙改道时,北并济水、海河;南夺泗水、淮水。对东西和南北大运河来说,都曾利用过一段黄河行运,为了保证漕粮北运的通道,大运河的修建与运营就是一段同不断迁徙的黄河搏斗的历史,与之相关的河道堤防的建设活动也随之持续发生。在申遗的目标下,《国际运河遗产名录》中的相关阐释,带给了规划编制团队对运河遗产真实性评估的全新视野,在这些不断发生的变化中始终不变的是大运河依然保持着运输的功能,时至今日仍是南北货运的重要通道,因此它的真实性首先就是功能的真实延续,其次是河道的走向和区域性河道位置结构的相对稳定,此外才是单项遗产点的设计、工艺、材料和环境的真实性。

4.4 大运河遗产的现状问题

4.4.1 大运河遗产的保存现状③

4.4.1.1 运河水工遗存保存现状

大运河按河段总长计约 3 200 千米,其中主线约 2 670 千米④,既利用了自然河道

---

① 国际工业遗产委员会.国际运河古迹名录.国家文物局遗产处译本,2000.
② 同①.
③ 本研究按照《大运河遗产保护与管理总体规划》中的遗产分类分析大运河遗产的保存现状。
④ 中国文化遗产研究院,东南大学建筑设计研究院,等.大运河遗产保护与管理总体规划(2011—2030)规划说明,2011.

与湖泊，也有大量的人工水利工程。隋唐通济渠从河南洛阳至江苏洪泽湖，位于河南、安徽两省的大部分河段为遗址，目前已不具有通航功能，这些河道的线路走向自隋唐起变动较少，完整性较好，但部分区域的河道存在水质污染问题；位于安徽淮北的河道存在被道路占压的情况。隋唐永济渠的分布范围自河南焦作小丹河河首九道堰至山东临清会通河（元运河）入卫处，其中少部分为遗址，局段尚存水面，大部分为自然河道，大都不再通航，主要承担泄洪、灌溉的功能。元明清京杭大运河的济宁以北段不通航或断流，其中山东省部分地段主要为灌溉渠道，而河北省大部分河段断流；济宁以南段仍承担着重要的航运功能，而为了满足现代航运需求，对相当一部分河段进行过拓宽与渠化改造，现代河道治理、建设过程与城市美化过程中采取的拓宽、浚深河道和加强、硬化堤岸等措施，对传统运河的形态和景观造成了显著干预。此外还有一些城市的河道出于通航需要，进行过截弯取直绕过城区（如江苏的淮安、常州），在老城区中反而较好地保留了河道的传统风貌，如无锡的清明桥一带。环境污染是河道现状面临的另一大问题，运河河道的水污染主要来自沿河城镇日益增加的排污，以江苏为例，非京杭运河主航道的故道及支线河流，往往存在不同程度的环境污染、垃圾堆积及河道侵占等情况。（如图 4-6，大运河河段的分段现状参见本章 4.6 小节中的表 4.4）

河南鹤壁段卫河（永济渠）现状

山东济宁段大运河现状

江苏无锡清明桥一带运河现状

浙江绍兴段运河现状

图 4-6　大运河各区段现状
资料来源：大运河遗产保护规划项目组资料

除了河道以外，其他的湖泊、水库、泉等水体遗存保存状况较好，但传统的水利工程设施面临着年久失修的态势，且由于过去的水利水运工程建设过程中文化遗产保护的意识不强,拆除了大量水利工程设施遗迹,传统的水工设施遗迹呈现逐渐消失的状态。

4.4.1.2 运河附属遗存、相关遗产保存现状

大运河的附属遗存、相关遗产点、历史文化街区中涉及的遗产数量非常庞大,内涵也十分丰富。如涉及仓库、驿站、漕运管理设施遗存、水文监测设备、沉船遗迹、水运祭祀遗存、碑刻、历史相关古建筑、古遗址、古墓葬、近现代建筑与史迹、历史文化街区等,其中已经公布为文物保护单位或者历史文化街区、纳入国家的法定保护体系下的遗存相对保存状况较好,而尚未纳入国家法定保护体系的文化遗存则面临更多的破坏与威胁。各地在快速城镇化的进程下,存在破坏真实遗存,新建仿古商业性项目的情况。如2010年,镇江运河畔的宋元粮仓遗址尚未完成考古发掘,就因为商住楼盘"如意江南"的建设遭到极大破坏(图4-7)。一些历史文化街区尽管受到相关法律法规的保护,也仍面临着一定威胁,如镇江新河街在运河功能衰落后日益萧条,不少传统民居年久失修,乱搭乱建现象严重,居住条件低下。部分街区周边过度的商业开发和改造,也影响了街区外围环境的真实性。

图4-7 镇江在宋元粮仓遗址上建设的"如意江南"项目
资料来源:http://www.sxlbl.com/news/whxw/20100713/36584.html,最后访问日期:2012-02-29

4.4.2 大运河面对的当代需求

4.4.2.1 南水北调工程

南水北调东线工程是大运河当前面临的主要挑战之一。为解决我国北方地区水资源紧缺问题,南水北调工程酝酿已久。2002年国务院批复了《南水北调工程总体规划》。总体规划提出南水北调工程包括东、中、西三条线路的调水工程。其中东线工程利用江苏省已有的江水北调工程,逐步扩大调水规模并延长输水线路,从扬州附近抽引长江水,利用京杭大运河为输水主干线逐级提水北送,连通沿途作为调蓄水库的洪泽湖、骆马湖、南四湖、东平湖,再继续向北送水。南水北调工程使得大运河的河道将被赋以新的时代功能,使大运河作为国家工程的意义得到延续,也将给大运河带来新

的变异：

　　南水北调工程作为大规模的跨流域调水工程，是大运河自开凿以来又一次对京杭大运河的河道、水利工程设施、区域生态环境施加大规模的人工干扰。东线输水线路地势以黄河为界，中间高，两头低，黄河以南地势北高南低，而水流却要由南向北，为此，从长江到东平湖要设13级抽水泵站，逐级往上提水，总扬程达到65米。过了黄河之后，从黄河到天津地段，地势又变为南高北低，河水也就可以顺流而下了。这样就意味着南水北调工程的实施，将要在运河沿线新建一系列闸站，以江苏为例，苏北运河主航道均为输水主干道，沿线建有江都站、大汕子站、邵伯闸、淮安站、淮阴站、蒋坝站、泗阳站、刘老涧站、皂河站等输水配套设施，一期建设现已基本完成，这些将对运河及其水利工程设施的传统形态造成一定影响（图4-8、图4-9）。此后大运河输水道的水情会产生较大的变化，一方面部分河道的流向发生变化，另一方面部分河段的水位将有一定的提高，水量得到增加，将有可能从根本上解决京杭运河的水源问题，进而也将在区域尺度上改变运河区域的生态环境。

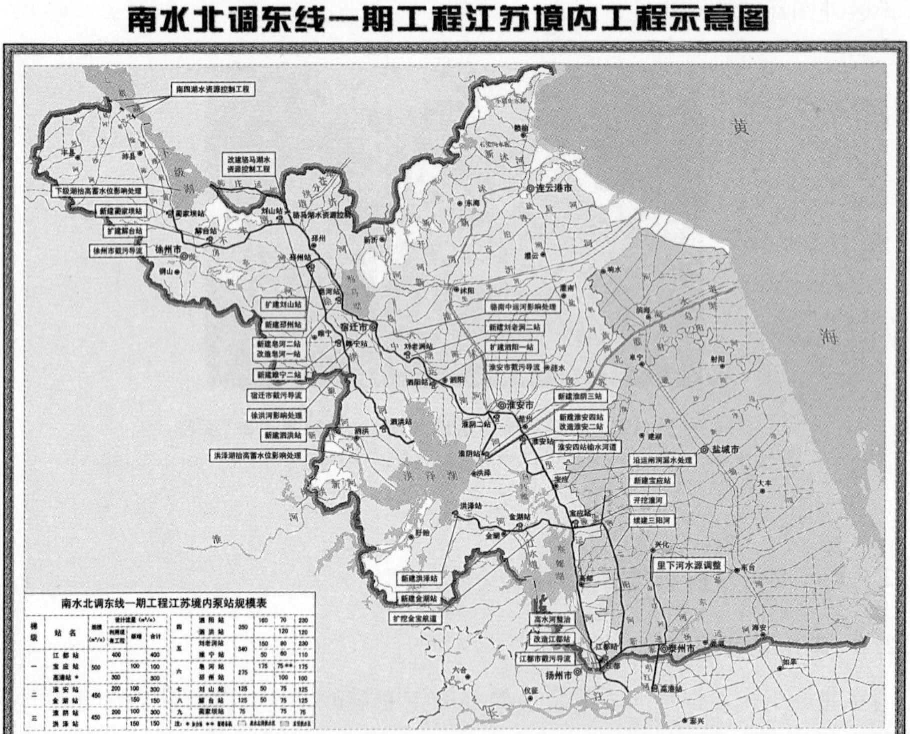

图4-8　南水北调东线工程一期江苏境内工程示意图
资料来源：江苏南水北调办公室

　　南水北调东线工程配套进行了沿线城市的截污导流和河道疏浚工程，总体上有利于大运河的水体和环境质量。南水北调是以城市生活和工业供水为主的调水工程，对水质有严格要求，为此采取的一系列措施将对改善大运河的水质污染，改善环境质量

南水北调东线工程——淮安水利枢纽　　　　　航运交通枢纽——杭州三堡船闸

图 4-9　大运河上的当代水利、航运枢纽设施

资料来源：大运河遗产保护规划项目组资料

有积极的作用。

此外，南水北调工程对大运河文化遗产的保护既是机遇也是挑战。如由于水位水压的变化，对运河沿线病险涵闸的除险加固是南水北调东线工程的重要配套内容。而对具有历史和科技价值的水工设施，对其进行除险加固就有可能对其价值造成影响；南水北调工程涉及范围还影响到大量其他的文物点，在编制南水北调工程相关规划设计的过程中，先行进行了沿线文物普查和工程影响评估。尽管仍面对很多实际保护问题，但通过南水北调工程也引起了对大运河遗产保护的重视并带来了更多的经费投入。

4.4.2.2　内河航道运输

水运在国家运输体系中具有运价低、运量大、耗能省、占地少、污染小等优势，且因较少受到气候和灾害影响而成为国家保障性运输的主体。在我国的内河水运发展的体系里，京杭运河在跨地区能源运输、沿河产业布局、流域经济发展和水资源综合利用等方面发挥着重要作用，是当代"北煤南运"的主要运输通道，也承担了运输大宗建材、工业原材料、农用物资等任务。扩大水运能力也是国家"十一五""十二五""十三五"规划的既定发展目标之一，在 2007 年国务院通过的《全国内河航道与港口布局规划》中将京杭运河(东平—杭州)列入"两横一纵两网十八线"国家高等级航道，也是我国水运网络中唯一的南北向大通道，是沟通长江干线、长江三角洲高等级航道网和其他主要干支流的通道，在全国内河航道网络中具有极其重要的地位和作用[1]。目前，京杭运河通航河段北端始于济宁市，南至杭州三堡船闸沟通钱塘江，总通航里程约 1 050 千米[2]，流经山东、江苏、浙江三省。

根据《京杭运河航道建设规划》(2011—2015)，航道建设的目标是："到 2015 年，实现京杭运河东平至济宁段千吨级船舶通航，基本完成江南段 304.3 千米航道'四改三'

---

[1] 董文虎，等.京杭大运河的历史与未来[M].北京：社会科学文献出版社，2008：345.

[2] 交通部规划研究院.京杭运河航道建设规划(2011—2015)环境影响评价简本公示.[2011-10-27]. http://www.jscd.gov.cn/art/2010/7/19/art_4561_460190.html.

和湖西航道59千米二级航道工程建设,打通碍航瓶颈段,使京杭运河成为一条畅通、高效、安全、绿色的内河水运大通道"①。此外南水北调工程与航运工程实际上在很多区段是结合实施的。通过南水北调工程,增加了航运的用水量,以达到更高级别的航道标准,且航运的保证率也得到提高。

京杭运河山东段、江苏段、浙江段积极地开展航道扩容工作。如江苏的苏北运河已全部扩容为二级航道,苏南运河正在由四级航道扩容为三级航道,而浙江段的四级航道扩容为三级航道的工作逐步实施。这意味着对航道进行拓宽或改道,对船闸进行扩容,也就意味着大运河及相关水工设施的原有形态持续产生较大的改变(图4-9)。

4.4.2.3　区域水资源利用

除了调水与航运,区域的水资源利用也是大运河需要面对的现实问题。区域水资源利用情况主要通过流域综合规划安排。流域综合规划是根据经济社会发展需要和水资源开发利用现状编制的开发、利用、节约、保护水资源和防治水害的总体部署,是对整个流域水利、交通、生态环境等问题的综合规划。大运河涉及的海河流域、淮河流域、太湖流域等都编制了综合规划以指导区域的水资源开发利用。

以江苏的大运河遗产为例,就涉及《太湖流域综合规划(2010)》与《淮河流域综合规划(2010)》。在淮河流域综合规划中规划有与大运河相关的洪泽湖大堤加固工程、洪泽湖东北、西北、西南岸的蓄滞洪区建设、分淮入沂整治、入江水道整治、入海水道二期(以上为近期工程)和中运河扩大工程(远期)。而在太湖流域治理工程规划中,规划有新孟河延伸拓浚工程、新沟河延伸拓浚工程、吴淞江工程、太浦河后续工程等新建跨运河立交工程。这些相关流域的流域综合规划都可能对大运河遗产的保护与发展产生影响。

4.5　大运河遗产的保护区划

在文物保护单位的保护中,保护区划的划定是文物保护单位得以有效保护的重要手段,保护区划的划定也因此成为保护规划的核心工作。划定保护区划需以前期的研究与价值评估为基础,并受到相关法律法规的约束。大运河文化遗产保护规划采用的是文物保护规划的基本体例和思路,因此保护区划的划定是三个阶段的大运河遗产保护规划中的核心内容,也是对大运河遗产加以保护管控的主要手段。

4.5.1　分级规划中的保护区划

4.5.1.1　三级保护规划中的保护区划关系

如前文所述,大运河遗产保护规划分为三个阶段。后一阶段的保护规划是前一阶

---

① 交通部规划研究院.京杭运河航道建设规划(2011—2015)环境影响评价简本公示.[2011-10-27]. http://www.jscd.gov.cn/art/2010/7/19/art_4561_460190.html.

段保护规划的总成和提炼。截至 2011 年 3 月，一阶段 35 个地市级大运河遗产的保护规划已经由地方人民政府批准公布了 20 个[①]。而在一阶段地市级保护规划、二阶段省级保护规划和三阶段保护与管理总体规划中都划定了运河遗产的保护区划，并制定了相关管理规定。三个阶段的保护区划之间存在怎样的关系，当出现不一致时应以哪一个阶段的保护区划为准，是规划中需要明确的问题。

三阶段《大运河遗产保护与管理总体规划》中规定：为了统一、协调大运河遗产全线的保护管理要求，在调整、整合第一阶段规划的区划成果的基础上，原则划定中国大运河遗产保护范围和建设控制地带；大运河遗产保护范围和建设控制地带的具体界线，应在省级规划中细化、落实。省级规划确定具体界线时，应符合本规划的保护区划界划原则和分区管理规定的要求[②]。

二阶段的省级保护规划中有关保护区划的说明以江苏省为例：本规划为省级大运河遗产的总体保护规划，所划定的保护区划以指导性、原则性为主。鉴于各市级大运河遗产保护规划已结合各地经济社会条件和城乡建设的不同情况划定了更为具体的遗产保护范围。各市应根据本规划的指导性要求对本市大运河遗产保护规划中的保护区划和保护要求进行评估，如与本原则无重大矛盾的，按市级规划执行。如存在重大矛盾，应适时启动修编程序，根据本规划的指导性要求，结合实际，对市级大运河遗产的保护区划和相关要求进行调整[③]。

而从保护区划的分类划定原则来看，运河水工遗存中为遗址、遗迹的或相关遗产点、相关历史街区的参考不可移动文物的划定原则和执行历史街区相关的法规规定；对已公布和划定保护区划的不可移动文物和历史文化街区以直接采纳有关区划为主，对其中不合理的可以提出调整意见，对这部分遗产的保护区划由于已有较长时间的保护经验，因此并无太多争议。在所有大运河遗产中最具有特殊性的是运河水工遗存中仍在南水北调、航运、区域水资源利用这些方面发挥着作用的河道和水利工程，对这一类遗存《大运河遗产保护与管理总体规划》中规定：运河水工遗存为现状水域或在用工程的，按照现行各省、市相关法规、规章中规定的河道管理范围或水利工程管理范围划定保护范围；缺乏明确规定的，参照同一条河流的其他省、市的规定；仍无法确定的，参照宽度、堤防情况类似的其他运河水工遗存[④]。

尽管三个阶段的保护规划中遗产分类有所不同，但这些划定原则在三个阶段的保护规划中基本没有差异。从以上内容可知，省级与总体规划中的保护区划的主要目的是统一标准，而真正具操作性的保护区划实际上仍以一阶段地市级规划划定的为主。

---

① 中国文化遗产研究院，东南大学建筑设计研究院，等. 大运河遗产保护与管理总体规划（2012—2030）规划说明，2011.
② 同①.
③ 东南大学建筑设计研究院. 中国大运河江苏段遗产保护规划（2011—2030）规划文本，2011.
④ 同①.

4.5.1.2 保护区划的划定

1) 地市级保护规划中的保护区划划定

除了一般文物保护区划的划定中应遵循的考虑历史环境的完整性,尽量沿用道路、河流、建筑等既有边界等原则外,运河遗产由于其类型十分广泛,还必须考虑涉及的其他相关行业与领域。一阶段编制要求对地市级保护规划中保护区划的划定因此有两个主要的特点:

一是重视保护区划中的法制原则:由于大运河遗产保护对象的复杂性,涉及不同部门的各种法规与条例,一阶段地市级保护规划已经提出遵循法制的原则,尽可能在既有的法律框架下由不同主管部门根据各自的法律法规、相关规划共同管理和保护大运河遗产。针对水利工程遗产和河道的保护区划,《一阶段编制要求》规定根据价值评估并参照《中华人民共和国防洪法》(简称《防洪法》)和各地水利工程管理条例的规定划定,其中比较重要又不与航道、防洪、灌溉、南水北调发生尖锐冲突者可划入重点保护区,其余为一般保护区;针对包括历史文化名城、名镇、名村在内的运河聚落,则遵循文物保护法和城乡规划领域的相关法律法规,以已经划定的历史文化街区的边界为运河聚落保护区边界,其中未编制保护规划的由地市级大运河遗产保护规划在评估的基础上完成边界划定;对其他物质文化遗产,已成为文物保护单位的其保护范围和建设控制地带即为该物质遗存作为大运河遗产的保护区,由大运河遗产规划推荐纳入文物保护单位名单的物质文化遗存,则参照《文物保护法》的要求划定其保护范围和建设控制地带;而对大运河遗产的生态和景观环境区,则没有规定必须划定,而是提出由大运河遗产保护规划通过对环境的具体评估视需要划定①。

二是突出大运河遗产保护带的概念:由于涉及行业的广泛,以现有的法律法规为依据还体现在保护区划的多种概念类型上。在运河相关物质遗产中那些已经确定为文物保护单位的,其保护区划根据文物保护法为保护范围和建设控制地带;而在运河聚落遗产上则还需遵守城乡规划领域的《历史文化名城名镇名村保护条例》和其他相关法规中的核心保护范围、建设控制地带等概念;对于水工遗产中的河道在《防洪法》和各省的水道管理条例中都有水利部门管理范围的概念……为了体现大运河遗产保护规划的法规性依据是现有的相关法律法规的叠加和整合,《一阶段编制要求》没有将不可移动文物的保护范围与建设控制地带概念应用于大运河遗产的整体,而采用"大运河遗产保护带"这一概念来尝试容纳上述类型,允许各类大运河遗产的保护区划有重叠和涵盖,各类区划叠加后的边界即大运河遗产保护带的边界。

但是编制要求中的这些规定落实到规划中却得到了编制团队不同的理解,在规划成果中呈现出多样化的表达。其中分歧最大的是河道的保护区划。河道的线型特征决定了它的保护区划将涉及广大的地域,河道本身的主管部门为水利与交通部门,而

---

① 中国文化遗产研究院,东南大学.大运河遗产第一阶段保护规划编制要求(试用),2008.

其保护区划涉及的沿岸区域又牵涉到城乡规划、国土资源等管理部门，其中的利益关系极为复杂，所以它的保护区划的划定不同于其他类型的文化遗产。虽然在一阶段编制要求中已经有所规定，各规划团队由此形成的共同认识是根据价值评估的结论区分重点保护区与一般保护区，但是各个规划团队对河道的保护区划的具体划定方式和其中管控力度的把握还是有所差异。从一阶段 35 个城市保护规划的成果看存在三种主要的处理方式：

第一种为河道的保护区划中，重点保护区与一般保护区在地理空间上是并列关系，即对一段河道只划定重点保护区或者一般保护区，而在重点保护区或一般保护区的外围，根据评估视需要划定一定的生态和景观环境区（如江苏大部分城市、浙江各城市、河南各市）。

第二种为河道的重点保护区与一般保护区在地理空间上也是并列关系，但在保护区外围根据评估情况再划定建设控制地带（如河北各市）。

第三种是对某些位于郊外的河段周边为非建设用地，受到城镇建设威胁较小的区域只画重点保护区一条线，而对某些面临较大建设威胁的河段除了在重点保护区外划定一般保护区再加设建设控制地带（如安徽宿州、淮北市）。

这几种方式一方面受到不同河段的保存现状的影响，如安徽、河南两省的大部分河段目前是遗址，不再承担航运的功能（但有些仍然承担基本的泄洪、灌溉等功能），另一方面也体现出规划编制团队对河道遗产属性的认知差异，是将之作为一种不同于传统文物保护单位的文化遗产还是以类似文物保护单位的概念来对待。（表 4.3）

表 4.3 地市级大运河遗产保护规划中的几种保护区划模式

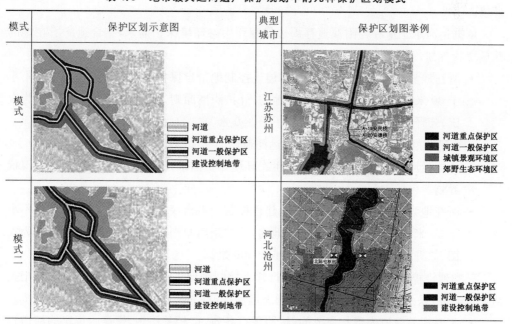

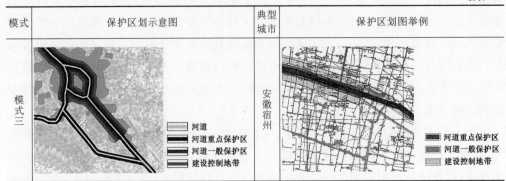

资料来源：笔者根据一阶段 35 个地市级的大运河遗产保护规划的成果整理绘制

2）总体规划中的建设控制地带划定

这种对保护区划标准不一的局面，到了三阶段规划得到了统一，从保护区划划定的标准看，《大运河遗产保护与管理总体规划》要求对各类的大运河遗产都应划定保护范围与建设控制地带。由于较各省级规划先提交规划初步成果，总体规划也先从全国层面对一阶段保护规划中的认识差异予以统一，为各省级规划的后续编制明确了方向。各类遗产保护范围的划定原则与一阶段编制要求中的各类保护区并无本质差异，比较大的差异在于总体规划中提出了要在保护范围外划定建设控制地带的要求，并明确了划定标准。

大运河遗产的建设控制地带划分为一类、二类、三类建设控制地带，其中：

一类建设控制地带：适用于大运河遗产的运河水工遗存与附属遗存的紧邻周围环境。

依据运河水工遗存与附属遗存周边景观和生态环境保护需求，结合遗产所在地的建设现状界划。

- 所在地为城市和镇的建成区的，建设控制地带自保护范围外扩距离原则上不小于 30 米；所在地为农村建设用地的，外扩距离原则上不小于 80 米；所在地为农田、郊野的，外扩距离原则上不小于 300 米。

二类建设控制地带：适用于列为大运河遗产的相关遗产的紧邻周围环境。

- 依据运河相关遗产周边景观和生态环境保护需求，结合遗产所在地的建设现状界划。
- 所在地为城市和镇的建成区的，建设控制地带自保护范围外扩距离原则上不小于 30 米；所在地为农村建设用地的，外扩距离原则上不小于 80 米；所在地为农田、郊野的，外扩距离原则上不小于 300 米。

三类建设控制地带：适用于必须进行建设控制的但未列为大运河遗产的主要相关河道及遗迹，以及规模巨大的、列入中国大运河遗产的湖泊/水库遗存。

- 主要相关河道为现状河流的，按照现行各省、市相关法规、规章中规定的河道管理范围划定三类建设控制地带。

- 主要相关河道现为遗址、遗迹的,按照不可移动文物保护范围的界划原则划定,即包含遗存本体及安全距离。
- 洪泽湖按水域范围划定,不含洪泽湖大堤、通济渠(汴河)淮河口段已划入保护范围的区域。①

该建设控制地带的划定标准在随后的各省级规划中也得到了贯彻(国家文物局给各省级规划的批复意见中明确了这一要求,详见附录)。其中一类、二类建设控制地带是根据大运河遗产在体现水利工程技术特性价值中的重要性加以区别对待,而三类建设控制地带的作用是确保大运河保护的区域是连续的线型空间,将未能在总体规划中列入大运河遗产的相关河道、湖泊、遗迹等纳入控制区域,但是建设控制地带的控制尺度(30米、80米、300米)并没有经过严密的研究与推敲。

4.5.2 保护区划的管理规定

4.5.2.1 地市级保护规划中的管理规定

保护区划只有与管理规定相配合才具有管控的现实意义。大运河其他物质文化遗产和聚落遗产的管理规定可以遵循或参照不可移动文物和历史文化街区的管控要求制定,面对大运河承担的当代职能,最有别于以往的也是河道和水利工程遗产的管理规定的制定。针对这类遗产,从一阶段编制要求和各城市的规划成果来看,尽管各城市的管理规定的具体内容有所差异,但都遵循以下两个共通原则:

不改变现有的遗产管理权属:对仍在航运、防洪、行洪、灌溉、供水等方面发挥作用的河道和大运河水利工程遗产仍由原水利及交通主管部门按其原有管理范围进行管理。在已失去功能的遗址类大运河水利工程遗产中,价值突出、保存状况较好的可推荐为文物保护单位的,公布后根据级别划归相应的文物主管部门管理。

增强文物主管部门的介入与监管:除了保持和延续原主管部门对在用的河道和水利工程遗产的管理,各个地市级的保护规划普遍要求增强文物主管部门的介入、辅导与监管作用。

但是各个城市的管控要求也在以下两个方面有所区别:

文物部门的介入程序/方式存在差异:总体而言,对仍在发挥作用的河道和水利工程遗产的管理规定与已经成为遗址的是两类完全不同的处理方式。针对这两种类型,受到运河各区段的保存现状、管理现状的不同和规划团队的认识差异的影响,对文物部门在何种阶段以何种形式介入河道和水利工程遗产的管理,各个城市也有不同的要

---

① 中国文化遗产研究院,东南大学建筑设计研究院,等.大运河遗产保护与管理总体规划(2011—2030)规划文本,2011.
在最初于2010年12月提交的初步成果中,这三类建设地带的顺序是颠倒的,后根据专家意见为便于理解在顺序上做了调整,即在12月的成果中一类建控地带适用于必须进行建设控制的、未列为大运河遗产元素的主要相关河道及遗迹,以及规模巨大的、列入大运河遗产元素的湖泊/水库遗存,三类建控地带适用于大运河遗产的运河水工遗存与附属遗存的紧邻周围环境。

求。如浙江的河道目前面临航道"四改三"的实施,而浙江各城市要求对发生在在用的河道和水利工程遗产的保护区划内的重点保护区的各类新建、扩建、改建的建设项目,包括各类水利开发、防治水害、整治疏浚河道的水工程和桥梁、码头、道路、市政设施、民用建筑以及其他公共设施的建设,在申报时和批准前都必须征得省级文物主管部门同意;如果发生在一般保护区,则在申报时和批准前应征得当地文物主管部门的同意。同样运输极其繁忙的江苏段,各个城市的处理方式都有差异。对发生在重点保护区的各类新、改、扩建项目,有要求申报时和批准前全部都要经过省级文物主管部门同意的(扬州、镇江、苏州、常州、徐州市),也有对水利及交通部门的维修、养护、加固和小规模更新放宽要求,只提出应尽可能保持自然堤岸环境(淮安、宿迁市)。类似的情况也存在于一般保护区的管理规定中,有要求各类建设项目在申报时和批准前征得当地文物主管部门同意的(徐州市),也有要求事后当地文物主管部门备案的(如扬州、镇江、苏州、常州、淮安、宿迁市)。江苏八个城市中,无锡市的做法比较特殊,提出由政府部门成立大运河(无锡段)保护与发展委员会负责保护和建设无锡段遗产中的水利水工类遗产,相关职能部门负责实施。保护区内的重大新建、扩建、改建项目,应经省级文物主管部门批准后由各相关主管部门负责建设实施。其他新建、扩建、改建项目,需经过大运河(无锡段)保护与发展委员会同意,由各相关主管部门负责建设实施。山东段的运河济宁以北基本不通航,不通航的河段有些仍作为其他功能性河道,承担输水、排灌、行洪等功能,有些则完全丧失以上功能,或被废弃或被填埋,各市规划中文物部门的介入方式也比较多样,对在用河道和水利工程遗产的把握尺度相对比较宽松,有的只要求重点保护区的新、改、扩建项目申报立项必须报市级文物主管部门与市级相关水利或交通主管部门批准与备案;一般保护区内市级文物主管部门对水利、交通部门管理过程中所涉及的遗产保护问题给予专业指导(济宁市)。而对于遗址型的河道,则推荐其后续公布为文物保护单位,根据文物保护法的相关要求制定管理规定(济宁、聊城、泰安等)。河北、河南、安徽几个省份也采用了这种类似于文物保护单位的保护方式对待遗址型河道。

对各类建设活动的管控力度存在差异:地市级规划中,各城市都认识到对在用的河道和水利工程遗产而言,进行水利工程建设和航道建设是不可避免的,但对河道保护区内除此以外的其他工程和建筑的建设却持不同的态度。有一些城市允许在河道的重点保护区和一般保护区内进行其他工程建设,但要求通过省级或市级文物主管部门的同意(如浙江各市);也有一些城市将河道的保护区作为禁止或限制建设区,除了水利、航运、防洪设施只允许建设景观绿化配套设施,或在不影响遗产本体安全性的前提下作为林业、农业生产用地(如镇江、徐州以及宿迁、淮安的部分区域)。而那些以文物的保护方式来保护的河道遗址,则按照文物保护法对河道的保护范围和建设控制地带中的建设工程提出了严格的控制要求。

4.5.2.2 总体规划中的管理规定

在第三阶段的总体规划中,规划的基本策略里提出"明确大运河遗产受法律保护的地位,原则划定中国大运河遗产的保护范围和建设控制地带,作为具体确定其法定保护界线的基本依据,受《中华人民共和国文物保护法》的保护",并确定"遗产的构成内容、保护区划、管理规定为强制性内容"。规划制定的管理规定除了允许特定类型的工程开展,如河道、水利工程遗产开展防洪、航道疏浚、水工设施维护等(但对上述工程的开展提出一些原则性控制要求,如实施河道工程不得改变河道总体走向),与一般的文物保护规划并无太大差别,并且从全国的层面统一了文物部门介入的方式、管控的力度与标准。总体规划制定的管理规定如下:

1) 保护范围的管理规定

对保护范围的统一管理规定:

- 在中国大运河遗产的保护范围内,除防洪、航道疏浚、水工设施保护和维护等工程外,不得进行其他建设工程或者爆破、钻探、挖掘等作业。
- 在中国大运河遗产的保护范围内不得建设污染大运河遗产及其环境的设施,对已有的污染大运河遗产及其环境的设施,应当限期治理。
- 在中国大运河遗产的保护范围内不得进行可能影响遗产安全及其环境的活动,对已有的危害大运河遗产安全、破坏遗产环境的活动,应当及时调查处理。
- 在中国大运河遗产的保护范围内实施大型水利、航道工程,应进行文化遗产影响评价。
- 在中国大运河遗产的保护范围内,除汛期时服从防洪调度需求的特殊情况外,不得损害或清除运河历史遗存或其他文物古迹。

运河水工遗存与附属遗存保护范围管理规定:对在用运河水工遗存的日常保养和维护,包括河道与水库治理、水工设施养护、航道建设等,总体规划确定应符合《中华人民共和国水法》《中华人民共和国防洪法》《中华人民共和国环境保护法》《中华人民共和国航道管理条例》《中华人民共和国河道管理条例》等法律、法规的规定。

- 在用运河水工遗存的使用者应识别、尊重、保存被使用的遗存在外形和设计、材料和实体、用途和功能、方位和位置各方面留存至今的历史信息。
- 鼓励运用非工程措施提高河系防洪能力。
- 鼓励在工程中使用大运河遗产历史上各区段所采用的、符合地方特点的传统技术、传统材料、传统结构和传统工艺。
- 实施河道工程,不得改变河道的总体走向,并尽可能维护重点保护区内的河道形态和传统堤岸。

而对遗址遗迹类或废弃的运河水工遗存以及运河附属遗存,总体规划明确应符合《中华人民共和国文物保护法》的规定,遵循"不改变文物原状"的原则。

- 保护运河河道遗迹和水柜遗址,对现状为遗址遗迹的河道、湖泊/水库遗存,不应重新通水、通航,如有特殊情况必须通水、通航的,应按照文物保护工程管理工作的规定程序,履行管理报批手续。
- 严格保护废弃水工设施和运河附属遗存,尤其应注重保护它们在用途和功能、方位和位置方面留存至今的历史信息，当前的利用功能应与其价值相符，重点保护区内的废弃水工设施和运河附属遗存不得拆除、迁移、重建。

2）建设控制地带的管理规定

对建设控制地带的统一管理规定：

- 在中国大运河遗产建设控制地带内不得建设污染大运河遗产及其环境的设施，对已有的污染大运河遗产及其环境的设施，应当限期治理。
- 在中国大运河遗产的建设控制地带内不得进行可能影响遗产安全及其环境的活动，对已有的危害大运河遗产安全、破坏遗产环境的活动，应当及时调查处理。
- 进行建设工程，应按照《中华人民共和国文物保护法》第二十九至三十二条规定，由建设单位事先报请省、直辖市人民政府文物行政部门组织从事考古发掘的单位在工程范围内有可能埋藏文物的地方进行考古调查、勘探。
- 考古调查、勘探中发现文物的，由省、直辖市人民政府文物行政部门根据文物保护的要求会同建设单位共同商定保护措施；遇有重要发现的，由省、直辖市人民政府文物行政部门及时报国务院文物行政部门处理。
- 在中国大运河遗产的建设控制地带内实施大型建设工程，应进行文化遗产影响评价。

对一类建设控制地带管理规定，规划还指出除执行中国大运河遗产建设控制地带统一管理规定外，还应执行以下管理规定：

- 不得进行任何有损大运河遗产历史环境和空间景观的建设活动。
- 不得修建风格、体量、色调等与大运河遗产不协调的建筑物或构筑物。

而除了按照规划制定的建设控制地带统一管理规定执行外，对适用于大运河相关遗产的二类建设控制地带还确定应符合大运河遗产保护省级规划或专门编制的该相关遗产的保护规划中的有关规定。

对三类建设控制地带内的用地性质控制和调整提出管控要求：

- 不得进行除基础设施、文物保护设施、水工程设施之外的任何工程建设活动。
- 现状为非建设用地的，不得改变用地性质；现状为建设用地的，应逐步调整其用地性质为非建设用地。①

虽然在一阶段的地市级规划中，各地市管理规定的管控力度因地而异，但是这种状况经过第三阶段的总体规划后应该说已经发生了彻底的改变。在2012年年初国家文物局给各省段规划的评审意见中要求各省段规划的"遗产认定、保护原则、保护区划界划及管理规定、规划措施等，应与《大运河遗产保护与管理总体规划

---

① 中国文化遗产研究院，东南大学建筑设计研究院，等. 大运河遗产保护与管理总体规划（2011—2030）规划文本，2011.

(2010—2030)》相衔接"①。如此一来可以看出大运河遗产保护规划除了对水利、交通方面的相关工程建设适度放宽了要求，与一般的文物保护规划一刀切的保护方式已经没有太大差别。

4.6 大运河遗产保护规划的分段编制情况

本章前几小节分析了大运河遗产从一阶段地市级规划到三阶段总体规划的主要规划内容。这其中包含了一些纵向推进过程中规划思路的演变。而大运河遗产（主要指河道）在不同区段还具有不同的保存现状，加上不同的规划团队具有不同的主观认识，在横向上也影响了不同地市的一阶段规划成果，本节对各段的大运河遗产保护规划一阶段成果情况加以总结。（表4.4）

表 4.4 大运河各河段保存现状

大运河河段	分布区域	保存现状	当前承担的主要功能
通惠河	北京	部分线路断流，其余湖泊、河道连贯，已不通航	基本水利
北运河	北京、河北、天津	大部分河道连贯，但已不通航	南水北调、基本水利
南运河	天津、河北、山东	部分河道连贯，部分干涸，已不通航	南水北调、基本水利
会通河	山东	济宁以下段落通航，济宁以上段落河道为遗址或存有水面，但不通航	航运交通、基本水利
中运河	山东、江苏	河道连贯并通航	南水北调、航运交通、基本水利
淮扬运河	江苏	河道连贯并通航	南水北调、航运交通、基本水利
江南运河	江苏、浙江	河道连贯并通航，局部呈网络状段落	航运交通、基本水利
浙东运河	浙江	河道连贯并通航，局部呈网络状段落	航运交通、基本水利
卫河（永济渠）	山东、河北、河南	少部分为遗址，局部尚存水面，大部分为自然河道，大都不再通航	基本水利
通济渠（汴河）	河南、安徽	大部分为地下遗址，地面仅有少量水面	基本水利

* 说明：基本水利功能包括行洪、排涝、农业灌溉等

资料来源：笔者根据一阶段35个地市级的大运河遗产保护规划整理总结

各地市级规划团队根据规划范围内的大运河遗产保存现状，采用了不同的规划处理方式，下面对规划各环节中核心的价值评估和保护区划划定中争议最大的河道区划情况进行分析。

北京市

- 价值评估：采用定性与定量评估结合的方法，从历史价值、文化价值、科学价值三个方面评估单项遗产的价值，再加以综合评分，并对北京大运河遗产的价值进行整体论述。
- 河道保护区划划定：保护范围外划建设控制地带。

---

① 国家文物局.文物保函〔2012〕37号.关于大运河江苏段遗产保护规划的批复.

天津市
- 价值评估：从文物价值（历史、艺术、科学）和社会价值评估大运河遗产的整体价值，并根据一阶段编制要求的分类，对各类价值中的单项遗产加以分级和评估。
- 河道保护区划划定：保护范围外划建设控制地带。

河北省
- 价值评估：采用定性评估的方法，结合分级，以文字论述为主，分别针对大运河水利工程遗产、大运河其他物质文化遗产进行评估。对大运河水利工程及相关文化遗产从历史价值、文化价值、科学价值三个方面展开评估，大运河相关的其他文化遗产从文物价值与社会价值加以评估。
- 河道保护区划划定：根据价值评估情况划定重点保护区或一般保护区，外划建设控制地带。

河南省
- 价值评估：根据一阶段编制要求中确定的几大类大运河遗产类型来分类阐释价值，但不包含生态和景观环境的价值，在各项遗产分类中并没有进一步明确历史、文化、科学等价值构成，而以文字阐释的定性描述为主。
- 河道保护区划划定：根据价值评估情况划定重点保护区或一般保护区，外划生态和景观环境区。

山东省
- 价值评估：德州市从历史、艺术、社会、科学、使用价值来评估大运河遗产，使用价值所包含的因子①中含有考查该段运河所连接的水系及通航区域和在现状情况下的作用的因子，并选用 AHP 法进行定性与定量相结合的价值评估，对德州大运河的整体价值评估比照了世界遗产的遴选标准。其他城市的评估方法则与德州有所区别，尽管在最终的文本中并不是都有所表述（仅济宁有表述），但在评估中都注意了参照世界遗产的遴选标准，此外都采用了整体与分类评估结合的方法。对大运河遗产整体价值的评估没有完全拘泥于文物保护单位的文物价值与社会价值，且主要关注大运河遗产在彰显中国运河文化中的发明创造方面的价值；运河在历史上的社会、经济发展中的作用；对文化交流、宗教迁移的影响；在选址、利用自然中表现出的科学技术价值。其中济宁、枣庄市评估了运河水工遗产在今天现实条件下的使用价值和可持续利用价值，聊城市评估了大运河遗产的旅游价值。
- 河道保护区划：德州根据价值评估，只划定重点保护区或一般保护区；其他城市根据价值评估情况划定重点保护区或一般保护区，并根据评估在需要的河段保护区外再划生态或景观环境区。

---

① 该四项因子分别为：对大运河发展的突出贡献、所连接的水系及通航区域、在当时运河工程体系中的作用、现状情况下的作用。

安徽省
- 河道价值评估:在文物保护规划价值评估的基础上,将价值构成认定为历史、文化、艺术、科学四大类进行定性的文字阐述。
- 河道保护区划:对位于郊外且周边为非建设用地,受到城镇建设威胁较小的河段只划重点保护区,而对面临较大建设威胁的河段,在重点保护区外划定一般保护区再加划建设控制地带。

江苏省
- 价值评估:开展的价值评估工作比较细致,方法多样,普遍按照一阶段编制要求中确定的几大类大运河遗产类型采用整体与分类评估结合的方法并结合分级,镇江、常州利用 GIS 技术采用了定性与定量结合的方法。淮安、无锡、苏州、徐州、扬州在分类遗产评估中采用了分级方法;常州、淮安、宿迁在整体价值评估中结合了世界遗产的遴选标准进行论述;无锡、常州在根据遗产分类的基础上进一步将大运河遗产的价值构成确定为历史、文化、艺术、科学、社会几类,并注意到在上述类别的二级评价因子中考查是否具有教育、精神、旅游等方面的精神价值和情感寄托价值。仅有苏州在价值评估中提及了大运河在当代航运中的作用,其他城市即使涉及大运河作为交通干道的价值及其在社会经济领域的价值,也多是论述运河在历史上发挥过的作用。
- 河道保护区划:根据价值评估划定重点保护区或一般保护区,并根据评估在需要的河段保护区外再划生态或景观环境区。

浙江省
- 价值评估:按照一阶段编制要求中确定的几大类大运河遗产类型来分类阐释价值,都评估了大运河遗产的生态和景观环境价值,但是在各项遗产分类中没有按照文物的历史、文化、科学等价值构成来进行评估,以定性的逐条阐释的文字描述为主,最终将大运河遗产的价值归结为运河对运河城镇的形成的作用,对地方社会、经济、文化发展的影响,对促进文化传播和交流的作用,在水利工程技术上的成就几个方面。个别城市(绍兴)评估了大运河在当代的使用价值和可持续利用价值。
- 河道保护区划:根据价值评估划定重点保护区或一般保护区,并根据评估在需要的河段保护区外再划生态或景观环境区。

4.7 小结

我国的文物保护规划借鉴了《巴拉宪章》,强调以价值评估作为制定保护措施的基础。大运河遗产保护规划是在申遗的目标下,在文物保护规划的基础上进行的一次对新型文化遗产的保护规划探索。随着规划工作的推进,可以看到,申遗对规划产生了影响,推动了对大运河遗产开展全面的普查和保护规划编制工作,并将国际上对运河遗产的价值评估标准引入大运河遗产特别是水工遗产的价值评估中,客观上促使规划团队拓宽了价值评估的维度。在一阶段的地市级规划中,虽然标准不统一,但进行了有益的尝试,除了关注运河在人类的文明进程中的技术进步和贡献,也有少数城市注意到运河的景观价值、旅游价值、当代使用价值等,从而对以往文物保护规划的价值视野有所突破。《大运河遗产保护与管理总体规划》根据《国际运河遗产名录》,最终确定大运河遗产价值应由技术、经济、社会和景观四个方面构成,将运河遗产的核心特性确定为工程技术特性,重视各类要素相互关联而构成的水利工程遗产的系统价值,并提出了河道分区段的概念,更有助于根据历史和自然地理条件,系统评估大运河遗产的价值。

但总的来说,大运河遗产保护规划并没有摆脱文物保护规划原有模式的束缚,确定保护对象—价值评估—现状问题评估—保护区划划定(管理规定)的技术路线仍沿袭了文物保护规划的单向线性过程,只是在某些环节上和一般的文物保护规划相比有所不同。在价值评估方面较一般文物的价值类型进行了拓展,强调引入水利史研究人员和采用定量分析等技术方法使得对大运河遗产的价值评估更加科学与深入;在遗产构成确定方面,结合我国文化遗产保护体制和世界遗产中运河遗产的技术特性,将大运河遗产的构成要素最终界定为运河水工遗存、运河附属遗存、运河相关遗产三大类,涵盖的遗产要素涉及了我国当前各种法定保护对象。但是在解决大运河遗产面对的主要矛盾,即大运河当前仍需要承担南水北调和航道运输等功能,大运河是不同于一般文物的"活态"遗产的问题上,保护规划除了根据水利部门的法律法规划定保护区划,对水利和航运的有关工程放宽管控要求,其他的管理规定则与一般文物保护规划没有本质差别。

5 大运河遗产保护规划编制的反思与改进

大运河遗产保护规划编制完成后,评价规划的科学性,取决于规划对现实的复杂问题的解决能力,规划是否能被政府、规划者乃至公众所接受,并能有效的实施。在我国的行政管理体制下,政府是规划管理的执行者,其对规划的认可程度和实施手段的掌握,直接影响到规划的科学性和可行性。《大运河遗产保护与管理总体规划》(简称《总体规划》)于 2010 年 12 月提交初步规划成果,同时,伴随规划编制遴选得出的"大运河申报世界文化遗产预备名单"(申遗点段)也向相关部委征求了意见。在随后国务院各相关部委的反馈意见中发现,相关部委就申遗预备名单和大运河遗产保护规划提出了不同程度的反对意见,有些意见甚至是颠覆性的,认为还存在着与南水北调、航道运输相关的大运河在当代的使用和文化遗产保护之间的矛盾。从第 4 章的分析可以看出,规划团队已经在大运河遗产保护规划中尽可能进行了尝试,但似乎按照这样的技术路线得出的规划结果还是不尽理想,没有能够解决冲突与矛盾。这样的规划编制工作到底存在哪些主要问题?借鉴国际上"基于多维价值的保护规划"理论与实践的经验,在规划编制方法层面可以进行怎样的改进,是本章研究的主要内容。

5.1 大运河遗产保护规划编制后面临的问题

5.1.1 相关部委的意见及其价值观

5.1.1.1 相关部委的意见

《大运河遗产保护与管理总体规划》于 2010 年 11 月提交初步规划成果,随后国家文物局将规划及由规划确定的大运河遗产作为申报世界文化遗产预备名单向相关部委征求意见。包括发改委、交通部、水利部、住建部、环保部、测绘局、国务院法制办、南水北调办公室在内的相关部委及北京、江苏、安徽、河南等省市地方政府给出了书面回复。其中水利部、交通部与南水北调办公室表达了明确的反对意见,而发改委则建议"突出重点,逐步推进",认为预备名单中的河段和遗产点项目数量过多,要全部满足申遗和保护要求,将是一个庞大的系统工程。2011 年 10 月国家文物局再次就《大运河遗产保护与管理总体规划(修订稿)》向相关部委征求意见,各部委基本延续了这年 1 月份回复意见的观点。虽然这些意见不仅针对规划也是针对申遗预备名单提出的,但这其中体现出规划制定的保护管理要求给各部委的工作带来的影响。各部委表达的意见也说明了他们在今后大运河遗产的保护与管理中所持有的态度,因此有必要做一些探讨。

1) 水利部与南水北调办公室

水利部认为大运河大部分河段属在用的水利工程,发挥着重要的防洪、水生态、水资源配置及航运等功能,因此,建议申遗名单以文化遗存点为主,辅以遗址遗迹和不再使用的河段。对在用河段,需扩建、加固和治理的河段(点)不列入预备名单。其中:涉及南水北调工程的运河河道、水工程设施不列入预备名单,运河天津至扬州段是南水北调东线工程主要的输水通道,其现状难以满足调水要求,需扩挖河道、硬化堤渠、增减泵站等,不宜将相关河段列入;属于流域综合规划、防洪规划、水资源综合规划和治淮工程规划中需进行扩建、加固和治理的河段、点不列入。针对《大运河遗产保护与管理总体规划》中研究确定的遗产河段51段、遗产点135项,建议不列入的河段为16段(并建议将其他所列河段进行细分),遗产点1项;需进一步研究确定的河段1段,遗产点7项,并列出了详细的申遗预备名单处理意见表。

针对《大运河遗产保护与管理总体规划》,水利部提出:大运河的形态和功能是根据历史不同时期经济社会活动需要而逐渐建设和完善起来的,且目前还在有效使用,属于"在用"的文化遗产,与传统意义上的文物古迹有本质区别,因此,总体规划应充分考虑大运河的这一根本特征,对大运河遗产的保护与管理,要研究和协调大运河遗产保护与开发利用的关系,在加强保护的同时,应注重延续和扩展大运河的综合功能与作用,充分发挥大运河的防洪、排涝、水生态、水资源配置及航运等社会服务功能,只有鼓励而不是限制大运河的综合利用功能的延续与扩展,才能真正保护好大运河。其保护管理制度应依据相关法律法规,以实现防洪安全、工程运行安全为前提,根据运河管理现状及国务院各部门职能分工和协调关系,充分结合现有管理格局和体制来制定。此外,大运河也是区域重要的防洪通道,承担着重要的防洪功能,防汛抢险过程中,防汛指挥机构可以依据《防洪法》对遗产河段、点采取应急抢险处置措施[①]。

2) 交通部

交通部提出:浙北及浙东地区属于水网地区,河道四通八达,航道成网成片,运量增长迅猛,内河航运已成为区域经济发展的重要支撑。为适应区域经济发展的要求,根据国家高等级航道网规划和浙江省航运发展规划,在"十一五""十二五"期间,多条航道正在或将要进行全面升级改造。为减少航运建设、运行与申遗的冲突,建议在浙北及浙东各选取一条航线作为申遗项目,这样既有代表性,又突出重点,也便于保护和合理利用航道资源。此外建议充分考虑与现有国家、省级航运规划的衔接,慎重确定分类保护范围及禁止在保护范围内进行工程建设的大运河区域。交通部同样对建议

---

① 中华人民共和国水利部办公厅.办建管〔2011〕13号.关于对《大运河遗产保护与管理总体规划》和《大运河申报世界文化遗产专家推荐预备名单》的意见,2011.

不列入申遗点段的河道与遗产点提出了具体名单①。而从其提出意见的河段看集中于江苏、浙江的江南运河与浙东运河,并与水利部提出的河段相重合。如果采纳以上两部委的意见,则列入申遗预备名单的江南运河的河道将无法连续,以江苏为例,自镇江至苏州的江南运河河段,除了城区运河故道同意纳入预备名单外,位于郊区的运河河段都不建议纳入。

在2011年11月针对保护规划回复的意见中交通部还指出:《总体规划》应确保大运河水上运输功能的延续和航运畅通……《总体规划》中关于在用的新建运河中的重点保护区和一类建设控制地带总体规模偏多,而一般保护区和二类、三类建设控制地带较少,应将涉及国家高等级航道网的河段不纳入或纳入一般保护区和二、三类建设控制地带,并指出建设控制地带统一划定为30、80、300米的规定缺乏可实施性。

5.1.1.2 相关部委的价值观

大运河遗产由于其涉及的地域范围广且内涵丰富,在国家层面涉及不同部委,这些不同部委之所以持有不同的保护态度是由于各自的工作重点和价值取向不同。了解他们对大运河的价值认识,有利于正确处理其中的关系和矛盾。

1)"水"是运河的必备条件

在有关大运河保护规划的论证与讨论会议中,水利部出席的代表所坚持的观点是运河是以水为介质的运输系统,水是它的必备条件。

在大运河的历史上,在水资源匮乏的北方,有充足的水源济运就是不可回避的问题。这反映出大运河有依赖自然的一面,也有违拗自然的一面,是自然与人类联合的工程。在水资源和自然地形不具备条件的情况下,就必须违拗自然,通过各种水工设施对水资源做出调节。如大运河的山东段,历代皇朝和政府为了维持运河航运畅通,将山东境内沿运的山泉、河流、湖泊等水源都纳入了济运系统。创建水闸,引水济运,创建水柜,调节来水的丰枯不均。其中最突出的是起到调水济运和分水作用的南旺枢纽,明代工部尚书采用汶上老人白英的意见,于汶河堽城坝以下,汇河水入汶口以下筑戴村坝,拦蓄汶水,经小汶河到南旺处济运,而南旺恰是"运河水脊",由此实现分水南北,三分下江南,七分朝天子的调水目标。

在当代,南水北调是我国重要的水资源优化配置工程,其东线工程可以从根本上解决京杭运河的水源问题,赋予大运河新的功能,为大运河的保护和发展创造了条件。目前京杭运河济宁以北河段基本断流,断流使运河部分河段的基本功能丧失,许多河道有的变成了垃圾坑,有的被农田蚕食。由于经济和社会的发展,山东当地水资源开发利用程度已经很高,河、泉、湖泊水源紧缺,济宁以南的中运河和南运河虽然还有水,但也时刻面临着断流的威胁。从南段情况来看,由于水源丰沛,航运功能仍然保持,但面临着污染问题。南水北调东线工程首先对解决黄淮海平原东部地区的缺水问题有

---

① 中华人民共和国交通运输部办公厅.厅水运便〔2010〕70号.关于对大运河申报世界文化遗产预备名单意见的函,2010.

重要帮助,其主要目标是提供沿线城镇居民生活和工业用水,提高现有灌区的供水保证率,改善灌溉条件,同时结合输水,恢复和提高京杭运河的通航能力,利用调水工程设施,提高沿线易涝地区的排涝能力;此外,南水北调是以城市生活和工业供水为主的调水工程,对水质有严格要求,通过建立新型的运行机制,促进受水地区节水、治污的力度,有利于我国北方地区逐步成为水资源配置合理、水环境良好的节水、防污型社会;除此以外,从整个南水北调东线工程的实施来看,在长达1000多千米的运河沿线,它除了保障沿线水资源供给、改善水质外,还能够改善北方地区的生态和环境特别是水资源条件,带动运河旅游,更可以直接拉动沿线经济增长,促进沿线产业结构调整和城市化进程。

2)"运"是运河的功能本质

交通运输部门认为,大运河因"运"而生、因"运"而兴,作为经济生活中的一个载体,运河的本质就是一个"运"字,无运不成运河。

在大运河两千多年的运营过程中,航运始终是运河的主导性功能。我国西高东低的地理条件决定了大江大河流向几乎都是由西向东。大运河的开凿,使我国境内首次出现了一条南北流向的运河,能够迅速而便利地实现军事力量和各种物资南北向运输,大运河的开凿初衷离不开航运。为了保障更好地运输,历代都十分重视对运河的运营与养护,两千多年间历代政府对大运河进行了数次较大规模的兴修工程,其目的主要也是为了保障运输需要。尤其是元代大运河截弯改直工程是大运河历史上最大的一次改建工程,把运河改成直线后,比隋唐运河缩短了900多千米,这是由于元代政治中心移到了北京以后,为了缩短从北京到杭州绕道洛阳的航线而进行的改建。明、清两代在维持元代运河的基础上,进行了疏浚、黄运分离、湖漕分离等工程,使大运河航线尽量避开了易受风、汛影响的黄河、太湖等水域,提高了航运安全保障。运河之所以不断地得到改建、疏浚、养护,最根本的原因还是利其航运。到了清朝末年,随着铁路的修建,大运河的运输功能逐步削弱,清政府不再关心运河的命运,曾经辉煌的大运河,因为航运功能的衰落而衰落。新中国成立尤其是改革开放以来,为了开发大运河的航运功能,国家和沿线的山东、江苏、浙江三省纷纷下大力气对大运河进行了系统整治、扩建和渠化。目前,大运河全程虽不能完全通航,但季节性通航里程已达约1 050千米。大运河航运的振兴与繁荣,为沿线乃至长江三角洲地区的经济发展提供着重要的支撑。在江浙两省,大运河至今仍是运输的黄金水道,运量相当于3条京沪铁路[①],大运河航运对促进运河沿线城市经济的发展也有不估量的作用。因此,运河之所以能够不断地发展,并得以维持至今,航运是最根本的原因。

大运河是特殊的历史文化遗产,航运与运河生命始终相终,没有航运,大运河将失去最核心的文化价值。航运发展,在推动大运河发展史上无数次改建、扩建、修缮、疏浚的同时,留存下来的大量运河遗产,都与运河航运有着密切的关系。运河航运也影

---

① 刘枫. 运河是流动的文化:纵论京杭大运河保护和申遗[J]. 文化交流,2007(3):21-24.

响着运河沿岸的人们的精神生活、生存方式和文化观念,推动了运河两岸独特文化的形成,深刻地影响着城市的文化品格。如运河上从事航运的船家形成的运河人家的生活风情;航运也促进了宗教文化的交流与传播,教堂、寺院遍布沿河两岸;明清时期,随着运河航运功能的增强和运河沿岸商品经济的繁荣,商业性城市应运而生,江苏的淮安、扬州、无锡、苏州等,都是具有早期工商资本特色的城市,深刻地影响了整个中国历史的发展。由此可见,随着时代的发展,正是延续至今的运河航运不断赋予大运河以新的文化意义。

大运河作为流动的活着的遗产,应用性、流动性与变异性正是大运河最重要的特征。它始终保持航运功能,并在经济社会发展中发挥重要作用,这正是大运河的重要特点,是其真实性、完整性的体现;此外,大运河作为在使用中的文化遗产,堤岸坍塌需要维修,河道淤塞需要整治,航道拥挤需要拓宽,沿岸城镇发展需要建设桥梁,在河堤上适当美化以改善环境,这既是为了利用大运河,也是为了保护大运河。因此,大运河的保护必须实事求是,不能片面强调和理解真实性与完整性。应该积极开发大运河航运资源,不断增强大运河的现实功能,提高大运河在经济社会发展中的作用和地位,并借南水北调东线之契机,恢复大运河通航,这才是真正的保护和传扬大运河。

5.1.2 保护规划的法律地位以及与相关规划的关系

5.1.2.1 保护规划尚未获得明确的法律地位

根据第 2 章所述,文化遗产保护规划可以被视为空间规划体系中的专项规划,各个行业的法律法规是各个部门组织编制专项规划,并使专项规划具有法律效力的基本依据。由于行政管理权限不同,我国的很多部门都编制有某一领域的专项规划。在大运河遗产申遗的阶段,各级政府和不同的职能部门编制了如综合交通规划、土地利用总体规划、城乡规划、环境保护规划、水资源利用综合规划等各个行业的专项规划,各有所长也各有合理性①。这些不同空间尺度、不同类型的规划反映出不同部门的利益诉求。这些规划在编制时,都必须依据各个行业的基本大法:如《中华人民共和国土地管理法》《中华人民共和国城乡规划法》《中华人民共和国环境保护法》《中华人民共和国水法》等。此外,不同的部门规划还必须遵循各自的一些法规依据,如城乡规划在编制时还必须遵循《城市规划编制办法》《城市规划编制办法实施细则》,土地利用总体规划在编制时要遵循"区域土地整治专项规划",环境保护规划则必须遵循某些环境质量

---

① 我国的规划体系庞杂,由法律、法规授权编制的各类政府规划多达几十种,包括主体功能区划、城乡规划、土地利用总体规划、区域规划、环境保护规划、流域综合规划、海洋功能区划、交通规划和林业规划等。这些规划分属不同的行政部门,纵横交织地构成了我国复杂的规划体系。各类规划层级不同且存在部门职责交叉重复、差异冲突的现象,加上规划权责边界不清晰,产生分权和争利的"内耗",致使各类规划各自为政、不易协调。2018年《国务院机构改革方案》提出组建自然资源部,建立统一的空间规划体系,将主体功能区规划、土地利用规划、城乡规划等空间规划融合为统一的国土空间规划,实现"多规合一",强化对各专项规划的指导约束作用。本章针对大运河遗产保护规划,所研究的是该规划编制时期的相关规划关系与呈现出的问题。

指标体系等。

编制要求撰写课题组和规划团队认为现有的法律法规可以作为制定大运河遗产保护规划的基本依据,但即便如此,大运河遗产保护规划的法律地位和法律效力并未得到明确。课题组和编制团队认为除了《中华人民共和国文物保护法》外,《中华人民共和国水法》《中华人民共和国防洪法》《中华人民共和国土地管理法》《中华人民共和国城乡规划法》以及《中华人民共和国航道管理条例》和各省制定的如《江苏省水利工程管理条例》《浙江省水利工程管理条例》《北京市水利工程保护管理条例》等都可以作为规划中划定保护空间的基本依据。尽管京杭大运河于2006年被公布为全国重点文物保护单位,《全国重点文物保护单位保护规划编制审批办法》中明确了全国重点文物保护单位保护规划的编制与审批程序,然而在规划编制过程中还是发现大运河遗产保护规划涉及的问题涵盖的面十分广泛,情况也很复杂。大运河是每天都在使用和发生变化的,也就不同于一般静态的失去了原有功能的文物保护单位。特别是对河道和水利工程设施、沿岸地区提出的保护与管理策略,涉及南水北调、航道运输、水资源调配、城乡建设、拆迁、土地利用调整、环境整治等多方面的问题,关系到众多部门和其他各方面利益的平衡与协调。除了文物部门,还触及很多相关部门的行政管理权限与领域。而相关行业的法律法规中只有明确本行业的部门规划的组织编制与审批程序及与相关规划的关系,从而明确本行业规划的法律地位的,目前尚未有支持大运河遗产保护规划的相关配套政策,大运河遗产保护规划的实际执行力及后续的规划管理也就缺乏保障。

5.1.2.2 与相关规划没有建立清晰的衔接机制

1) 与相关规划的关系实质上是相关法律间的定位问题

大运河文化遗产保护规划与相关规划的关系,实际上是各行业法律之间界定的关系。专项规划由不同的行政主管部门组织编制,如组织编制流域综合规划的水利行政主管部门,组织编制航道发展规划的是交通行政主管部门,组织编制土地利用总体规划的是国土行政主管部门,组织编制城乡规划的是规划行政主管部门……而涉及的各个行业法,普遍明确了各自的专项规划的纵向体系与各级规划的组织与审批程序。如《中华人民共和国水法》规定了国家确定的重要江河、湖泊的流域综合规划和其他江河、湖泊的流域综合规划及区域综合规划的组织编制与审批程序;《中华人民共和国航道管理条例》规定了国家、地方、跨省(自治区、直辖市)、专用航道发展规划的组织编制与审批程序;《中华人民共和国土地管理法》中规定了国家、省(自治区、直辖市)、市、乡(镇)等各级土地利用总体规划的编制与审批程序;《中华人民共和国城乡规划法》规定了全国城镇体系规划、省域城镇体系规划、城市总体规划、镇总体规划、城镇控制性详细规划、城镇修建性详细规划、乡规划、村庄规划的组织编制、审批与修改程序。在我国现行的机构设置下,这些部门在行政上是同级的单位,规划编制工作也在各自的行政体系内完成,整个过程均接受上级部门的指导与监督,这样一种相对独立的规划编制体系,使得各部门之间长期以来在各自的行业法赋予的权限范围内各自行事,缺乏有效的沟通①,也导致了不同部门在规划的实施与后续管理中的博弈行为。

在这些行业法的条款中,就大运河遗产保护规划与相关规划的关系而言,有两项值得特别关注的内容:

其一是各行业中高等级部门规划的审批权限:就《中华人民共和国水法》《中华人民共和国航道管理条例》《中华人民共和国土地管理法》《中华人民共和国城乡规划法》来看,可以看出高等级的部门规划都由国务院批准,具有很高的地位。比如国家确定的重要江河、湖泊的流域综合规划、国家航道发展规划、省(自治区、直辖市)的土地利用总体规划都由国务院批准,而对土地利用总体规划和城市总体规划而言,省、自治区人民政府所在地的市、直辖市、人口在一百万以上的市和国务院指定城市的土地利用总体规划与城市总体规划都需要国务院批准②。

其二是与相关规划的关系界定:有相当一部分的行业法也明确了专项规划与其他规划之间的关系。比如《中华人民共和国水法》第十五条规定:"流域综合规划和区域综合规划以及与土地利用关系密切的专业规划,应当与国民经济和社会发展规划以及土地利用总体规划、城市总体规划和环境保护规划相协调,兼顾各地区、各行业的需要";《中华人民共和国城乡规划法》(简称《城乡规划法》)城乡规划法第五条规定:"城市总体规划、镇总体规划以及乡规划和村庄规划的编制,应当依据国民经济和社会发展规划,并与土地利用总体规划相衔接";《中华人民共和国土地管理法》(简称《土地管理法》)第十五条和二十一条规定:"各级人民政府应当依据国民经济和社会发展规划、国土整治和资源环境保护的要求、土地供给能力以及各项建设对土地的需求,组织编制土地利用总体规划","城市总体规划、村庄和集镇规划,应当与土地利用总体规划相衔接,城市总体规划、村庄和集镇规划中建设用地规模不得超过土地利用总体规划确定的城市和村庄、集镇建设用地规模";这些规定说明了上述规划之间的协调与依据关系,以城镇总体规划、土地利用总体规划、国民经济和社会发展规划的关系为例,城镇

---

① 当然,一般认为城市的总体规划是综合性很强的规划,对流域综合规划和综合交通规划等内容都有所涉及,与土地利用总体规划的关系也十分密切,与相关部门规划的沟通与衔接是规划编制过程中不可缺少的组成部分。

② 《中华人民共和国水法》第十七条:国家确定的重要江河、湖泊的流域综合规划,由国务院水行政主管部门会同国务院有关部门和有关省、自治区、直辖市人民政府编制,报国务院批准。跨省、自治区、直辖市的其他江河、湖泊的流域综合规划和区域综合规划,由有关流域管理机构会同江河、湖泊所在地的省、自治区、直辖市人民政府水行政主管部门和有关部门编制,分别经有关省、自治区、直辖市人民政府审查提出意见后,报国务院水行政主管部门审核;国务院水行政主管部门征求国务院有关部门意见后,报国务院或者其授权的部门批准。《中华人民共和国航道管理条例》第八条:国家航道发展规划由交通部编制,报国务院审查批准后实施。《中华人民共和国土地管理法》第二十条:土地利用总体规划实行分级审批。省、自治区、直辖市的土地利用总体规划,报国务院批准。省、自治区人民政府所在地的市、人口在一百万以上的城市以及国务院指定的城市的土地利用总体规划,经省、自治区人民政府审查同意后,报国务院批准。《中华人民共和国城乡规划法》第十四条:直辖市的城市总体规划由直辖市人民政府报国务院审批。省、自治区人民政府所在地的城市以及国务院确定的城市的总体规划,由省、自治区人民政府审查同意后,报国务院审批。其他城市的总体规划,由城市人民政府报省、自治区人民政府审批。

总体规划和土地利用总体规划都应以国民经济和社会发展规划为依据,而城镇总体规划应与土地利用总体规划相衔接等条款又将土地利用总体规划至于比较高的地位。

而在文化遗产保护领域,就全国重点文物保护单位的保护规划而言,《全国重点文物保护单位保护规划编制审批办法》(简称《审批办法》)也确定了国保单位保护规划的审批程序及与相关规划的关系。其中第十七条规定:"全国重点文物保护单位保护规划编制完成后,应当由规划编制组织单位报省级文物行政部门会同建设规划等部门组织评审,并由省级人民政府批准公布。省级人民政府在批准公布全国重点文物保护单位保护规划前,应征得国家文物局同意。"从审批部门的等级来看,国保单位保护规划的法律地位明显低于经过国务院批准的其他行业的高等级规划。此外《审批办法》的第五条指出:"文物保护单位保护规划应当纳入所在地的国民经济和社会发展规划、城乡建设发展规划,应当与相关的生态保护、环境治理、土地利用等各类专门性规划相衔接。"这样的规定说明国保单位保护规划的实施需通过纳入国民经济和社会发展规划、城乡建设规划等规划来保障,即使不能通过"相衔接"这样的用语表明国保单位保护规划与相关规划之间地位的高低,也体现出是将相关规划放置在一个已经先于保护规划存在的位置来考量。

依据"法有规定按法办、法无授权不得行"的原则,无论是否将大运河遗产保护规划作为国保单位的保护规划看待,在《大运河遗产保护与管理总体规划》中有关本保护规划与相关规划关系的条文都存在问题。《总体规划》最初于2010年12月提交的成果中规定:"国家制定水利、航运、环境等专项规划,应当与大运河遗产保护总体规划相协调。大运河所在地县级以上地方人民政府制定本行政区域的国民经济和社会发展计划、土地利用总体规划和城乡规划等,应当体现各级大运河遗产保护规划的遗产构成、保护区划、管理规定等强制性内容。上述计划、规划的有关内容与大运河遗产保护总体规划有抵触的,应当予以修订,与其他大运河遗产保护专项规划有抵触的,应当予以协调。"在后续的修改中,后来去掉了最后一句"上述计划、规划的有关内容与大运河遗产保护总体规划有抵触的,……予以协调"。但事实上仍要求国民经济和社会发展计划、土地利用总体规划和城乡规划必须体现大运河遗产保护规划的核心与强制性内容,显然是将大运河遗产保护总体规划的地位放置在优先于上述规划的位置。这样的条文实际上得不到现有法律法规的支持,其效力也必然受到质疑。法律法规规定的各部门规划的衔接除了受到行政主管部门不同职责的影响,不可否认也是部门利益博弈的结果,如果不能通过法律的形式明确衔接机制,仅通过规划本身无法确立上述衔接关系。

2)大运河遗产保护的法律依据

在申遗的过程中,有专家指出大运河文化遗产的整体保护与管理需要切实的法律保障,应该出台专门的法律法规。2012年,文化部公布了《大运河遗产保护管理办法》,成为国家层面大运河遗产保护管理唯一的专项法规,但该办法仅是部门规章,法律级别较低。事实上,在保护规划编制的同时,国家文物局法规司曾同步起草过《大运河文化遗产保护条例》,草案于2010年10月向有关部门征求过意见。该草案中关于大运河遗产保护总体规划的编制与审批程序以及与相关规划关系有专门的条款:

草案第十三条指出:"国家实行大运河文化遗产保护总体规划制度。国务院文物主管部门会同国务院有关部门,依照文物保护法、本条例和保护工作的实际需要,制定大运河文化遗产保护总体规划,经大运河文化遗产保护省部际会商委员会审订后报国务院批准组织实施。"该条款有利于确立大运河遗产保护总体规划较高的法律地位。

草案第十四条规定:"国家制定水利、航运、环境等专项规划,应当与大运河文化遗产保护总体规划相协调。大运河所在地县级以上地方人民政府制定本行政区域的国民经济和社会发展计划、土地利用总体规划和城乡规划等,应当落实大运河文化遗产保护总体规划规定的保护措施。上述计划、规划的有关内容与大运河文化遗产保护总体规划有抵触的,应当予以修订。"这条规定在征求意见的过程中,引起了较多争议。如江苏省住房和城乡建设厅提出:"建议增加'编制大运河文化遗产保护总体规划,应当与沿线的城镇体系规划、城市总体规划等相协调'的内容。第十四条第二款'大运河所在地县级以上地方人民政府制定……和城乡规划等,应当符合大运河遗产保护总体规划的要求;已有计划、规划等与大运河文化遗产保护总体规划有抵触的,应当予以修订'修改为'大运河遗产保护总体规划的规划要求,分别纳入沿线城镇的城乡规划。规划的实施按照《中华人民共和国城乡规划法》和《中华人民共和国文物保护法》执行'"①。江苏省文物局认为:"大运河文化遗产的总体保护规划与国民经济和社会发展规划、土地利用总体规划和城乡规划应当做好衔接,如果各规划要求有冲突,应视情况而定,互动完善为宜。"②

从大运河遗产保护与管理的角度,增加文物部门的监管是必须的,但处理好与上位法的关系,协调好部门间的利益冲突诚然是难题。相关部门在立法过程中一般都会强调部门利益,从而造成职能交叉,相互关系不够明晰。规划扯皮的源头在于法律之间就不协调。不同的行政部门通过对立法的巨大影响进一步使得部门利益合法化,在立法之初就存在部门利益的争夺。法律虽然是人大通过的,法律草案却大多由相关行业或者部门起草的。各部门在起草有关法律、法规草案时,千方百计地强化部门的职能,竞相设置部门许可权。就《大运河文化遗产保护条例》来看,属于行政法规,其涉及的上位法较多,如:《中华人民共和国文物保护法》《中华人民共和国水法》《中华人民共和国城乡规划法》《中华人民共和国防洪法》等,还涉及《中华人民共和国河道管理条例》《中华人民共和国航道管理条例》等行政法规。在我国的法律规范体系中,宪法具有最高的法律效力,法律的效力仅次于宪法但高于行政法规和规章③。对于法律中未

---

① 江苏省建设厅.苏建函规〔2010〕897号.关于对《大运河文化遗产保护条例(草案稿)》的修改意见和建议. 2010-11-11.
② 江苏省文物局,苏文物法〔2010〕42号.关于"江苏省人民政府办公厅办文单〔2010〕政字000653号"的答复意见.2010-11-11.
③ 我国法律法规的效力:宪法>法律>行政法规>部门规章/地方性法规。

尽事项,条例给予补充则可行,但如果大运河遗产保护条例中的条款与法律发生冲突,则不能确保为保护与管理大运河遗产提供法律保障。

《大运河遗产保护条例(草案)》虽经起草与讨论,最后却没能公布。后来出台的《大运河遗产保护管理办法》中针对规划衔接的条款也修改为:"大运河遗产保护总体规划,由国务院文物主管部门会同国务院有关部门制订,经大运河保护和申遗省部际会商小组审定后报国务院批准公布。大运河遗产保护总体规划应当与国家水利、航运、环境等规划相协调。"这也从侧面反映出部门之间博弈的结果。

5.1.3 保护区划的操作性与规划的可行性

5.1.3.1 保护区划划定依据与管控要求的错位

在大运河保护规划的编制中,一直十分重视水利方面的相关法规依据,在保护区划的划定中一般将"水利部门管理范围"作为划定大运河遗产中河道以及在用水利工程设施"保护范围"的依据。根据《中华人民共和国防洪法》,"水利部门管理范围"是指"有堤防的河道、湖泊,其管理范围为两岸堤防之间的水域、沙洲、滩地、行洪区和堤防及护堤地;无堤防的河道、湖泊,其管理范围为历史最高洪水位或者设计洪水位之间的水域、沙洲、滩地和行洪区。"[①]而在地方的水利管理条例中,又对该范围进一步细化,如《江苏省水利工程管理条例》针对省内的一些重要河道、湖泊,明确了管理范围具体到堤脚外多少米,不同的河道要求不同。

从水利部门的管理范围的管理要求来看,该区域并不等于禁止各类建设的区域。从国家级到省级的相关法规中都没有禁止建设的控制要求。根据《中华人民共和国防洪法》第二十二条,"河道、湖泊管理范围内的土地和岸线的利用,应当符合行洪、输水的要求。禁止在河道、湖泊管理范围内建设妨碍行洪的建筑物、构筑物,倾倒垃圾、渣土,从事影响河势稳定、危害河岸堤防安全和其他妨碍河道行洪的活动。"需要注意的是《中华人民共和国防洪法》中定义的水利管理范围是指河堤之间或者根据洪水位设计,在这个范围内本来就不大可能发生经过批准的其他建设。根据《江苏省水利工程管理条例》第八条"(四)禁止在行洪、排涝、送水河道和渠道内设置影响行水的建筑物、障碍物、鱼簖鱼箔或种植高秆植物。""(六)禁止擅自在水利工程管理范围内盖房、圈围墙、堆放物料、开采沙石土料、埋设管道、电缆或兴建其他的建筑物。在水利工程附近进行生产、建设的爆破活动,不得危害水利工程的安全。"第十五条"确因生产、工作需要,必须在水利工程管理范围内兴建的工程设施和建筑物,建设项目的工程建设方案应当经县级以上水利部门审查同意,工程设施和建筑物的位置和界限应当经县级以上水利部门审查批准。在水利工程管理范围内,改变工程设施及建筑物的使用用途以及工程位置、布局、结构,应事先征得水利部门同意。"从上述规定我们可以看出,水利部

---

① 《中华人民共和国防洪法》第二十一条。

门的管理范围内其管理工作的核心是需要保证堤防安全,确保防洪、行洪、输水等工作的要求。只要建设不妨碍相关工作,征得水利部门的同意,就可能被允许。但是当"水利部门管理范围"变成了大运河遗产"保护范围",尤其是三阶段的总体规划中的"保护范围",其管控要求就完全不同了。

《文物保护法》第十七条规定:"文物保护单位的保护范围内不得进行其他建设工程或者爆破、钻探、挖掘等作业。但是,因特殊情况需要在文物保护单位的保护范围内进行其他建设工程或者爆破、钻探、挖掘等作业的,必须保证文物保护单位的安全,并经核定公布该文物保护单位的人民政府批准,在批准前应当征得上一级人民政府文物行政部门同意;在全国重点文物保护单位的保护范围内进行其他建设工程或者爆破、钻探、挖掘等作业的,必须经省、自治区、直辖市人民政府批准,在批准前应当征得国务院文物行政部门同意。"这样的条款意味着保护范围内原则上不应进行各类建设,一旦划入全国重点文物保护单位的保护范围还意味着地方政府对这块地管理决策权的部分丧失,必须受到国家文物局的制约。空间位置大多远离决策主体,使该范围内的管理周期加长,难度变大。保护范围越大,其中涵盖的内容越多,管理效率也就越低。此外,保护范围中划分的"重点"和"一般"是针对对象所处环境的多样性和复杂性,分级对应的是价值程度,在《文物保护法》中并没有区分管理力度,因此保护范围的重点保护区和一般保护区的保护力度在法律意义上是等同的,都必须遵循《文物保护法》中有关保护范围的管理和审批要求。而对建设控制地带来说,《文物保护法》第十八条规定:"根据保护文物的实际需要,经省、自治区、直辖市人民政府批准,可以在文物保护单位的周围划出一定的建设控制地带,并予以公布。在文物保护单位的建设控制地带内进行建设工程,不得破坏文物保护单位的历史风貌;工程设计方案应当根据文物保护单位的级别,经相应的文物行政部门同意后,报城乡建设规划部门批准。"这样的条款说明建控地带与保护范围存在显著差别。建控地带可以进行有限制的建设,但对全国重点文物保护单位来说,应受到国家文物局的约束。

由此可见对河道和在用水利工程设施而言,实际上是借用"水利部门管理范围",向该范围内的各类建设行为和涉及更广阔地域的建设控制地带内的建设行为提出类似于文物保护的管控要求,其合理性和必要性在整个规划中缺乏论证,引发争议也就是必然的。

5.1.3.2 保护区划的现实意义受到挑战

规划是一类存在于不同层面上的政府的重要职能和调控手段。对保护规划来说,确定各级保护区划也是为了能够在各类建设活动的实施和操作层面提供具有指导意义的管控要求和规划决策。根据在价值评估而确定的区划中进一步的分级,仅仅是作为操作策略提出的依据之一存在。区划的划定与分级由于其所伴随的管理和控制要求而产生约束力,而非单纯的几条线本身。也就是说,管控要求要在能够实施的情况下,保护区划才具有现实意义。

但是大运河遗产保护区划的现实意义却受到了挑战。在水利部针对《总体规划》提出的意见中就曾指出：《总体规划》按照文物保护法的有关规定，提出了大运河水工遗存、附属遗存、相关遗存的保护范围和建设控制地带，以及保护区划核定、公布的权限和管理规定。但是大运河是在用的水利工程，而且还要继续使用和进一步发挥综合利用功能，因此大运河水工遗存不能按照一般意义上的遗址来进行管理，管理规定不能完全照搬现行的文物管理办法，要根据运河管理现状及国务院各部门职能分工和协调关系，依据《中华人民共和国文物保护法》《中华人民共和国水法》《中华人民共和国防洪法》和《中华人民共和国河道管理条例》等法规的要求，结合现有管理格局和体制，对大运河河道的管理范围、管理权限和有关保护规定，特别是限制延展大运河功能的有关规定进行修改。如果大运河的日常管理、防洪抢险等与《中华人民共和国文物保护法》发生冲突，应有制度的安排，有程序的法定优先表述[1]。

当我们尝试用《文物保护法》中对保护范围内不得进行任何建设活动及发生相关活动的审批程序等要求对大运河的河道和在用水利工程设施实施管理时会发现，其实施得不到相关管理部门的支持，这样的保护区划很有可能在实际中起不到有效作用。一旦保护区划的管控要求得不到落实，那么保护规划的核心目标和有效作用也就产生了偏离。

5.2 与"基于多维价值的保护规划"编制技术比较

编制保护规划和实施规划管理是将技术转化为建设控制、发挥规划作用的过程，也是与利益相关主体之间发生互动、获得规划合法权威的过程。在大运河遗产保护规划的编制过程中，尽管也试图在各相关行业的法律法规之间探讨规划的规范意义，强调规划应该具备完备的知识基础，但实际上规划的制定和未来的实施管理都是政府行为，许多规划的技术内容被制度化。由于制度环境影响到规划的价值选择，加上规划本身的知识基础客观上存在局限性，使实际追求的目标偏离规范的意义。而规划的制度环境尽管对规划的效力存在客观的影响，但探讨保护规划的制度环境、使规划具有合法权威的制度基础却不是本书的根本目标。

如前所述，大运河遗产保护规划在实际指导约束力方面偏于薄弱。主管编制和主管实施的部门之间没有理顺关系，且分属于不同的行政主管部门，因而体现不出技术原理上应有的系统性和完整性。对于这样一类特殊而复杂的保护规划，毋庸置疑的是，规划的编制这一技术过程与规划的效力和作用也有着必然的、直接的关联。所以探讨规划的可行性，不能不对这一关键过程中的技术特征进行研究。作为保护规划理论的一项重要任务，与当前国际上"基于多维价值的保护规划"的技术特点进行比较，

---

[1] 水利部办公厅.办建管〔2011〕13号.关于对《大运河遗产保护与管理总体规划》和《大运河申报世界文化遗产专家推荐预备名单》的意见,2011.

实证的揭示其中的技术特征差异,展现规划编制过程中存在的问题并借鉴先进经验,对在我国现有的制度背景下,尽可能地改进规划工作,促进规划更具有操作性,具有深刻的现实意义。

5.2.1 关于规划层次

5.2.1.1 保护规划被定位在战略规划层次

在《一阶段编制要求》中对大运河遗产保护规划的性质与地位有所界定,指出:市级大运河遗产保护规划是大运河遗产省级保护规划的下位规划,又是市域内各运河地段和地区保护详细规划的上位规划。市级大运河遗产保护规划与所在市的城市总体规划等相衔接和整合构成所在城市总体规划的一部分。《一阶段编制要求》明确了大运河遗产保护规划与我国城市规划编制体系中的法定规划的关系,将大运河遗产保护规划定位在城市总体规划的层面。

城市总体规划是一种战略性规划,是在较长的时间跨度和较大的地域范围内,研究城市的发展目标、规模与城乡总体空间发展方向,确定城市的空间格局、城市建设用地内部各项用地比例等重大问题,领衔制定城市发展战略。城市总体规划还用于指导下层次规划的编制,所以采用的是"强纲弱目"的编制思路。除战略性规划以外,城市规划的法定规划体系中还有其他层次的控制性规划和实施性规划,前者从行政许可的角度来落实战略性规划,针对细化的管理单元和地块提出规划设计要求,如各类强制性和指导性指标;后者针对近期发展,从项目安排的角度来落实战略型规划,对一定时期内的城市各类建设活动、公共设施和基础设施进行规划。既然被定为在总体规划这样的战略层面,大运河遗产保护规划也就应该具有能与这样的层次定位相适应的规划内容。

5.2.1.2 实际内容涵盖从战略到实施的多个层次

《关于〈中国文物古迹保护准则〉若干重要问题的阐述》指出:"凡是具有环境要素的和群体规模的保护单位都应当编制保护总体规划","范围很大,功能众多的大型组群,可按不同功能编制分区规划",并提出"每一分区规划都可以独立实施"。而《全国重点文物保护单位保护规划编制审批办法》中也有条款规定:"文物保护单位保护规划可根据文物保护单位的规模和复杂程度分为总体规划和专项规划",并指出"文物保护单位保护规划编制深度应满足保护的有效性和实施的可操作性"。但准则和审批办法中并未对分区规划和专项规划加以阐释和明确各自的编制内容,也说明在文物保护规划的领域对规划层次的含混。经由上述条文可以明确的是文物的保护规划是强调面向实施和具有操作性的规划。对大运河遗产保护规划来说,尽管定位在城市总体规划及以上的战略层面,但是在编制要求和规划的具体内容中仍延续了很多文保单位保护规划的层次定位,在规划编制中的目标需要落实到实施层面。

从大运河保护规划中的核心内容——"保护区划"的划定来看,规划强调依托现有的相关行业的法律法规和相关规划来确定大运河遗产的保护区划。在规划过程中要解读大量的不同行业规划的成果,有些内容还需要直接吸纳入规划中。除了水利工程设施依据水利部门的法规划定保护区划以外,其他类别大运河遗产保护区划的划定强调以明确的标志物为依托,尽可能结合山形水系、地形地貌,结合如道路、堤坝等城乡建设基础设施,避免出现保护边界穿越地块的现象,要求落实到建筑的边界,从而确保对保护区划制定的管理规定和技术层面的各种具体措施(化学的、生物的、工程的)能有明确的实施空间和对象,以利于实际操作与管理。这种对保护区划需要"落地"的目标与城市总体规划的目标存在一定的不一致。尽管城市总体规划中也要确定必须控制开发的地域,如风景名胜区、湿地、水源保护区和历史文化保护区、地下文物埋藏区等确定为强制性内容,但是控制目标还是需要通过层层分解到下位规划来实现,在下位规划中通过更详细的评估对上位规划不够合理的范围划定进行调整的情况也比较常见(图5-1),与文保单位的保护规划在区划划定上的要求有着明显的不同。

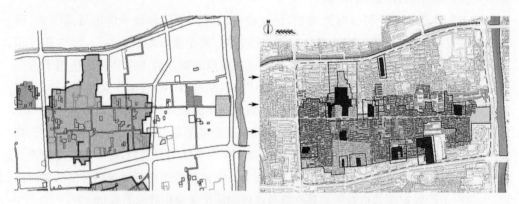

图5-1 历史文化街区保护规划中对上位规划划定的保护范围的调整
资料来源:东南大学城市规划设计研究院.扬州东关历史文化街区保护规划,2009.

此外大运河遗产保护规划中某些专项的内容如环境整治规划和展示规划也是参照全国重点文物保护单位保护规划的编制要求确定的。这些专项内容,在文保单位的规模相对较小,如针对一个单体、一组建筑群甚至一个古村落时,技术方法较为成熟。如环境整治规划采用接近于城市规划的控制性和修建性详细规划层面的调控要求(如高度控制、建筑整治、视廊保护、土地利用调控、绿化配置等),以处理具体的环境问题。但是当对象变成大运河这样涉及广阔区域的遗产时,面临的环境问题和涉及的管理关系都十分复杂,在当时对保护规划的编制单位而言可以说是前所未有的,所以各编制单位对这些内容的把握参差不齐,有些地市级的保护规划甚至完全舍弃了这部分。而在省级与国家级的大运河遗产保护规划中,环境整治的部分也由于其偏向过于具体的实施层面而没有被包含。对文化遗产加以合理利用是备受关注的议题,展示规划也是大运河遗产三个阶段的保护规划中都包含的。在市、省乃至国家层面确定运河不同区段的展示主题,建议展示路线对大运河遗产的合理利用具有指导意义,但另一方面国保单位的某些展示规划编制要求也偏重于实施层面,如策划展示设施,设置游客服务设施,测算游客容量等,这些内容一旦通过具体的实施性规划加以落实,发生变化的可能性又非常大。

总体而言,与本文第2、第3章所述的国际上的基于多维价值的保护规划明显以指导性策略为导向相比,大运河遗产保护规划没有偏重于与其他相关部门共同研究与制定能够为大家接受的管理目标、策略、政策,反而延续着过去的文物保护单位保护规划的编制特色,尽管在层次上设定为战略层面,但在规划内容上还是试图一步到位地解决从战略到实施层面的问题。

5.2.2 关于价值评估

5.2.2.1 价值评估的重点局限于历史的范畴

大运河遗产保护规划的价值评估如本书4.3节所述,可以分为一阶段地市级规划的多样化阶段和三阶段总体规划以后的标准统一阶段。但是无论哪一个阶段,规划编制过程中虽然认识到对大运河遗产的价值构成不应该局限于文物保护单位的文物价值(历史价值、艺术价值、科学价值)和社会价值,与其他文保单位相比,引起了编制团队重视的仍主要是大运河遗产在水利科技史方面的价值。

从本书4.6节的分析可知,一阶段相当一部分地市的价值评估是以文物保护单位的价值评估为基础。文物保护单位的价值评估,虽然在《文物保护法》中没有详细要求,但《中国文物古迹保护准则》给出了详细的解释。《关于〈中国文物古迹保护准则〉若干重要问题的阐述》中对文物的历史价值、艺术价值、科学价值的内涵做出了说明[1],其中对艺术价值和科学价值的阐释偏重于艺术史和科技史的范畴,而这样的评估视角显然延续到那些参考文物保护规划来确定大运河遗产价值构成的地市级保护规划中。而另一部分没有拘泥于文物保护规划的价值评估的地市级规划,它们认定的大运河遗产的价值构成主要涵盖的层面如表5.1所示,仅有少量城市关注到大运河遗产的情感价值、景观价值、当代价值等,在35个地市级规划中,大部分规划的价值评估重点仍主要局限于历史的范畴。

---

[1] 根据《关于〈中国文物古迹保护准则〉若干重要问题的阐述》中的定义,文物古迹的历史价值主要表现在以下方面:①由于某种重要的历史原因而建造,并真实地反映了这种历史实际。②在其中发生过重要事件或有重要人物曾经在其中活动,并能真实地显示出这些事件和人物活动的历史环境。③体现了某一历史时期的物质生产、生活方式、思想观念、风俗习惯和社会风尚。④可以证实、订正、补充文献记载的史实。⑤在现有的历史遗存中,其年代和类型独特珍稀,或在同一类型中具有代表性。⑥能够表现文物古迹自身的发展变化。文物古迹的艺术价值主要表现在以下方面:①建筑艺术,包括空间构成、造型、装饰和形式美。②景观艺术,包括风景名胜中的人文景观、城市景观、园林景观,以及特殊风貌的遗址景观等。③附属于文物古迹的造型艺术品,包括雕刻、壁画、塑像,以及固定的装饰和陈设品等。④年代、类型、题材、形式、工艺独特的不可移动的造型艺术品。⑤上述各种艺术的创意构思和表现手法。文物古迹的科学价值专指科学史和技术史方面的价值,主要表现在以下方面:①规划和设计,包括选址布局,生态保护,灾害防御,以及造型、结构设计等。②结构、材料和工艺,以及它们所代表的当时科学技术水平,或科学技术发展过程中的重要环节。③本身是某种科学实验及生产、交通等的设施或场所。④在其中记录和保存着重要的科学技术资料。

表 5.1　大运河遗产保护规划(地市级)中价值评估涉及的内涵

价值类型	表现形式
历史价值	能否充分反映运河开凿、运用等演变和管理信息； 能否反映某一历史时期的社会状况(包括社会、政治、制度、经济、军事等)； 能否见证我国社会发展的主要历程或主要事件
艺术价值	是否代表某一历史阶段的工程特色与美学特征； 是否形成一定的城市、乡村或园林景观的价值
科学价值	规划设计是否解决了重大问题； 是否体现了重要工程建设理念，结构、材料和工艺代表某一历史时期的科技水平； 是否具有传播和传承的价值； 记录和保存的科学技术资料是否完整、系统，在科技史中的地位
文化价值	运河的开凿对文化交流、宗教传播的作用； 是否承载某一历史时期社会文化信息
社会价值	对当地社会、经济、文化、农业和环境发展做出过的贡献； 是否承载或反映某一历史时期的社会意识形态； 是否具有社会教育价值
*情感价值	是否具有精神、文化怀念等方面的情感寄托和精神价值
*其他价值	生态景观价值、旅游价值和当代使用价值

* 说明：情感价值仅江苏无锡、常州两市有此项。其他价值中评估了生态景观价值的有浙江各市①，提及了旅游价值的有山东聊城，评估了当代使用价值的有山东济宁、德州、枣庄和江苏的苏州

资料来源：笔者根据大运河一阶段 35 个地市级规划成果加以总结整理

到了第三阶段《大运河遗产保护与管理总体规划》中，根据本书 4.3.1 节所述，尽管参照了《国际运河遗产名录》的标准，将技术、经济、社会和景观作为大运河遗产价值评估的价值构成。但是从其评估的角度和具体阐释的内容看，也仍是从经济史、社会史等出发②。

而经济价值、当代使用价值虽然是大运河遗产保护过程中不可忽视的价值组成部分，但无论是在一阶段还是在三阶段的规划中，主要都是作为大运河遗产面临的现状问题分析，并未从价值的角度经全面严谨的研究而获得充分认识，从而给规划策略的制定提供明确的依据。

5.2.2.2　价值评估缺乏统一的方法构建

我国拥有悠久的文明史，保留至今的文化遗产丰富而多样。其中以大运河为代表的内涵丰富的巨型线型活态的文化遗产，是未来我国文化遗产保护工作必须要面对的重要任务，在世界文化遗产宝库中也占有突出的地位。与此形成对比的是，在申遗阶段，以《文物保护法》《中国文物古迹保护准则》(2000)等法规、行业准则为基础的文化遗产价值评估体系对大运河这样的文化遗产尚缺乏考虑。大运河遗产保护规划的价

---

① 尽管徐州市的价值评估中也涵盖生态价值一项，但评估内容主要是说明大运河周边环境具有史料价值，反映大运河历史变迁的过程，实际上仍应归于历史价值的范畴。
② 大运河遗产保护与管理总体规划中的价值评估参见本书 4.3.1 节。

值评估在对价值的认定、价值评估的方法、综合评估结论用于指导决策几个方面缺乏清晰明确的指引。加上大尺度线型文化遗产在行政上一般都面临着多头管理的格局，涉及的问题更加广泛而复杂，也在客观上限制了某一个领域的专家具备足够的专业知识对大运河遗产的价值开展全面深入的研究。

首先从价值构成的认定看，各地市的价值构成认定差异显著，表明规划编制人员对大运河遗产价值内涵的认识存在分歧。大运河在当前社会发展中仍担当着重任，本身作为南水北调东线工程的输水通道、内河航运重要干线并承担着区域城乡生产与生活的水资源调配功能，这些都意味着大运河遗产面临着迫在眉睫的功能传承与转变，并随之发生景观的变异，此外大运河丰富的文化和景观资源无疑也是重要的潜在战略性休闲资源。既然承认功能的真实延续是大运河遗产真实性不可忽略的核心所在，南水北调的历史性任务也无法回避，而从国际上其他列入世界遗产名录的运河价值评估的先例来看，运河的景观价值和旅游价值也应当列入考虑，那么上述价值都应该在最初确定价值构成时就列入评估范畴。

从价值的评估方法和评估策略看，不同地市的保护规划是有差别的，体现在文本中的价值阐述也深度不一，没有相对统一的价值评估过程和标准，这也使得在省级、国家级层面需要以一阶段规划成果为基础进行比较，确定运河遗产分级时受到了更多主观因素的影响。

而在综合评估结论用于指导决策方面，尽管《中国文物古迹保护准则》(2000)指出：编制文物保护规划应根据工作程序……对文物古迹的价值和现状进行评估，分析存在的问题，提出解决这些问题的方法和计划。但是在大运河遗产保护规划中保护区划的划定和管理控制要求的制定主要是依据相关行业的法律法规和已有的相关规划，可以说价值评估、现状评估与决策制定这些工作环节之间的相互关联，由评估推导出保护策略的逻辑关系并没有得到清晰的建立。

5.2.3 关于利益相关者的参与

5.2.3.1 保护规划涉及的利益相关者

国外的基于多维价值的保护规划中利益相关者的内涵是广泛的。大运河遗产具有尺度巨大，内涵丰富，既包含静态的遗产，也包括活态遗产等特点，对照本书2.2.3.2节中界定利益相关者的方法，可以得出有大量的政府部门、团体、个人依据相关的法律法规可能影响保护规划的目标实现或者被规划目标所影响，这些团体或个人都可以被视为保护规划的利益相关者。按照组织形式分，可以包括政府部门、专业机构与个人、相关组织与团体、社会民众几类。

- 政府部门：是规划编制的组织者，规划的审批者、执行者、监督者。尽管京杭大运河（春秋至清）被公布为第六批全国重点文物保护单位，对大运河遗产的保护工作看似应该落在文物部门，但由于大运河在水利、交通等领域仍继续发挥着重要的作用,要真正实现对大运河遗产的有效保护需要这些相关部门合理有效的管理保障,这些部门也都在大运河遗产的保护和管理中享有法定的职责。大运河遗产的保护自上而下涉及部级、省级、地方级几级政府机构,地方政府在承担保护大运河遗产的责任和谋求地方利益之间存在着矛盾;而在横向上在同一级管理机构之间又涉及水利、交通、文物等部门,不同部门由于各自管理目标不同,在谋求部门利益最大化的过程中,存在管理上的冲突。

- 专业机构及个人:是受托于相关政府部门的科研机构或个人,目前有大量包括高校、研究院等在内的科研专业机构在开展对大运河的相关研究,从事相关专题技术研究或者规划编制工作。通过科研任务的完成,可以提高专业水平,运用专业知识影响规划成果,也获得一定的经济效益和知名度。
- 相关组织与团体:国内文化遗产保护领域的民间团体和组织并不发达,在申遗阶段与大运河遗产保护相关的只有"大运河申遗办公室"。该机构也带有政府背景,因而并非纯粹的非政府组织,承担着一定的机构间联络协调、学术活动组织以及申遗相关信息发布的职能。
- 社会民众:大运河与广大民众的日常生活息息相关,密不可分。运河沿线涉及广阔的地域,划入了大运河遗产保护区划范围内的大量建筑物、构筑物涉及大量不同的所有者和使用者。这些普通民众事实上是受规划影响极大的主体,也是规划实施重要的参与者和监督者。

5.2.3.2 主要利益相关者认定中的缺陷

在常规的文物保护规划中,由于大部分文物的管理权在文物主管部门,一直以来较少考虑利益相关者的问题。大运河遗产保护规划尽管已经注意到在过程中征询相关部门的意见,但利益相关者参与规划的情况仍有缺憾。

受到大运河遗产保护规划编制时间的限制,对社会公众的意见征询与采纳不足。尽管大运河遗产涉及广阔地域,与广大民众有关,但申遗阶段大运河遗产保护规划在有限的编制时间里,无法充分发挥社会民众对规划的知情权和参与决策权。此外,相关部门的意见征集与采纳,尽管在规划过程中得到了重视,但有些重要部门的意见由于种种原因没能及时反馈,而给保护规划留下了潜在的可操作性问题,直至申遗成功后的今天。从规划编制的情况看,主导规划编制的是以规划团队为代表的专业机构和规划编制的组织者文物部门,其他对规划决策产生了主要影响的政府部门还包括水利部门和交通部门(在部级层面为水利部和交通部),而另一个重要的部门,当时的住房和城乡建设部却被忽略了。

导致这种情况的原因主要有两方面:一方面是受到规划编制团队对大运河遗产特性认知的影响,由于认识到了大运河在当代所承担的水利和交通方面的重要职能,自然地将这两个相关部门作为主要的利益相关者。但这种认知仅是从遗产的本体出发,对遗产的环境所具有的价值及其对遗产本体产生的影响显得重视不足。根据规划团

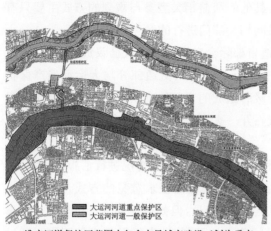 

淮安河道保护区范围内包含大量城市建设（划为重点　　　　淮安里运河畔的新建设
保护区的为里运河，一般保护区的为黄河故道）

图 5-2 运河保护区划及其中的建设情况
资料来源：大运河遗产（淮安段）保护规划项目组

队中东南大学王元博士对 ICOMOS 世界遗产专家亨利先生的访谈，亨利先生就曾提出运河沿岸建造的大量商品房对运河景观存在重要影响，ICOMOS 专家考察时不会忽略这种情况（图 5-2）；另一方面是受到了大运河遗产保护规划中征询意见具体过程的影响，保护规划是在申遗的目标和背景下展开的，先在部级层面书面征求意见的是遴选的申遗预备名单，名单中仅有河道、水利工程设施、相关物质文化遗产和历史街区的名录，且不涉及它们的保护区划。各行政主管部门围绕着名单，展开了维护自身利益的讨论和博弈。如本章开头所述，水利部和交通部对将大量在用的河道和水利工程设施被列入名单提出反对意见，而住建部对将部分历史街区列入名单没有异议，自此在行政管理层面就被排除出了矛盾聚焦的队列。在此后《大运河遗产保护与管理总体规划》向相关部委征求书面意见时，住建部也只就历史街区提出了相关要求，未对河道保护区划涉及的广阔地域的保护与管理提出意见，反映出在当时的情况下住建部对该部分的管理职责并未引起足够重视。

这种主要利益相关者的认定及利益相关者的参与情况，对保护规划目标的实现是不利的。因为在大运河遗产保护规划划定的保护范围和建设控制地带范围内包含大量的城乡建设，如本章 5.1.3 节分析的，对这些区域提出的禁止建设、限制建设等管控要求是否可行，与住建部的管理直接相关。在地市级规划层面，市级规划主管部门曾提出过大运河遗产保护区划应注意与城市总体规划等城乡规划体系的规划相衔接，也有一些城市由于规划等部门认为保护区划不具有可操作性而迟迟无法通过市政府的审批（如江苏省无锡市），而在把握整体原则和工作方向的三阶段总体规划中却忽视了住建部这一重要的部门。

5.2.3.3 利益相关者参与途径的单一

在大运河遗产保护规划中，利益相关者参与规划的方式比较简单，除了编制规划的专业机构和文物部门全程参与规划外,其他的利益相关者参与规划的方式主要只有一种,就是规划编制过程中对阶段性成果向相关部门进行的意见征询。

尽管2009年4月,大运河保护和申遗省部际会商小组第一次会议成功召开,标志着在国家层面建立起由发改委、财政部、文化部、水利部、交通部等与大运河遗产保护相关的13个部委及沿线8个省(直辖市)政府组成的省部协商机制。但在申遗阶段省部际会议的工作机制仍比较松散,每年仅召开一次会议,且没有明确具体的权责,缺乏共同决策机制。

意见征询在大运河遗产保护规划过程中采用就规划编制情况进行汇报、对规划的阶段性成果组织评审会和直接将规划成果送达相关部门征求意见的方式。前两种方式存在的问题是尽管相关部门代表提出了各自的意见,但如何根据意见对规划进行修改并没有明确的保障,且由于申遗工作时间节点的限制,地市级保护规划都原则通过了评审并大都尽快被政府批准。这样一来大部分地市级规划虽通过了审批,但仍有相当一部分城市的规划并没有解决保护区划的操作性问题。而到了国家级规划的层面,由于更关注于统一地市级规划中参差不齐的标准,相关部委对规划的编制工作缺乏过程中的参与,缺少对大运河遗产内涵、构成、价值等认识与辨析这一复杂过程的了解。总体规划的初步成果在提交到各相关部委后,编制团队收到了强烈的反对意见,同样的这些意见如何在规划调整中吸收采纳,部门之间如何达成共识,也缺少一定的工作机制和方法来促进,最后的结果仍是弱势部门向强势部门的妥协。这些都给保护规划留下了未解的问题。

5.2.4 关于规划的动态性与成果的修编

5.2.4.1 保护规划面临的变化影响因素

保护规划工作可以分为规划的编制和实施两个环节。前者是对保护对象的未来发展制定保护目标与策略,后者是行政管理部门运用各种管理手段,使规划目标具体化,将保护规划的成果付诸实践,在实践中取得规划预期结果的过程。一般来说,把这两者视为两个过程,这种划分的弊端在于规划与管理的脱节,缺乏对规划工作的整体把握,也是导致规划可操作性不强的重要原因。从规划编制来看,文物保护规划已经发展出一套趋于稳定的方法,通过详细调查、勘察、收集资料,开展评估,分析问题,划定保护区划,提出管理控制要求和指标。每个环节都是下一步骤的基础,线性推导过程导出理性控制要求来实现对保护对象的保护,整体上仍偏向于一种底线思维的静态保护规划。而延续这种规划模式,与大运河遗产的复杂属性和规划管理并不相适应,主要体现在以下方面:

第一,从已有的规划编制过程可以看出,规划团队对大运河遗产的特性和保护策略的认识本身就处于一个逐步推进的过程。从地市级规划到国家级规划,无论是大运河遗产的构成、大运河遗产的价值、大运河遗产核心特性的认定还是大运河遗产保护区划的划定标准,都是一直处于动态发展的认识过程中,反映出文化遗产保护工作者对大运河遗产认知的程度处于探索阶段。而观念的形成也离不开特定的历史环境,一个时期的价值观与风尚影响着文化遗产保护工作的理念,且随着考古发现与技术方法的不断发展,都可能给大运河遗产的保护与管理带来新的视角与手段,需要与时俱进的调整规划内容。

第二,由于大运河遗产的复杂性,保护规划需要考虑和协调的利益相关部门众多,各部门阶段性的工作目标可能发生调整与转变,都将对大运河遗产保护规划产生影响。在申遗阶段,相关领域的专项规划反映着各部门的工作方向和意图,如水利部门的流域综合规划、城乡规划部门的城市总体规划和历史文化街区保护规划、交通部门的航道运输规划、国土资源部门的土地利用总体规划等。这些规划也存在多种层级,数量众多,且规划编制期限和修编期限并非完全一致,与大运河遗产保护规划存在相互影响的关系,彼此间的地位和效力高低也未得到法律层面的确认,规划的变更可能导致大运河遗产保护规划目标的实现产生制约或背离。而随着我国国土空间规划体系的建立,将重新构建各类专项规划与国土空间规划的关系,更是规划领域的一次重大变革。

第三,保护规划需要与现实发展的动态性特征相适应。在保护规划制定的目标与策略付诸实践的过程中,保护规划的决策从宏观到微观,从整体到部分,受各种因素的影响,都可能发生随机改变,大运河遗产保护规划还是以控制性保护思路为主,保护规划中看似理性的决策其实不可能完全对应实践中存在的各种偶发因素。经过一段时间的实施后,根据实施结果又需要即时反馈来修正规划目标、调整原有规划。

5.2.4.2 对规划缺乏监测、评估和修编的制度安排

与"国际上基于多维价值的保护规划将保护规划视为一个动态过程,确定规划成果应该是开放性的"所不同的,申遗阶段编制的大运河遗产保护规划尚未就成果的监测、评估和修编机制做出规定。

我国的全国重点文物保护单位保护规划尽管也有随着出现新问题进行修编的案例,但由于文保单位保护规划体例成熟的时间较晚,即便是国保单位也尚未完成保护规划全覆盖,对保护规划也没有形成定期修编的机制,大运河遗产保护规划缺乏行业内的参考。

从大运河遗产保护规划编制要求的规定看,在一阶段编制要求附录中曾经提出"大运河遗产保护规划的编制过程是动态的";二阶段编制要求则完全没有关于保护规划动态性的考虑。而一阶段编制要求中对"动态"与国际上基于多维价值的保护规划将规划的编制——→实施——→反馈——→修订视为一个循环的过程不同,这里的"动态"更关注对编制方法与一阶段规划成果的完善,而并非强调规划本身应该是一个持续性过程。编制要求中如此解释:"《大运河遗产保护规划第一阶段编制要求》尚未经实践的检验,在执行过程中会遇到多种更为复杂的实际问题,因此大运河遗产保护规划的编

制过程是动态的,即在规划编制过程中及时总结经验、及时修编规划编制办法,以确保大运河遗产第一阶段保护规划成果的质量。"① 该说明并未考虑到规划实施后的评估与反馈。而对大运河遗产所进行的监测,也主要是针对大运河遗产的状况,鲜有强调对大运河遗产保护规划的有效性和实施状况进行监测并记录情况,定期评估再及时反馈以开展下一轮规划修编的。

5.2.5 关于规划的技术理性

大运河遗产保护规划受到编制时期和工作目标的局限,与当时的文物保护规划具有更多的相同之处,即规划保护的对象是遗产本体、相关的历史和环境要素以及环境风貌,对实物要素的研究和对历史范畴的价值认定比较充分。按照文物保护规划的工作逻辑,通过充分的历史研究、价值评估和现状评估,确定保护区划,划定较均质的"保护圈",再制定管理规定和保护措施。文化遗产保护的根本目标体现的是代际公平的原则,维护的是子孙后代的利益。在这样的思想指导下强调通过完备的知识基础和准确的评估,确定在约束范围内达到目标的行动方式,具有长远、综合与价值中立等特性,体现的是一种客观的理性。这与基于多维价值的保护规划将规划视为一个动态连续的过程,在强调技术性的同时也不忽视规划的政策属性,将规划视为一种合作式的沟通与谈判过程,强调规划具有弹性和适应性而不是标准化的(详见本书 2.3 节)等规划思想上都存在较大的不同。

但是大运河遗产面临复杂的社会、经济等方面的问题,社会现象的复杂性引发的不确定因素和不可知因素,远比一般文物保护规划要多。如果将大运河遗产保护规划中的内容归纳为遗产特性确认和对象界定、资料搜集与价值评估、保护区划划定与管控要求制定几个主要环节,那么在这些环节中追求长远、客观的技术理性都遭遇到现实的挑战。

首先,在遗产特性确认和对象界定的环节,本身就是规划人员对大运河遗产特性和对象构成的一次辨析、认定与解释的过程,在申遗的背景下,这种认定和解释具有特定的现实意义,是以最适合申报的遗产类型的评判标准来对大运河遗产进行的诠释和归纳。作为规划工作的前提,规划人员认识大运河遗产和建立规划目标从一开始就不是以完全客观为基础的。

资料搜集与价值评估的环节,是希望通过全面搜集大运河遗产相关的历史、现状资料,评估其价值,分析问题。从这个环节的实际情况来看,规划团队尽可能搜集了资料,汇集的历史沿革、地理、文化、社会经济、水利、交通等各类文字、数据与图纸资料不可谓之浩繁,有些甚至已经超出了规划人员的专业背景(如水利、交通等相关行业资料和专业规划),也就难以被透彻理解以用来对价值和现实问题做出更准确和深刻的分析,只有其中被理解的部分可能对下一步的规划工作产生影响。此外价值评估的过

---

① 中国文化遗产研究院,东南大学. 大运河遗产保护规划第一阶段编制要求(试用),2008.

程中，尽管采用了多种多样的评估方法，但都有团队的主观性影响，客观、价值中立的技术理性不可能完全实现。

而保护区划划定与管控要求制定的环节更是价值利益竞争冲突体现得最明显的环节，按照保护规划的技术路线，在经过前两个环节的工作后推导出保护区划、管理规定以及其他的保护措施是顺理成章的，但在这个环节，规划需要调和大运河遗产保护中复杂的现实要求，各种利益相关者也通过自己的权力向规划施压，规划的最终成果在一定程度上表现出对决策部门权威的顺从。

综上，对大运河遗产保护规划编制的技术理性可以总结出以下两方面特征：

第一，由于编制团队专业背景的限制，在信息资料收集和理解上的困难，在时间、精力、资金等方面的约束，尽管尝试通过组织多专业人员参与，尽可能建立理性的分析，但实际的保护规划编制过程的技术理性仍然是"有限理性"的。

第二，规划编制的技术理性离不开政治，大运河遗产保护规划作为一种政府行为，决定了规划编制过程中对规划目标的追求，本质上服务于政策目标，这种技术理性中不可避免地含有"政策实施工具的理性"。

认识大运河遗产保护规划编制技术理性的特征，旨在明了大运河遗产保护规划的实际过程不应该被视为一个封闭、刚性、纯粹的技术事务。如果以为可以通过技术上全面、准确的理性评估确立最优的保护目标，然后在"价值中立"的美好愿望下提交给决策者选择，是对这样一类大尺度、内涵复杂的保护对象的保护规划编制过程的曲解。但是把这样的保护规划编制过程完全等同于政治活动也是失实，保护规划编制毕竟是一种建立在专门理论知识基础上经过研究与分析制定策略的具有很强技术特征的活动。它的存在伴随着政治过程，也使得技术的各个环节具有了更深的社会内涵。

大运河遗产保护规划的根本目的不仅是准确描述大运河遗产的价值，划定一定区域，对该区域增加行政审批手续，而是要在这个技术与政治相结合的实践过程中，实实在在地把大运河遗产本体和环境的保护、空间资源的利用和政府政策意图结合，实现维护公共利益的使命。规划编制过程在政治上的有效虽然并不等同于规划作用的有效，但它对后者显然也有重要的影响。因此，在改进规划编制方法，提高规划成果质量时，需要考虑的问题是双方面的，一方面是技术上的提升，增强保护规划的综合分析评估和提供合理技术措施的能力；另一方面，还需要跳出过于技术的视野，培养规划编制中适应政治时势的能力。规划人员可以将专业经验的判断表达在提交给决策者的规划文件中，诸如通过观点明确、色彩强烈的解说（口头或书面），清晰有说服力的图纸表达，对决策者的抉择施加微妙的影响。但更重要的是整个规划编制过程应该采取与环境相适应的技术路线，使规划师与决策者之间具有更多双向价值互动的机会，避免规划师技术理性思维下的理想结果与各种现实局限产生障碍对抗，而使规划者和决策者以及其他多方利益相关者的冲突能够得到整合。而这些也是我们从国际上基于多维价值的保护规划的理论与实践中所能得到的启示。

5.3 对大运河遗产保护规划编制的改进

5.3.1 规划层次设定在战略层面

5.3.1.1 规划层次设定在战略层面的必要性

《全国重点文物保护单位保护规划编制审批办法》中规定,规划可以根据文物保护单位的规模和复杂程度分为总体规划和专项规划,《中国文物古迹保护准则》中也有相似的规定。在申遗阶段,与大运河保护规划需要衔接的规划主要包括相关城市规划、水利、交通等专项规划。在那个时期,城市规划包括城市总体规划、控制性详细规划、修建性详细规划等层次。面对大运河这样内涵丰富、跨越广阔地域的遗产,保护规划的编制也应该划定不同的层次,并对不同层次的规划内容和深度做出详细的规定。这样的做法才能与当时已经比较成熟的城乡规划体系有效衔接,使保护规划的目标可以更好地被纳入城乡规划体系中,确保大运河遗产保护规划的有效性。而在大运河遗产保护规划编制过程中,相关行业的专家和行政主管部门一直要求大运河遗产保护规划要做好与已有规划的衔接,虽然同相关规划协调这样的指导思想本身没有错,但是这种将多种规划的衔接寄希望于一个规划来完成的要求显然是有些不切实际的,是一种对规划效能的理想化和夸大,也是要求规划"做得太多"。

相关行业规划的衔接是一道难题。在我国提出建立国土空间规划体系之前的若干年,"多规合一"已经成为规划领域探讨的热点。一直以来由于我国的文物保护规划主要借鉴了城市规划中的一些技术方法,文物采用的主要是静态保护思路,且对文物的保护范围和建设控制地带的管理职能划分在《文物保护法》和《城乡规划法》中已经明确,因此对文物保护单位保护规划与城乡规划的衔接并未成为学术界关注的焦点。但是不同行业规划之间的衔接实际上存在很多困难,以较早探讨衔接问题的土地利用规划与城乡规划为例,尽管在《土地管理法》和《城乡规划法》中,明确了"城市总体规划"应当与"土地利用总体规划"相衔接,"城市总体规划"中建设用地规模不得超过"土地利用总体规划"确定的规模,但还是存在规划两张皮现象。自20世纪90年代末"土地利用总体规划"出现,就有大量学者专门进行了"两规"衔接的研究,尝试从制度与技术的层面,就"两规"的指导思想、技术标准、技术路线、规划方法的成熟度、审批管理权限等存在的分歧和衔接途径展开探讨①。这些研究成果并未形成规范性文件用于指导实践,使得"两规"衔接一度主要依赖于住房城乡建设部和国土资源部对"两规"确定的审批先后关系。此后,又有学者提出空间规划体系中的"三规"(国民经济与社会发展

---

① 石华.城市总体规划与土地利用总体规划协调研究[D].杭州:浙江大学,2006.
尹向东.土地利用总体规划与城市总体规划协调体系初步探讨[C]//中国城市规划学会.生态文明视角下的城乡规划:2008中国城市规划年会论文集.大连:大连出版社,2008.

规划、城市总体规划与土地利用总体规划）、四规（国民经济与社会发展规划、主体功能区规划、土地利用总体规划和城市总体规划）之间的协调。直到我国开始建立国土空间规划体系，提出通过国土空间规划实现"多规合一"，解决规划类型过多、内容重叠冲突等问题，以全面提升国土空间治理能力。由此，今后大运河遗产保护规划或同类型规划中过去面对的与土地利用总体规划、城市总体规划、主体功能区规划、国民经济与社会发展等几类主要规划相衔接的问题将经由国土空间规划的整合解决。

但是，大运河遗产保护规划涉及的规划衔接问题更为复杂，不仅上述提及的几规都与大运河遗产保护具有一定关系，其他密切相关的还有水利部门、交通部门、环保部门的流域综合规划、南水北调工程规划、航道建设规划……如此名目繁多的规划，相互之间在制度层面、技术层面都有厘不清的千头万绪，指望一个大运河遗产保护规划能处理好与所有这些规划层次、指导思想、技术标准、规划年限、地位与效力都不同的专项规划协调的问题，显然有些期望值过高。在大运河遗产保护规划的编制实践中，所谓的规划协调其实存在一种简单化的倾向，就是对在用的河道和水利工程设施，如果水利、交通两个领域存在已经批准的规划，确定有建设或整治项目的，就采取默认许可的处理方式，在管理规定中开绿灯。而对这些项目和其他行业中尚未引起本次保护规划重视的其他项目，究竟可能对大运河遗产本体和环境产生怎样的影响，由于缺乏专业背景知识，规划只能从遗产保护的角度原则地提一些控制要求，但在其他行业看来并不一定具有足够的专业指导意义，也不一定能约束住所有可能带来破坏的行为。

随着《中共中央国务院关于建立国土空间规划体系并监督实施的若干意见》（中发〔2019〕18号）等文件的出台，国土空间规划体系框架及其与相关专项规划之间的关系逐渐得以明晰，根据国土空间规划的"五级三类"规划体系，专项规划要以国土空间规划为基础，相关专项规划要相互协同。此后出台的《市级国土空间总体规划编制指南》中，进一步明确了相关专项规划经依法批准后要纳入市级国土空间基础信息平台，叠加到国土空间规划"一张图"。各级国土空间规划作为对未来发展的一种谋划、预判和前瞻，要向人们展示未来发展的愿景、目标和使命，战略性是其内生的要求。大运河遗产保护规划属于文化遗产保护类的专项规划，市级以上层次的大运河遗产保护规划应与对应层次的国土空间规划做好衔接，以辅助国土空间规划对规划地区内全部国土空间要素的战略布局做出重要决策。

通过第2、第3章分析国际基于多维价值的保护规划可以发现，在国外与大运河具有相似特征的文化遗产的保护与管理中涉及大量相关机构和部门的情况也十分常见，同样也需要处理保护规划（或管理规划）与其他规划的关系。而无论是欧洲国家还是新世界国家，都没有希望保护规划一管到底，它们对保护规划的层次定位是相似的，即定位在战略层次，是作为一种指导性文件，不试图替代任何相关部门的职责和规划，目的是为利益相关者制定一些能为大家共同认可的行为标准。在英国，管理规划不具有法定地位，是经规划委员会讨论并公布，通过在广泛的利益相关者之间达成的共识来约束各自的行动；而在加拿大，管理规划具有法定地位，但同样是一种战略性规划，是为后续的管理、规划和实施确立的一套工作框架。因此,为了不使保护规划的编制目的产生偏差,大运河遗产这样的保护规划应明确在文化遗产保护工作中的"龙头"地位,不需要追求编制内容的面面俱到,也不是编制大运河遗产本体的技术保护方案,而应当着重战略指导原则和行动纲领的确定。

5.3.1.2 组织方式与规划内容的调整

与国际基于多维价值的保护规划相比,大运河遗产保护规划的编制表现为更加僵化的模式,要实现对大运河遗产的保护管理要求,规划编制就应该淡化静态规划的传统思路,强调规划向战略性、动态性和灵活性转变。大运河遗产保护规划作为调整利益相关者对文化遗产需求利益关系的纲领性文件,不应将规划关注的重点停留在技术层面和具体的设计与实施细节上,而将保护规划定位在战略层面以提升规划的有效指导作用,可以从下列方面加以调整。

1)开展规划试点与增加总体规划纲要编制

在大运河遗产保护规划编制过程中,对大运河遗产保护规划体系有所探讨,并且研究制定了《大运河遗产保护规划第一阶段编制要求》和《大运河遗产保护第二阶段规划编制要求》,构建了梯次结构的大运河遗产保护规划体系。几个阶段的保护规划的技术路线和内容构成接近。第三阶段的《大运河遗产保护与管理总体规划》的内容分为:总则,遗产认定,遗产价值评估,遗产现状评估,规划原则、目标与基本策略,保护区划与管理规定,保护措施规划,遗产利用与展示规划,遗产管理规划,遗产研究规划、遗产环境保护规划、近期规划,附则等几个部分。这样的内容构成是按照界定遗产——→评估遗产价值与现状问题——→制定响应策略的思路展开,符合实际工作要求,与本书2.1.3节所述"基于多维价值的保护规划"的工作流程的基本思路也一致,因此在规划的基本内容方面并不需要有重大的调整。

三级规划体系所起的主要作用是解决了大运河遗产特性与价值的梳理和围绕其展开的遗产筛选,以及对第一阶段 35 个地市级规划成果的标准统一问题。如第 4 章所述,尽管保护区划划定的最终任务是落在地市级规划的,但在地市级规划的编制过程中,除了标准不一外,还有相当一部分规划没有能够解决,包括保护区划的操作性等重要问题。受到时间等因素制约,无法再回头对第一阶段规划的未尽事宜进行修正,对有效指导后续层面的详细规划编制和规划实施工作存在很大影响,这是由于在规划开展之初对大运河遗产问题的复杂性认识不足造成的。尽管在地市级规划开始之前先编制了一阶段规划编制要求,但对大运河遗产核心属性的认定、价值构成、不同区段的保存现状、不同部门多元化的利益诉求、保护区划的划定等在当时都缺乏研究。

今后在面对大运河这样的遗产开展大规模的规划编制工作时,如果在时间、经费、人员等许可的情况下,可以采取规划试点先行的方式,通过试点研究技术规程,开展基础评价,明晰规划思路,形成一套试点成果,探索上下协同编制规划的路径、模式,为其他地区的技术路线和编制方法提供借鉴。对试点过程中出现的重大问题和重要创新成果及时总结,再根据呈现出的重大问题增加全国层面的总体规划纲要的编制,则有利于改变之前保护规划的局面。根据大运河遗产的特征,在总体规划纲要中应包含并不局限于以下内容:

- 陈述遗产的概况、历史沿革、确定保护对象的基本类别;
- 界定利益相关者;
- 研究与确定价值构成,初步评估遗产的价值;
- 分析与评估遗产保存现状,指出保护与管理面临的主要问题;
- 确定总体规划的目标与原则;
- 针对现存主要问题,提出基本规划对策(需征询主要利益相关者意见);
- 明确保护区划划定的原则与管理规定的制定原则(需征询主要利益相关者意见);
- 制定总体规划的主要任务,并明确地市级规划、省级规划的任务分解;
- 制定研究与咨询项目计划;
- 针对发展压力和考古需求等,制订优先行动计划。

提前在国家层面就规划的方向、主要利益相关者的意见、规划的技术标准进行研究,有利于在地市级规划中更加有的放矢,也有利于增强地市级规划的可操作性。

2) 分项规划的制定向指导策略与行动框架的方向转变

从大运河遗产保护规划的编制来看,规划以保护区划的划定与管理规定的制定为核心,其他的保护措施、展示规划等专项内容则偏重于详细的技术措施或者是实施项目的确定。而从本书2.2.1节分析国际上的基于多维价值的保护规划可知,基于多维价值的保护规划普遍定位在战略规划层面,虽然规划中也有与上述相近的内容,但是在内容上更偏重于指导性策略以及行动框架的确定。

以十分重视保护规划的英国为例,保护规划没有法定地位,是一种指导性文件,强调通过在规划委员会和广泛的利益相关者之间达成一定的共识后予以通过并公布,来指导利益相关者制定、修编与实施各自领域的相关规划。大运河遗产保护规划对保护区划涵盖区域的管控是通过遗产保护专家结合本领域的《文物保护法》和相关行业的法规尽可能全面的考虑潜在破坏因素后对可能发生的各种建设行为提出一定管控要求和审批管理规定来实现。而与此有所不同的是,《哈德良长城世界遗产地管理规划》尽管也划定了世界遗产地的范围和缓冲区,但更强调通过这样一个管理规划的编制将该地域范围涉及的大量个人和团体的利益相关者根据其职责和地理区域联系在一起,制定能够为利益相关者所一致同意的保护管理架构以保护遗产的价值和解决矛盾冲突。规划的执行主要取决于那些存在合作关系并愿意积极参与工作的利益相关者。管理规划认为应该通过利益相关者的工作来保护世界遗产的真实性、完整性与突出普遍价值,规划的重点是放在制定需要由规划委员会组织和由利益相关者各自开展的工作计划上。

《哈德良长城世界遗产地管理规划》(2008版)在制定保护策略的核心部分(第六部

分)按照"目标——→主题——→政策——→行动计划"四个层级来制订规划委员会与利益相关者的工作计划。如在"保护世界遗产"的目标下确定的其中一个主题为"世界遗产的法定保护",由于各级城市规划被认为是保护世界遗产和缓冲区的重要工具,在管理规划(2008版)的编制过程中,相关的12个地方政府都同意并通过了一个作为管理规划支撑的三级规划框架。这个三级框架包括:需要提交一份保护世界遗产的考古遗迹、真实性和完整性的文件,对世界遗产的考古遗迹及其环境有不利影响的发展项目不能被通过;缓冲区中的发展建设需要评估其对世界遗产突出普遍价值的影响,特别是重要的视线区域,对世界遗产突出普遍价值有不利影响的项目不能被通过;缓冲区以外区域的发展建设对世界遗产突出普遍价值的影响需要被慎重评估,任何可能产生不利影响的项目不能被通过。在此基础上,管理规划再制定出以下政策:地方政府应该在地方发展框架的编制中执行三级规划框架;地方政府应要求对任何可能给哈德良长城遗产地范围和缓冲区带来影响的重大发展项目编制环境影响评估报告;地方政府应该评估缓冲区外可能对世界遗产的突出普遍价值产生影响的发展项目,应向有关专家咨询,在需要时应要求项目申请人提供进一步的信息以开展评估,对世界遗产的突出普遍价值产生不利影响的发展项目不能被通过。并确定出相应的行动计划:建立一项地方政府与管理规划委员会和哈德良长城遗产有限公司(HWHL)共享、监测、回顾信息、政策、行动(与保护世界遗产的突出普遍价值相关的建设活动)的机制。[1]

同样的,里多运河的管理规划也是一种战略性规划,它涵盖的内容包括运河遗产保护、生态系统管理、滨水土地利用与发展、游客设施与服务在内的多个分项内容。各分项按照"当前的工作——→面临的挑战——→战略目标——→国家公园局采取的主要行动——→与其他部门合作的内容"的结构编制,以其中游客设施与服务的部分为例,规划首先阐明了旅游对里多运河廊道区域的经济影响(包括对GDP和就业的贡献度),指出发展旅游符合加拿大国家公园局的历史运河政策以及发展旅游存在的负面影响。然后按照当前的旅游市场计划、旅游面临的挑战、影响旅游的趋势、战略目标、国家公园局的主要行动、与其他利益相关者合作的主要行动层层推进来制定工作框架,明确下一步工作开展的基本原则与方向,但并不涉及具体的如在哪里设置游客服务设施等实施层面的内容。[2]

大运河遗产的保护区划涵盖了国家公布的各级文物保护单位和历史文化街区的保护区划,这些是具有法定保护意义的范围,任何单位和个人都必须严格遵循有关法律的规定。除此以外,本次规划还划定了河道和水利工程设施的保护区划,由于大运河本身承担的当代职能,运河沿线所涉及广大带状区域面临的建设压力,规划实践已

---

[1] Hadrian's Wall Heritage Ltd. Frontiers of the Roman Empire: Hadrian's Wall World Heritage Site Management Plan 2008—2014:85-86 [2012-02-11]. http://www.hadrians-wall.org/page.aspx/About-the-World-Heritage-Site/Management-Plan.

[2] Parks Canada. Rideau Canal National Historic Site of Canada Management Plan, 2005:41-43 [2012-03-01]. http://www.pc.gc.ca/docs/r/on/rideau/pd-mp/page.aspx.

经充分显示出对这些区域在参照《文物保护法》的基础上制定的管控要求成为引发关于保护区划争议的核心所在(如水利部在 2011 年 11 月对《大运河遗产保护与管理总体规划》(修订稿)出具的书面意见中就提出大运河不同于文物,应区别管理①),可见这样的控制方式不能从根本上解决这些区域面临的问题。要改变这种状况,对这部分界划范围内的管控要求,可以借鉴国际上基于多维价值的保护规划的方式,以界定文物主管部门需要独立开展的和需要与其他相关部门配合开展的工作为主,并明确"需要保护什么""必须提供什么""不能发展什么"这样一些能够被普遍遵循的行为准则。此外,尽管在《大运河遗产保护与管理总体规划》中没有包含,但大运河遗产相关的环境整治、生态保护、社会经济调控等分项内容也与大运河遗产的保护密切相关,在地市级规划中不同城市的编制方法与深度不一,同样可以参考上述国际上的经验,以政策性、调控性的内容为主,明晰文物主管部门同其他部门的工作方向,由追求技术措施的科学性转而面向政府的管理和行动。

5.3.2 价值评估方法学的完善

保护规划中的价值评估需要放在规划和决策的整体关系下来考虑,至少需要解决几个问题:价值的阐述、方法论问题与评估策略、整合评估结论用于指导决策。从大运河遗产保护规划的编制实践情况看,上述几个环节都有进一步完善的空间。本研究认为对大运河遗产的价值评估而言,尤以价值评估方法学的建构最为关键,从实务层面可以从几个方面入手,一是完善价值评估的流程,二是完善评价体系中的价值认定类型,三是确立价值间的协调保护思路。

5.3.2.1 完善价值评估流程

在大运河遗产保护规划中,通过前文的分析可知,各地市级规划的价值评估策略与方法五花八门,虽然各区段大运河的自然地理环境、工程技术特征、保存状况、当前承担的功能有所不同,在价值的内涵和具体表现上也存在差异,但可以在价值评估的流程和策略上有所统一,以把握评估的基本方法和深度,建立能够落实于制度层面的评估方法。这里的评估流程包含两方面的含义,首先是需要厘清保护规划中价值评估与前后相关环节的承续关系,其次是需要细分价值评估的几个基本步骤,确定各步骤的工作事项。前者可以帮助确立评估目标、弄清价值评估所需的信息和资料,后者则是价值评估的实际操作程序。我国的《文物保护法》《中国文物古迹保护准则》和《全国重点文物保护单位保护规划编制要求》在"价值评估"的相关部分都只论及了价值的类型而没有提出具体流程,使得价值评估阶段的前后期工作与评估之间缺乏很强的关联关系,当评估对象的价值内涵如大运河一般比较复杂时,对价值的认知和评估路线的选取更仰赖于编制团队的理解。如果要使保护规划的各个环节之间有更好的关联性,

---

① 中华人民共和国水利部办公厅.办建管函〔2011〕883 号.关于大运河遗产保护和管理总体规划(修订稿)的意见,2011.

则可以借鉴国际上基于多维价值的保护规划的价值评估的工作流程。

基于多维价值的保护规划的价值评估如第 2 章所分析的可分为价值的认定、价值的评估与阐释、重要性陈述几个环节。大运河遗产保护规划中虽然没有统一,但实际上无论是各个地市级规划还是总体规划都有自己的评估流程,与国际上的方法相似的是,在具体价值的评估环节中采用了分级、定量等评估方式,只是从大运河保护规划的实践情况来看,在评估过程中更多的聚焦于过去认为重要的一些价值类型而未能在概念上保留较大的弹性容纳新的思维,这与我国文物保护领域多年来的理论与实践经验有关。为了保证价值评估的全面、科学、完整、客观,需要建立一套评估流程的标准,这套程序在每个环节中适宜采用的方法需要提供一种集体工作机制,既有利于吸纳多学科的技术支撑,也可以容纳各方利益相关者。(表 5.2)

表 5.2 价值评估的流程、工作方法与工作事项

价值评估步骤	工作方法	主要工作事项
评估前准备	1. 文献收集 2. 田野调查 3. 勘测	1. 收集地形图、历史文献、历史舆图、历史照片、档案证据、口述历史等; 2. 登记大运河现存相关遗产(详细记录大运河遗产的区位、现状、建设年代与沿革、周边环境状况等); 3. 在前两项工作基础上梳理规划范围内的大运河遗产的历史与发展,并进行初步的分类和分析
价值的认定	1. 类型学方法 2. 文化人类学方法 3. 利益相关者的协商	1. 分析并确定大运河遗产的总体价值构成; 2. 在确定大运河遗产总体价值构成的基础上,对大运河遗产的基本特性获得认知,对大运河遗产进行分类,将价值对应到载体,并进一步确定分类遗产的价值构成以及价值的具体表现或价值的影响因素
价值的具体评估与阐释	多种学科方法	1. 针对不同的价值类型,选择特定的评估方法; 2. 针对不同的遗产类型,选择特定的评估方法; 3. 当遗产涉及的地域范围特别广,体现出不同的价值特征时,也可以分别评估(如大运河遗产总体规划阶段采取的分段方式)
价值综述	1. 团体程序 2. 比较法	正式说明大运河遗产的总体价值,总结价值特色

资料来源:笔者绘

价值评估的三个主要环节,在时间和预算许可的范围内是迭进的,开头目标可能不十分明确,但可以逐渐明晰,进行到后面的环节也可以回头适当调整。上述价值评估环节完成后,还需要结合保存现状、管理现状等评估,在盖蒂保护研究所的保护规划工作程序中,这些被归入到价值评估的最后阶段,而在我国的保护规划中是分开的,主要的作用在于将价值与能够反映这些价值的主要物质要素和面临的现实问题联系在一起,才能使价值评估应用于指导后续保护策略的制定。

5.3.2.2 完善价值类型,确立评估的立场

从基于多维价值的保护规划中"价值"的概念来看,要求的是综合全面地考虑不同利益相关者对遗产的价值认识。既关注文化遗产的固有价值,也关注文化遗产的非固

有价值;既关注文化遗产的历史价值,也关注文化遗产的当代价值。基于多维价值的保护规划中的利益相关者不再局限于历史、考古、建筑等领域的专家,而界定为是任何在遗产中享有合法利益的团体或个人。基于多维价值的保护规划将文化遗产保护视为社会文化活动,而不是一种单纯的技术实践;强调在价值评估乃至保护规划的整体过程中纳入遗产保护圈内人与圈外人的视角。有这样的价值评估前提,在价值评估的第一个环节,价值构成的认定就应该是尽可能全面的。

在前面的章节中已经分析过,大运河作为活的流动的遗产,特殊性正在于它在当前的水利、航运等领域仍具有极大的实用价值,进入后申遗时代,大运河文化带建设成为国家重大发展战略,申遗红利逐步释放,大运河沿线区域的文化、景观、旅游等方面的价值变得更为突出。但是大运河遗产保护规划作为以申遗为特定目标的保护工作,价值评估缺乏对这些价值类型的充分研究,在大部分地市级规划的价值认定环节就缺失了这些价值类型,在总体规划中虽然从技术、经济、社会和景观四个方面来评估大运河遗产的价值,却仍是从在历史上所发挥的作用和具有的历史地位角度进行阐释。因此有必要补充与完善经济、景观、社会等价值类型的研究含义,不能因为这些价值可能给保护规划的目标带来一些"杂音"而有所回避。需要指出的是这里的经济价值并非专指物质资产的货币价值,而是相对文化价值而言,更多的应指大运河的使用价值和对区域经济的贡献。在属于保护规划早期阶段的调查与评估中,为了制定后续保护措施调查遗产的使用价值、景观价值等也是合理的做法。鉴于这样的思路,本研究针对规划中矛盾冲突最集中的在用的河道和水工遗产,在原大运河遗产保护规划的基础上提出价值评估的优化评估体系。(表 5.3)

表 5.3 在用河道和水利工程设施价值评估体系

价值类型	权重	评估因子	权重
技术价值	30%	规划设计是否解决了重大问题	8%
		是否体现了重要工程建设理念,结构、材料和工艺代表某一历史时期的科技水平	8%
		是否具有传播和传承的价值	7%
		记录和保存的科学技术资料是否完整、系统,在科技史中的地位	7%
经济价值	27%	历史上对社会经济制度的影响,对经济的促进作用	7%
		当代在水利方面的作用,发展需求和潜力,对社会经济的影响	6%
		当代在航运方面的作用,发展需求和潜力,对社会经济的影响	6%
		可供休闲旅游的价值	4%
		形成的环境景观对提升周边土地价值的影响	4%
社会价值	25%	历史上对区域政治、经济、文化、生活、思想发展的影响	7%
		历史上对文化交流与传播的作用	6%
		是否承载或反映着独特的社会文化信息	6%
		当代的宣传教育、文化传承的作用,对当代社会生活的影响	6%

续表 5.3

价值类型	权重	评估因子	权重
景观价值	18%	历史上对地形地貌和景观的影响	7%
		对维持区域生态系统平衡的意义	6%
		是否具有富有特色的生态景观	5%

资料来源：笔者绘

此外，要全面评估遗产的价值，必然会面临不同的价值冲突，此时还需要坚持一些"立场"。如在经济价值为遗产保护组织所重视的美国，负责管理国家自然资源和文化遗产资源的美国内政部在"考古与历史保存标准与指南"中就提到，在完成信息调查收集后，需要选择一种"立场"，即指出如果文化价值与使用价值有所冲突，保护规划可能会面临不同的选择，从保护的角度出发，应优先考虑文化价值。[①] 虽然基于多维价值的保护规划不希望先验的将历史价值、艺术价值等置于近年来逐渐得到重视的经济价值、情感价值等更优先的地位，但作为以保护文化遗产为根本目的的规划，在不简单设定不同价值之间从属地位的基础上，也必须充分阐释保护历史文化价值的重要性。

5.3.2.3 确定价值间的协调保护策略

要想面对价值冲突，实际指导保护决策的制定，并不能简单将某些价值置于比其他价值优先的地位，而需要坚持整体性保护和协调保护原则。本研究认为《大运河遗产保护与管理总体规划》中确立的技术、经济、社会、景观四类价值的矛盾冲突集中在经济价值的功利性与其他价值的非功利性之间，需要制定协调发展的对策，以达到保护大运河遗产综合价值的目的。

大运河遗产的经济价值主要体现在：①作为区域输水通道，通过跨流域的水资源合理配置，缓解我国北方水资源短缺问题，促进南北方经济、社会、资源、环境的协调发展；②作为内河航运要道，对资源调配、南北方经济交流、提振区域经济竞争力都具有重要意义；③作为工农业水源，至今仍是区域农业安全的重要基础，也是部分城市工业用水的重要水源；④作为文化生态旅游廊道，促进跨区域文化特色保护，区域经济发展，助推旅游与相关产业的共同发展。

从经济价值与技术价值的关系看，无论是南水北调工程还是航道的建设发展，不仅是对传统水利思想的传承，而且利用自然资源，综合运用的现代规划、施工技术，在跨区域调水、水污染治理、工程地质维护、码头设置、航道建设、闸门水位保持、防洪排灌的建设等方面有所技术创新，是对技术价值进行的传承和创新。但如果在使用新技术时忽略了对能够体现运河建造技术的水工设施遗存的保护，也会对大运河技术价值的保护产生破坏。

从经济价值与社会价值的关系看，虽然大运河在当代的利用对继续促进南北经济

---

① 黄明玉.文化遗产的价值评估及记录建档[D].上海：复旦大学，2009：145.

和文化交流、旅游和相关产业发展、传承与运河相关的文化习俗、影响地方生产生活方面具有积极作用,且随着南水北调工程、大运河文化带、大运河国家文化公园等建设,也提升了地方政府和公众对大运河遗产的价值认识,但是航道的升级和南水北调工程对运河的改造利用还是会直接影响到运河本体和相关遗产点。如江苏的里运河、中运河和洪泽湖周围因为抬高水位会形成一定淹没区,对运河遗产会产生较大影响[①],无锡外围运河、新运河的航道升级也有可能影响到沿岸的洛舍镇、惠山古镇。

从经济价值与景观价值的关系看,在南水北调东线工程建设、运河航运等级提升以及大运河文化带的建设过程中,对周边的自然、半自然、人工景观也存在利弊两面性,既有助于对生态系统的恢复与调节能力,有利于运河沿线的景观优化,使得运河沿线地区成为具有良好感知度的休闲游憩资源,集生态建设与文化保护、旅游发展、文化产业开发于一体,而另一方面如果工程措施采取不当,也可能与沿线的既有景观环境产生不协调乃至带来破坏。经济价值与景观价值的另一个矛盾还体现在运河周边区域面临的发展压力上,这也是不容忽视的矛盾冲突所在,这样的情况在其他国家的同类型世界遗产中也存在。如里多运河虽不是被指定为文化景观,但 ICOMOS 评估委员会仍建议:"在完成对运河视觉环境的调查后,建议加强缓冲区外的视觉保护,以确保在保护环境价值的同时能保护其视觉价值。"[②]该项建议正是考虑到里多运河面临的地方政府和其他相关部门在土地利用规划和经济发展决策中对里多运河廊道的擅自占用情况。里多运河面临着持续发展的压力,如公寓、村舍、零售商店、购物中心、酒店、游客设施、旅行车停放场地的开发与建造,甚至面临新的能源生产设施与煤矿的开发。

要完善大运河遗产的价值评估,必须对大运河遗产的技术、经济、社会、景观等几个方面的价值表现与价值冲突有充分的认识,不能简单地将某一类价值至于绝对优先的地位。但是需要始终坚持尽可能保护文化遗产的目标,针对具体问题,再提出如航道的改线建设、航道拓宽过程中两侧河岸的处理措施、沿岸界面的整治要求、两岸建筑体量的控制要求以及适当的遮蔽措施等策略。这些保护策略的提出必须基于具体的调查、研究和比较,利益相关者的团体工作程序和价值的协调保护理念。

5.3.3 利益相关者参与模式的构建

大运河遗产保护价值冲突的本质,是所涉及的不同利益主体之间的利益差异性。要想真正达成共识,有效保护大运河遗产应该将保护规划的编制视为一个博弈过程,其中需要包含理性的技术成分和现实的平衡两方面综合的结果。由于与国外"市民社

---

① 马文波,宫肖愿.南水北调东线工程与运河文化遗产保护[J].东岳论丛,2007,28(1):199-200.
② Heather Thomson, Heritage Planner, Parks Canada. Unlocking the Rideau Canal: Planning for the landscape of a World Heritage Site. Irish National Landscape Conference[C]. Published by the Heritage Council Kilkenny, Irelend, 2009:79-88 [2010-09-02]. http://www.heritagecouncil.ie/fileadmin/user_upload/Events/Landscape_Events/conferencepapers/Landscape_Conf_09_Published_papers.pdf.

会"的传统不同,在我国的高速化发展进程下,对规划编制与审批管理也往往要求高速高效,在不同的社会背景下,要完全照搬国外的规划模式显然不适合,要确保利益相关者在保护规划编制中的有效参与除了必须具备相应的制度保障外,也需要探讨适合现实情况的利益相关者的参与模式与方法。

5.3.3.1 规划委员会的建立

利益相关者的参与,必须在一定的范围和条件下进行,否则就大运河遗产面对的利益相关者极为复杂而广泛的情况,要求给所有的利益相关者提供参与途径可能失去其可操作性,结合我国的国情和机构设置情况,由主要的利益相关者成立规划委员会是一种适当且必要的方式。利益的协调需要有一定的调节对象,由这些对象建构一种合作伙伴模式,而这种合作伙伴模式以建立委员会为基础,这已经是一种经由国际上的经验证明可行的方法。如英国的哈德良长城管理规划率先在英国倡导了这样一种模式,自1996年第一版管理规划的编制开始,就成立了哈德良长城管理规划委员会代表主要的利益相关者。而加拿大国家公园局同样为里多运河成立了里多运河顾问委员会作为运河管理规划编制中的一种基础参与手段,由代表了不同利益的主要团体和个人组成。在大运河遗产保护规划的编制中,首先也应成立类似的规划委员会,作为负责联络、协调以及监督规划的组织、实施、监督和修编的主要机构。

借鉴国际上的经验,再结合大运河遗产的实际情况,大运河遗产保护规划委员会最重要的是在国家一级层面设立,国家级层面的规划委员会应该由①相关部委,②相关部委建议的专业机构(包括国外与国内机构)和个人,③相关省级、地市级政府组成,如后续出现了与大运河遗产的保护、利用与传承等目标有关的重要非政府组织、民间团体等也可以逐步纳入。其中相关部委应包括国家文物局、发改委、水利部、南水北调办公室、交通部、自然资源部、住建部、财政部、法制办等在内。在当前大运河遗产保护的配套专项法规法律级别和效力并不是很高的情况下,在国家一级成立规划委员会,有助于在主要相关部委之间开展充分的利益探讨;相关行业专业机构的参与有利于从整体上厘清大运河的特性与价值,帮助解决各行业的技术问题;而相关省级、地市级政府的参与则有利于确保获得地方的支持。上述主要利益相关者的参与,可以从宏观上把握规划的可行与不可行方向。国外经验也表明,保护规划中的一些重要问题需要提交到政府的较高层面才能获得处理,如哈德良长城划定为世界遗产地的范围最终就是在部级层面做出的决策。

此外,在地市一级设立规划委员会也十分重要,这是落实宏观方向,指导实际工作的层面,地市级规划委员会,应该由上述部委下属的地市级行政主管部门,以及这些主管部门推荐的专业机构或个人、地方民众代表组成。规划委员会应由同级人民政府组织成立,并需要明确相应级别文物主管部门在其中担负的联络与组织职责。文物主管部门应充分表达保护文化遗产的立场,加强对其他利益相关者文化遗产保护意识的宣传,在涉及重大问题无法达成共识且文物部门也无法执行仲裁的情况下,还应承担向政府行政领导汇报请求仲裁的职责。

在大运河遗产保护规划的编制中,规划分为地市级、省级、国家级三个阶段编制,理论上也应建立相应级别的规划委员会,但是就几个阶段规划的实际作用来看,省级规划委员会的重要性明显要弱于国家级与地市级,因为大运河遗产的特殊性,涉及南水北调、航道建设等无法在地市级解决的矛盾,而这些矛盾也多是跨省跨区域的,只有从国家层面进行沟通与协调才有效。

参考国外经验,可以确定规划委员会的职责如下:

- 委任规划编制团队。
- 提供一个保护规划编制过程中处理问题的平台,确立协作的责任和操作机制,通过持续的合作实现对大运河遗产的保护与管理。
- 帮助规划团队确定保护规划中提出的保护策略、行动计划和具体项目的优先顺序。
- 根据保护规划确定的目标,监督与把握利益相关部门的工作方向,并指导各自确定与大运河遗产相关的工作计划。
- 监测保护规划的实施和执行情况,并评估实施结果是否符合规划最初的目标。
- 定期召开工作例会,定期回顾保护规划提出的策略,组织编制评估报告(可以是简短的报告或专门会议),确定规划更新的时间,并在规划修订时起监督作用。
- 提出和通过有关大运河遗产保护的政策与行为准则,鼓励规划委员会中的成员部门、机构和团体通过有关政策,促进对大运河遗产的宣传。
- 评估和审批大运河遗产保护区划范围内的各类建设活动。

5.3.3.2 规划组织模式与主要方法

一旦规划编制团队接受规划委员会的委托,就要进入保护规划的编制过程,将利益相关者参与的理念融入其中,对规划中的主要环节和方法进行分析。

1)规划准备阶段——利益相关者畅通表达利益与初步整合

在规划的准备和前期研究阶段,就需要考虑开始构建协调和均衡各利益主体利益。规划团队通过参加规划委员会组织的启动会、工作例会、对各利益相关者的访谈、阶段性的汇报会议等方式,确保各利益相关者的利益能够得到充分而畅通地表达。规划团队注意对信息和意见的采集,与规划委员会的双向交流自上而下逐级开展,更注重关注国家层面主要利益相关者的利益表达。在此期间,规划委员会可以通过下发正式通知,刊印规划资料、利用大众媒体、开展主题活动等方式,扩大规划的影响,采集公众意见。这个阶段可以和保护规划编制要求及总体规划纲要的编制相结合,以这两项成果为阶段目标完成的标志,对主要利益相关者意见进行初步整合后,形成编制要求和规划纲要,以指导规划的下一步编制,这也是规划成功的重要前提。

2)规划初步编制阶段——规划团队的专项研究和多方沟通

在从地市级规划向国家级规划分阶段编制的过程中,规划团队需要收集大量大运河遗产的相关历史和现状信息,对相关水利、交通、规划等行业的利益诉求充分了解,分析和归纳大运河遗产的整体价值与面临的威胁,制定遗产的保护目标与策略。规划团队要完成这些规划任务,一方面要有扎实的相关专业知识和技术手段,这可以通过吸纳多学科人才加入规划团队或开展专项研究来实现;另一方面也必须认真听取和分析各个主要利益主体的意见,将其内置于规划过程之中,使利益从"抽象"到表达为"具体"的事项。本研究在本书 2.2.3 节中指出,利益相关者在保护规划中成功地参与至少要实现告知──→咨询──→共同决策三个层面。在这个阶段,应该注意让利益相关者参与到重要规划策略的制定,由规划委员会中的文物主管部门组织召开成员会议,便于各方就矛盾焦点展开沟通,此外编制团队也要注意编制过程中即时的咨询,对阶段性规划内容向规划委员会进行汇报。规划委员会成员在各类沟通场合,即时将各自有可能影响到大运河遗产保护的工作计划及时反馈给规划团队。

3)初步成果反馈阶段——广泛咨询、新的争议与再权衡

规划团队在综合考虑各利益相关者的诉求以及通过科学的研究与论证后,拟定初步规划成果,然后将初步规划成果(包含各项专题研究、基础资料搜集与研究、评估分析等)通过座谈会、论证会、成果送达等一切有效途径及时反馈给规划委员会,咨询他们的意见;还可以由规划委员会组织各成员单位采取规划公示、媒体宣传等方式让更多社会公众了解大运河遗产保护规划的内容,鼓励公众就规划表达自己的看法和意见,使初步成果接受多方的评估。通过规划团队与利益相关者之间,以及利益相关者相互之间深入有效的沟通,再次获取他们的利益诉求及意见,发现新的争议并进行再权衡。

4)确定规划阶段——利益关系与矛盾的提取及利益整合协调

每个利益相关者都会出于自身利益考虑,规划中出现新的利益冲突和矛盾在所难免,规划团队对所有回收的反馈信息进行分类审查,辨识其内容的正确性和可行性,针对意见做进一步补充调查或邀请相关行业专家进行专项审评,给予专业意见。对于被采纳和不被采纳的意见,规划团队都应做出说明。如果没有原则性的重大问题,如保护区划的调整、管控要求的重大反对意见等,那么规划进入下一个阶段,否则再次进行与利益相关者的沟通,最终实现最佳利益平衡点的获取。

5)规划的实施和监测阶段——利益循环的形成

随着规划成果的最终确定与通过,规划进入实施与执行环节,而随着规划的实施,遗产的现实状况逐渐发生变化,将产生新的利益问题和利益冲突,累积到一定程度,则有必要修订规划,进入新一轮的利益循环,所以需要由规划委员会定期组织规划的回顾与监测,评估规划的实施情况。

大运河遗产保护规划经历地市级规划到国家级规划的不同阶段,在这个过程中,地市级规划的编制需要先经历前四个阶段再整合编制总体规划,总体规划的编制同样需要重复第 2、第 3、第 4 个阶段,再进入第 5 个阶段并落实到地市级规划实施,这样才形成了一个完整的利益循环。要说明的是在规划编制决策阶段和实施阶段,利益相关

5 大运河遗产保护规划编制的反思与改进

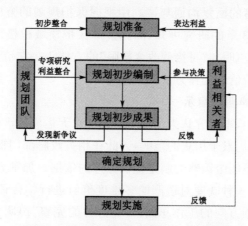

图 5-3 利益相关者参与规划的阶段模式
资料来源:笔者绘

者的参与环节和程序必然有所差异,但由于本研究旨在关注规划的编制阶段,所以仅对该阶段的模式进行细化分解研究。(图 5-3)

5.3.3.3 规划团队对沟通底线的把握

在这样的规划模式中,规划团队起着重要的作用。该工作模式对规划团队的自身素质提出了更高要求,不仅要具有扎实的专业知识和技术,而且要摆正自身的角色,掌握适当的方法。规划团队受委托于规划委员会,从事遗产保护的专门研究和进行决策,是保护规划中的核心技术人员,要充分利用自己的专业技术,实现尽可能保护文化遗产,维护"公共利益"的目标;也要控制和调停具有不同价值观的利益群体之间的冲突和矛盾,担负起规划宣讲者的角色,与利益相关者多方沟通、对话的同时,加大信息的流通,使规划成为一个公共教育的过程;同时规划人员需要通过有效的沟通,吸收相关行业和多方面的信息,以制定能够符合多方目标的规划。但任何事物都有两面性,这样的规划模式也存在一些问题,在反复的沟通与谈判过程中要让诉求不同的利益相关者达成完全一致的意见是非常不容易的,在实践层面,所谓的共识很可能是最低限度的共识,与理想成果的预期相距甚远,此外达成共识的沟通过程可能需要消耗较多政治、社会成本,并在时间上造成延误。

此外,本章 5.3.3.2 节中分析的是利益相关者参与规划的组织模式,而对于一项保护规划而言,在方案形成的过程中还需要遵循遗产界定与描述——价值评估与分析——响应策略制定的技术路线,根据基于多维价值的保护规划经验,在这整个过程中都应该引入利益相关者,至少要达到共同决策的层面才是实现了基本有效地参与。在遗产界定与描述环节,需要先确定有哪些利益相关者在大运河遗产中享有合法利益并应该参与规划,对此本研究提出可以经由规划委员会的成立解决。价值评估与策略制定是保护规划编制中亟须引入利益相关者参与的两个核心环节,对价值评估环节如何引入利益相关者的参与在本章 5.3.2 节中也已有过讨论,但是在这两个环节中规划团队如何在与利益相关者的反复沟通与谈判中把握保护规划的方向并达成共识仍是需要思考的。从第2、第3章的研究可知,国际遗产保护领域积极地寻求适当的工作方法,而"纪念性的完整"声明与"可接受改变极限"的方法正是在价值评估和策略制定环节采用的两套有借鉴价值的工作方法。

1) 纪念性的完整声明的启示

在第4章的分析中,本研究认为虽然申遗促使对大运河遗产的多重价值展开了思考,但评估视角仍主要局限于历史的范畴,因此在相关政府部门提出其他价值观点时,由于缺乏充分的研究不能给策略的制定提供充分的依据。加拿大国家公园局的"纪念性的完整"声明提供了一种既要对遗产的多维度价值进行综合评估,又要避免价值被泛化并坚持住保护规划方向的工作思路。"纪念性的完整"声明相当于管理规划中一份可以独立出来的价值评估报告,对大运河遗产保护规划而言,它的借鉴价值主要有以下方面:

- 是一份全面、完整的价值评估,既要评估文化遗产的固有价值,也要评估文化遗产的非固有价值,且在评估过程、采用方法和评估的深度中并不偏重于某一类价值。

- 尽管在评估和表述中并没有确立价值的优先排序,但通过区分与指定为国家历史遗迹直接相关和间接相关的价值,帮助辨析遗产的核心价值。在尊重所有价值的基础上,对文化遗产保护的必要性进行充分阐释是该工作方法的一大特点,有利于在沟通过程中对其他利益相关者产生微妙的影响,以坚持保护规划的"立场"。

- 将价值与要素载体建立关联,不同类别的价值可以对应到具体对象,以帮助将对价值的保护落实到针对对象的具体保护策略中。

- 价值评估文件在具有技术性的同时,作为保护规划的组成部分,也是一份公共政策文件,需要考虑受众的接受能力,因此应以清晰、简明、易懂的文字进行编写。

2) 可接受改变极限方法的启示

可接受改变极限的方法是一种在制定策略阶段达成共识的工作方式,旨在确定在价值被削弱之前什么程度的改变是可以接受的。根据笔者对英格兰遗产委员会的麦克·柯林斯(Mike Collins)先生关于哈德良长城世界遗产地中该方法使用情况的咨询,得知可接受改变极限的工作机制是将利益相关者集合在一起,根据世界遗产地的价值确定几个方面的控制要素,并由各利益相关者在各项要素下根据各自的利益诉求提出不能被突破的若干项限制标准,配合持续的监测,采取渐进的引导措施,主要的启示在于:

- 可接受改变极限工作方法更关注一套工作机制的建立而不是追求指标的设定,成功的关键在于集合利益相关者。

- 可接受改变极限工作方法的采用与时间成本密切相关,应注意将时间花在解决

- 分歧而不是发现分歧上,在不能大范围采用的情况下,可以针对重点地段采用。
- 可接受改变极限工作方法也存在一定的束缚性,比如某些利益相关者坚决反对的事项有可能无法推行(如在哈德良长城的案例中,如果一些利益相关者过于强调对考古遗址的保护可能导致完全关闭步道),需要规划团队加以识别。
- 可接受改变极限工作方法需要与监测机制配合才能真正发挥作用,在大运河遗产的现实情况中,可以考虑由各利益相关部门根据各自确立的不能突破的极限,监测各自关注的事项。

这套工作机制适宜在地市级保护规划或者其中的某些重点区段先进行局部尝试,假设将其运用到大运河地市级遗产保护规划中,本研究认为至少应让地市级规划委员会中的利益相关者参与该工作机制,可以将大运河遗产的监测分为几大类要素:

- 文化遗产的保存状况
- 文化遗产的展示利用情况
- 对南水北调和其他水利功能的影响
- 对航道运输的影响
- 遗产环境质量(包括建设环境和自然生态环境)

而考虑到专业的局限,本研究仅对其中文化遗产的质量和文化遗产的展示利用情况的监测内容(即可以提出 LAC 极限指标的项目)提出进一步的设想(表 5.4):

表 5.4 LAC 方法相关监测内容的设想

主要监测部门	监测要素	监测内容	说明
文物部门	文化遗产的质量	● 在用河道、湖泊、水库、泉等水体遗存的用途和功能运行情况,位置和走向的相对稳定性,驳岸的保存情况; ● 废弃河道、湖泊、水库、泉等水体遗存的位置、驳岸形态保存情况; ● 水工设施遗存的外形和设计、材料和实体、用途和功能、方位和位置、传统运行技术的保存情况; ● 运河附属遗存(配套设施遗存、管理设施遗产和沉船遗址等其他附属遗存)的外形和设计、材料和实体、用途和功能、方位和位置的保存情况,传统管理体制的体现情况; ● 运河相关遗产点的(包括相关碑刻、古建筑、古遗址、近现代建筑与史迹等)的外形和设计、材料和实体、用途和功能、方位和位置、传统建造技术的保存情况; ● 运河相关历史文化街区的规模、格局、肌理、风貌、历史建筑比例; ● 上述遗存的历史环境和周边重要视觉区域的景观质量	● 此处的遗产分类参考《大运河遗产保护与管理总体规划》中的分类; ● "在用"指仍在南水北调、航道运输方面承担着功能,不包括行洪、排涝等基本水利功能
	文化遗产的展示利用	● 展示项目设置的合理性; ● 遗产的展示利用开放情况; ● 展示利用设施配置的合理性; ● 展示利用环境的质量; ● 公众的接受度、体验感受	● 此处各项内容的极限指标设置需要考虑几方面的因素,即对遗产的影响、所起到的宣传教育作用、公众的体验感受、一定的经济收益

资料来源:笔者绘

可以由规划团队向规划委员会中的利益相关者咨询结合规划委员会组织讨论会

议的方式,协商确定各专业领域的监测内容和相应的极限指标,再制定相应的响应策略,最后由规划团队整合结论纳入保护规划或作为规划的支撑研究内容。

5.3.4 动态规划机制的建立

5.3.4.1 阶段化的规划模式

对大运河这样动态发展和具有复杂利益关系的保护对象,只有采取动态规划思路才能应对不可避免的变化。动态规划正是基于"规划是一个过程"的观念,不将规划成果视为一种封闭的结果或者一个过程的终点,而需要制定一种长期的行动路线。这样的特点在规划编制中适合采取的技术方法在本章前几个小节中都有所涉及。利益相关者参与的规划模式如果从动态规划的角度来看,也是一种动态规划模式。

这样的模式具有的动态适应性体现在既考虑到多样化利益相关者的存在使得保护规划的编制面对更多不确定的实际影响因素,规划团队在规划过程中对多方信息的吸收,也可能使得规划思路发生调整,需要在规划的各阶段中反复融合;也考虑到随着规划的实施,影响规划的外部环境因素发生变化时,规划需要具有环境适应力。而除了这些环节表现出的交互性规划过程外,动态的保护规划模式在规划编制中还值得注意的是:弱化时间分期的概念,尽管规划包含了近期、中期、远期的目标,但注意把目标分解为多个阶段,规划根据当前实际情况制定清晰的近期目标,综合考虑各种因素后制定远期目标,而中期目标具有动态性,实际上由一系列决策序列构成,后期的决策根据前期决策的实施情况做动态调整,以提高可操作性。这样的决策方式也与大运河遗产涉及众多相关行业的规划,而这些规划的调整都有可能影响到大运河遗产保护目标的现实情况相适应。近期目标还可以用于指导相关部门根据各自的职责范围确定其近期工作的方向。

规划委员会除了定期评估保护规划的实施情况,研究确定下一阶段的近期目标外,要实现动态规划的阶段性循环推进模式,还应该明确保护规划的修编机制。参考英国、美国、加拿大等国的保护规划修编情况、我国城市总体规划的修编状况,再结合大运河遗产保护规划的编制本身历时较长的特点,本研究认为可以将大运河遗产保护规划的修编时限定在 5 年至 10 年。如果发生重大条件的变化,可以选择在较短的时间内组织修订,如颁布了重要的法律和政策、出现了重大考古发现和重要的破坏因素等。应由保护规划委员会组织修订前的评估,提出评估内容,以确定规划修编的必要性。

5.3.4.2 动态规划在规划内容中的表现

动态保护规划模式具体在规划的下述内容中有所体现:

第一是动态评估遗产的价值。无论是哈德良长城还是里多运河的案例都表明,在保护规划编制过程中,对遗产的价值认识是一直都在发生变化的,即使面对的是像哈德良长城这样看似"静态"的文化遗产,对它的价值认知也可能随着出现的口蹄疫威胁而重新评估长城周边区域的农业价值。那么像大运河这样一直处于动态变化过程中的遗产,无论编制团队的自身认识水平、保护理论的发展还是遗产的客观现状都可能发生改变,每一轮规划的编制都应该重新检视遗产的价值做出新的全面的价值评估。

第二是动态划定遗产的保护区划。在哈德良长城的2002版和2008版管理规划中,陆续对1996版管理规划中仅涵盖在册古迹的遗产地范围进行了延伸和调整。就大运河遗产保护规划而言,争议最大的是在用的河道和水利工程设施的保护区划,虽然保护范围的划定可以以水利行业相关法律法规为依据,但是建设控制地带的划定,保护范围和建控地带的分级却缺乏充分的法律依据和研究论证,从而为相关部门所质疑①,所以要提高保护区划的可操作性,必然还需要进行一些沟通与调整。此外,随着考古成果的出现,保护区划在实施中经过现实的检验,都可能出现新的调整需求。

第三是动态确定规划目标与保护策略。大运河遗产内涵丰富,数量巨大,遗产点段也有各自的特点,那种试图通过编制一次保护规划就能一劳永逸地指导保护工作的想法是不切实际的。随着现实发展,可能会出现规划中无法预期的问题,如在保护规划编制期间,发生的镇江宋元粮仓遗址被毁、淮安里运河钢铁厂码头建设等地方利益与文化遗产保护目标相冲突的事件,需要在规划中考虑新的管理应对策略;在规划过程中,也会面对很多当时无法解决的技术问题,如对淮安清口水利枢纽,虽然认识到其在大运河发展历程中的重要地位与价值,但考古本身是一个动态、连续的过程,人们对这些遗址的认知也不断发展,只能持续研究其保护利用方式;还有大运河遗产保护范围内存在的为数不少的城镇建设,虽然管理规定将保护范围确定为禁止城镇建设的区域,但从实施的可能性来看,还需要根据现实条件,逐步研究迁出或考虑采取其他整治策略;此外规划还需要考虑利益相关者的其他反馈意见。因此,动态的保护规划编制意味着保护规划的目标和保护策略都需要根据实施情况不断调整。

5.4 小结

本章先对大运河遗产保护规划编制完成后遭遇的现实问题进行了详细解析,认为相关部委提出的反对意见背后体现着他们不同的价值观和利益诉求,而保护规划的主要问题是尚未清晰界定与相关行业的专项规划之间的衔接机制,这导致保护规划划定的保护区划及配套的管理规定凡有涉及相关部门管理权限的,都难以确保其实施,加上保护区划的操作性被相关部门质疑,保护规划的现实可行性也就遭遇了挑战。

尽管这样的问题有制度层面的原因,但是正视规划环境,并在编制技术和方法层面做出适应性调整才是本研究关注的重点。因此本章将大运河遗产保护规划与"基于

---

① 水利部2010年12月出具的《关于对〈大运河遗产保护与管理总体规划〉和〈大运河申报世界文化遗产专家推荐预备名单〉的意见》,以及交通运输部2011年11月出具的《关于对〈大运河遗产保护与管理总体规划(修订稿)〉的意见》中都有这样的观点表述。

多维价值的保护规划"的主要技术环节进行了比较：在规划层次方面，大运河遗产保护规划涵盖从战略到操作的多个层面，试图一步到位的解决一些问题；在价值评估方面，大运河遗产保护规划评估重点局限于历史范畴且缺乏统一的方法构建；在利益相关者的参与方面，出现了利益相关者认定的缺漏且利益相关者参与规划的途径比较单一；在规划的动态性方面，仍偏向于划定均质保护区划限制建设活动的终极蓝图式的保护，采用的是相对静态的保护规划思路。总的来看，大运河遗产保护规划偏重于强调技术理性，对规划的弹性、适应性和政策性方面考虑不足。

最后本章对大运河遗产保护规划的编制工作提出了改进建议，认为应该构建一种利益相关者参与的，将保护技术与管理融为一体的规划编制方法：应将保护规划的层次设定在战略规划层面，使保护规划内容向制定指导性策略和工作框架的方向调整，通过利益相关者之间达成的共识指导各自下一步的工作；价值评估应注意对遗产多维价值构成的完善，并建立一套评估流程标准，以支持一种利益相关者参与的集体工作机制，确定各种价值间的协调保护策略；通过规划委员会的建立使得主要的利益相关者可以参与规划全过程，并对利益相关者参与规划的阶段性模式进行了分析，结合"纪念性的完整声明"和"可接受改变的极限"两种工作方法的经验对规划如何在核心技术环节中把握沟通的底线提出建议；研究还提出大运河遗产保护规划应是一种动态性的规划，应该注意规划是一种长期的行动路线。

6 结语

　　大运河遗产保护规划与申报世界文化遗产工作,是 21 世纪初党中央、国务院的重大决策,也是国家的重大文化工程。保护规划针对复杂的遗产对象,基于现实条件编制,是对新型文化遗产保护规划技术与方法进行的一次实践尝试。规划成果对保障和推进大运河遗产保护与申遗发挥了重要作用,但规划完成后也面临着能否被规划管理的执行者接受,能否有效实施的问题。这其中固然有行政管理体制的原因,但笔者认为也应该从保护观念和规划方法层面展开探讨,这对遗产保护这一技术工作而言更具有现实意义。

　　在遗产保护的领域,因遗产具有价值而进行保护是不言而喻的。传统的文化遗产保护理论关注于解决历史的、文化的、艺术的以及可以清晰界定的问题,如保护规划中对单体建筑或建筑群的信息列表,引入量化评价方法,采用科技保护措施等。而随着对遗产价值认识的不断发展,保护理论不得不再次拓展到一些更宽广和更困难的问题——特别是保护中那些包含了社会、政治和经济的因素。

　　这就是"基于多维价值的保护规划"可以提供的一种框架。这一方法是针对之前保护过程中对社会因素的忽略与脱节状况而提出的,传统保护规划程序的单向线性过程被修改为围绕多维"价值"展开的系统工作。基于多维价值的保护规划承认遗产价值的多重性、可变性及来自复杂的现实影响,因而具有以下特点:①保护规划被视为是一种利益相关者之间达成的共识与行为准则,用来指导和约束各自进一步的行动,所属的阶段在遗产保护的工作程序中比较靠前,为后续规划和政策的制定提供基础;②价值的概念不仅包括源自遗产本体的客观存在价值,如历史、艺术、科学等,还包括源自社会脉络环境的外在需求价值,如经济、社会等;③多维度的价值及其相互关系的判断是一个复杂和变化的系统工程,通过一种合作协商与动态迭进的方式,比如通过利益相关者共同的参与或者跨学科合作来实现遗产价值体系的构建;④在利益相关者合作协商的过程中,无论是在价值评估还是在制定保护策略的阶段,都应该注意保护规划的取向而把握沟通中的底线;⑤规划的结果是过程性的,需要监控、回顾和持续的修正,和保护规划与政策成效互动。

　　这一方法统一了技术与运行体系的全部价值,构建了技术与管理的运行系统,经过广泛的规划实践已经被当前国际主流遗产保护组织认为是能够有效解决复杂对象的多元价值和利益冲突的规划方法。

　　当我们将这种规划方法与大运河遗产保护规划的编制工作进行比较,可以发现大运河遗产保护规划中存在的不足:尽管在申遗的目标下,引发了对大运河遗产多重价值的思考,尤其是对大运河遗产的技术价值进行了深入的研究,但面对大运河这样仍在南水北调、航道运输等当代生产生活中发挥着重要作用的文化遗产,规划的编制整体上仍没有摆脱传统的文物保护规划静态保护的思路,延续着传统的技术路线,导致了规划成果的可操作性为相关管理部门所质疑。

本研究经过对大运河遗产保护规划与"基于多维价值的保护规划"的比较分析,提出了今后对大运河遗产保护规划编制工作的改进建议:①首先应将保护规划的层次明确设定在战略规划层面,大运河遗产涉及的相关行业的专项规划名目繁多,技术标准并不统一,大运河遗产保护规划应将重点放在达成文化遗产保护的指导性策略共识,建立能够为各相关行业所认同的工作计划上,像大运河这样规模巨大、涉及关系复杂的对象,还有必要进行规划试点与增加总体规划纲要的环节以避免规划过程中的方向产生偏差;②大运河遗产保护规划的价值评估需要完善遗产的价值构成,通过建立一套评估流程标准来容纳一种利益相关者参与价值评估的集体工作机制,要避免将评估重点仍局限在过去习惯的价值范畴内;③像大运河这样利益关系复杂的对象,让所有利益相关者都参与规划是不现实的,可以通过规划委员会的成立使主要的利益相关者参与规划过程,并建立从规划准备──→初步编制──→规划反馈──→确定规划──→规划实施各阶段都引入利益相关者参与规划的模式,在价值评估和策略制定环节则可以借鉴国际遗产保护领域"纪念性的完整声明"和"可接受改变的极限"等工作方法的经验,注意对利益相关者沟通中底线的把握;④大运河遗产保护规划应成为一种具有动态性和弹性的规划,规划结果不是封闭和终极的,需要根据前期决策的实施情况动态调整后期决策,确定规划的定期修编机制,以提高规划的可操作性。

进入后申遗时代,大运河遗产承担着新时期文化复兴的使命,但自申遗以来多重复杂管理体制给大运河遗产的可持续保护带来的问题尚未解决。加上目前我国空间规划体系正处于建构期,像大运河这样的巨型、跨区域文化遗产的规划与空间规划的关系尚未明确。从国土空间规划体系提出的背景看,长期的行政管理条块分割,多个部门的空间管制职能相互重叠和冲突,规划的效力与执行受到影响,使得规划改革势在必行。这些都与大运河遗产保护中呈现出的问题十分类似,这也是由于大运河遗产本身就涵盖了广阔的空间资源而决定的。在当前背景下,对大运河遗产进行有针对性的规划理论与方法研究,具有十分重要的意义。本研究关注国内保护规划理论与方法中的欠缺,尝试在以下几个方面有所创新:

对大运河遗产保护规划面对的现实问题进行剖析,对过去文化遗产保护规划中的价值认知提出质疑,在引入和借鉴国外的"基于多维价值的保护规划"理论和实践经验的基础上,提出运用多维和动态的价值评估体系,引入利益相关者的参与机制,应对我国大运河遗产及其他跨系统涉及多重利益相关者的复杂文化遗产的保护规划编制工作模式。

对大运河遗产保护规划的已有成果进行回顾性思考,对大运河遗产保护规划遭遇的操作性难题被仅仅看成行政管理问题提出了质疑,提出了从方法论构建及动态管理建设两方面进行综合考虑的保护规划——技术整合管理的新思路。

对此前大运河遗产保护规划工作中过多地看到中外运河的差异性提出质疑,提出了国外案例方法论上及深层思想中的普适性,为解决结合国情及与国际接轨的问题提供了思路。

对巨型、跨区域、活态文化遗产保护的研究,对国内外的文化遗产保护领域都是前沿的课题,本文所提出的规划方法还未得到实践的检验。随着我国空间规划体系的不断发展,此类文化遗产的规划理论与方法,仍需要持续地拓展与深化。

参考文献

专著与报告

1. Cleere H. Archaeological Heritage Management in the Modern World[M]. London: Unwin Hyman, 1989.

2. English Heritage. Hadrian's Wall World Heritage Site, A Case Study[M]. Los Angels: The Getty Conservation Institute, 2003.

3. James Kerr. The Conservation Plan, a Guide to the Preparation of Conservation Plans for Places of European Cultural Significance[M]. 5th ed. Melbourne: National Trust of Australia, 2000.

4. Parks Canada. Grosse Île and the Irish Memorial National Historic Site, A Case Study[M]. Los Angels: The Getty Conservation Institute, 2003.

5. United States National Park Service. Chaco Culture National Historical Park, A Case Study[M]. Los Angels: The Getty Conservation Institute, 2003.

6. British Waterways, English Heritage. England's Historic Waterways: A working heritage-Promoting high quality waterside development [M]. London: British Waterways, English Heritage, 2009.

7. Healey P. Collaborative Planning: Shaping Places in Fragmented Societies [M]. London: Macmillan, 1997.

8. Jukka Jokilehto. What is OUV? Defining the Outstanding Universal Value of Cultural World Heritage Properties[R]. ICOMOS, 2008.

9. Marta de la Torre. Assessing the Values of Cultural Heritage[R]. Los Angels: The Getty Conservation Institute, 2002.

10. Atkins Saltaire. World Heritage Site Environmental Capacity Study[R], 2006.

11. Erica Av rami, Randall Mason, Marta de la Torre. Values and Heritage Conservatione[R]. Los Angels: The Getty Conservation Institute, 2000.

12. Tony Wilmott. Hadrian's Wall Archaeological Research by English Heritage 1976—2000[R]. English Heritage, 2009.

13. Moore S A, Rodger K. Learning from others: A selective review of management planning approaches in Australia. Report prepared for the Conservation Com-

mission of Western Australia[R]. Crawley, WA, 2009.

14. 单霁翔. 从"文物保护"走向"文化遗产保护"[M]. 天津:天津大学出版社, 2008.

15. 姚汉源. 京杭运河史[M]. 北京:中国水利水电出版社, 1998.

16. 约崎雷多. 建筑维护史[M]. 丘博舜, 译. 台北:台北艺术大学, 2010.

17. 张京祥. 西方城市规划思想史纲[M]. 南京:东南大学出版社, 2005.

18. 邵甬. 法国建筑·城市·景观遗产保护与价值重现[M]. 上海:同济大学出版社, 2010.

19. 段进. 城市空间发展论[M]. 南京:江苏科学技术出版社, 1999.

20. 费尔登, 朱可托. 世界文化遗产地管理指南[M]. 刘永孜, 刘迪, 等译. 上海:同济大学出版社, 2008.

21. 王连勇. 加拿大国家公园规划与管理[M]. 重庆:西南师范大学出版社, 2003.

22. 董文虎, 等. 京杭大运河的历史与未来[M]. 北京:社会科学文献出版社, 2008.

23. 亨廷顿. 文明的冲突与世界秩序的重建[M]. 周琪, 等译. 北京:新华出版社, 2002.

24. 张兵. 城市规划实效论[M]. 北京:中国人民大学出版社, 1998.

25. 王世福. 面向实施的城市设计[M]. 北京:中国建筑工业出版社, 2005.

26. 顾军. 文化遗产报告:世界文化遗产保护运动的理论与实践[M]. 北京:社会科学文献出版社, 2005.

27. 泰勒. 1945年后西方城市规划理论的流变[M]. 李白玉, 陈贞, 译. 北京:中国建筑工业出版社, 2006.

28. 朱偰. 中国运河史料选辑[M]. 北京:中华书局, 1962.

29. 史念海. 中国的运河[M]. 西安:陕西人民出版社, 1988.

30. 中国水利水电科学研究院. 京杭大运河遗产构成与特性研究报告[C]//国家文物局文物保护与考古司, 无锡市文化遗产局. 中国文化遗产保护无锡论坛:文化线路遗产的科学保护论文集. 南京:凤凰出版社, 2010.

31. 刘世锦. 中国文化遗产事业发展报告(2008)[M]. 北京:社会科学文献出版社, 2008.

32. 刘世锦. 中国文化遗产事业发展报告(2009)[M]. 北京:社会科学文献出版社, 2009.

期刊与会议论文、报刊

33. Labadi S. Representations of the Nation and Cultural Diversity in Discourses on World Heritage[J]. Journal of Social Archaeology, 2007, 7(2): 147-170.

34. Randall Mason. Theoretical and Practical Arguments for Values-Centered

Preservation[J]. CRM: The Journal of Heritage Stewardship, 2006: 21-48.

35. Alastair Kerr. Considerations for a Values-Based Approach to Heritage Conservation within Canada[J]. Forthcoming dissertation to be published by the National Institute for Anthropology and History (INAH), Mexico Circulated by the Vancouver Heritage Foundation with permission from the author, 2007.

36. Randall Mason. Theoretical and Practical Arguments for Values-Centered Preservation[J]. CRM: The Journal of Heritage Stewardship, 2006: 35.

37. Norman K. The Hadrian's Wall Major Study: A Test for Participatory Planning in the Management of A World Heritage Site[J]. Conservation and Management of Archaeological Sites, 2007, 9(3): 140-173.

38. Mendes S, Tone L, Hidaka F, et al. Judgement and Validation in the Burra Charter Process: Introducing feedback in assessing the cultural significance of heritage sites [J]. City & Time, 2009, 4(2): 47-53.

39. Poulios I. Moving Beyond a Values-Based Approach to Heritage Conservation[J]. Conservation and Management of Arch. Sites, 2010, 12(2): 170-185.

40. Kate Clark. Conservation Plans in Action: Proceedings of the Oxford Conference [C]. London: English Heritage, 1999: 119.

41. Heather Thomson, Heritage Planner, Parks Canada. Unlocking the Rideau Canal: Planning for the landscape of a World Heritage Site. Irish National Landscape Conference 2009[C]. Published by the Heritage Council Kilkenny, Ireland, 2009: 79-88.

42. Randy Mason. Economics and Heritage Conservation, A Meeting Organized by the Getty Conservation Institute[C]. Los Angels: The Getty Conservation Institute, 1998.

43. Rogério Amoêda, Sérgio Lira, Cristina Pinheiro, et al. World Heritage and Sustainable Development, Heritage 2008 International Conference[C]. Barcelos: Green Lines Institute for Sustainable Development, 2008.

44. Christopher J Lemieux, Paul A Zorn, Tim J Bellhouse, et al. Monitoring in Ontario's Parks and Protected Areas [C]. Parks Research Forum of Ontario (PRFO), 2005.

45. 陈同滨. 中国文化景观的申遗策略初探[J]. 东南文化, 2010(3):18-23.

46. 阮仪三, 丁援. 价值评估、文化线路和大运河保护[J]. 中国名城, 2008(1): 38-43.

47. 张兵. 保护规划需要有更全面综合的理论方法[J]. 国外城市规划, 2001(4): 1-2.

48. 陈同滨, 王力军. 不可移动文物保护规划十年[J]. 中国文化遗产, 2004(3): 108-111.

49. 杨丽霞. 英国世界遗产地哈德良长城保护管理的启示：兼议大运河申遗及保护管理[J]. 华中建筑，2010，28(3)：170-173.

50. 王世仁. 保护文物的古迹的新视角：简评澳大利亚《巴拉宪章》[J]. 世界建筑，1999(5)：21-22.

51. 苏伯民. 国外遗址保护发展状况和趋势[J]. 中国文化遗产，2005(1)：104-107.

52. 耿海清. 我国的空间规划体系及其对开展规划环评的启示[J]. 华中师范大学学报(自然科学版)，2008，42(3)：477-480.

53. 杨锐. 从游客环境容量到 LAC 理论：环境容量概念的新发展[J]. 旅游学刊，2003，18(5)：62-65.

54. 张杰，何仲禹，徐碧颖. 英国建筑遗产保护的立法与管理[J]. 北京规划建设，2008(5)：160-164.

55. 李燕琴. 我国自然保护区游客管理科学问题探讨[J]. 科技导报，2006，24(7)：68-71.

56. 陈同滨. 国家文化遗产保护规划概述[C]//中国文化遗产研究院. 文化遗产保护科技发展国际研讨会论文集. 北京：科学出版社，2007：19-34.

57. 侯卫东，朱光亚. 规划引导与大运河保护[J]. 中国名城，2008(2)：15-17.

58. 李伟，俞孔坚，李迪华. 遗产廊道与大运河整体保护的理论框架[J]. 城市问题，2004(1)：28-31.

59. 吴晓，王艳红，高军军，等. 大运河申遗背景下河道类遗产保护的价值判研初探：以大运河(常州段)为例[J]. 现代城市研究，2011，26(9)：46-55.

60. 刘枫. 运河是流动的文化：纵论京杭大运河保护和申遗[J]. 文化交流，2007(3)：21-24.

61. 马文波，宫肖愿. 南水北调东线工程与运河文化遗产保护[J]. 东岳论丛，2007，28(1)：199-200.

62. 谭徐明，于冰，王英华，等. 京杭运河遗产的特性与构成[J]. 中国名城，2008(2)：24-30.

63. 于冰. 法国米迪运河考察记[J]. 中国文化遗产，2009(3)：105-110.

64. 张廷皓，于冰. 京杭运河水运、水利工程及其遗址特性讨论[J]. 文物，2009(4)：69-79.

65. 于冰，谭徐明. 京杭大运河的遗产性质探讨[J]. 杭州(周刊)，2008(6)：16-17.

66. 俞孔坚，李迪华，李伟. 京杭大运河的完全价值观[J]. 地理科学进展，2008，27(2)：1-9.

67. 阮仪三，王建波. 京杭大运河的申遗现状、价值和保护[J]. 中国名城，2009(9)：8-15.

68. 王涛. 建筑遗产保护规划与规划体系[J]. 规划师，2005，21(7)：104-105.

69. 王金岩，吴殿廷，常旭. 我国空间规划体系的时代困境与模式重构[J]. 城市问题,2008(4):62-68.

70. 欧阳鹏. 公共政策视角下城市规划评估模式与方法初探[J]. 城市规划,2008,32(12):22-28.

71. 顾风,孟瑶,谢青桐. 中国大运河与欧美运河遗产的比较研究[J]. 中国名城,2008(2):31-36.

72. 尹向东. 土地利用总体规划与城市总体规划协调体系初步探讨[C]//中国城市规划学会. 生态文明视角下的城乡规划:2008 中国城市规划年会论文集. 大连:大连出版社,2008.

73. 韩仰君. 对城乡规划与土地利用规划、国民经济和社会发展规划:"三规"协调关系的思考[C]// 中国城市规划学会. 城市规划和科学发展:2009 中国城市规划年会论文集. 天津:天津科学技术出版社,2009:1419-1425.

74. 单霁翔. 关于大运河保护规划编制的几点意见:在大运河保护规划第一阶段编制要求课题结题会上的发言[N]. 中国文物报,2008-08-27(3).

75. 申琳. 镇江千年粮仓遭遇"强拆"一边在毁 一边却在仿古[N]. 人民日报,2010-07-12.

学位论文

76. Alexopoulos G. Reconciling Living Religious Heritage with Value-based Management: The Case of Mount Athos, Greece[D]. London: University College London Institute of Archaeology, 2010.

77. Zheng Jun. Conservation Planning for Heritage Sites: a Critical Review and Case Studies[D]. London: The Courtauld Institute of Art, 2008.

78. Nathaly Hanke. The Challenge of National Park Management, a Comparison of Management Plans of the Blue Mountains and Banff National Parks in accordance with Ecological Sustainable Development[D]. Lund: Lund University, 2004.

79. Duvall-Gabriel N. Value-centered Preservation Theory and the Preservation Planning of African-American Historic Resources in Prince Geogre's County, Maryland[D]. Maryland: University of Maryland, College Park, 2008.

80. 史晨暄. 世界遗产"突出的普遍价值"评价标准的演变[D]. 北京:清华大学,2008.

81. 黄明玉. 文化遗产的价值评估及记录建档[D]. 上海:复旦大学,2009.

82. 吴延辉. 中国当代空间规划体系形成、矛盾与改革[D]. 杭州:浙江大学,2006.

83. 王春雷. 基于有效管理模型的重大事件公众参与研究:以 2010 年上海世博会为例[D]. 上海:同济大学,2008.

84. 江泓. 城市空间发展的转型结构与演变动因研究[D]. 南京:东南大学,2011.

85. 石华. 城市总体规划与土地利用总体规划协调研究[D]. 杭州:浙江大

学,2006.

86. 田林. 大遗址遗迹保护问题研究[D]. 天津:天津大学,2004.
87. 高中岗. 中国城市规划制度及其创新.[D]. 上海:同济大学,2007.
88. 陈飞. 沟通式规划理论与方法研究.[D]. 杭州:浙江大学,2006.
89. 吴保光. 美国国家公园体系的起源及其形成[D]. 厦门:厦门大学,2009.
90. 闫宝林. 遗产区域研究:美国国家遗产区域及中国文化遗产区域化保护研究[D]. 上海:同济大学,2009.
91. 王震. 价值冲突与文化遗产保护的理念创新[D]. 西安:西北大学,2008.
92. 刘翔. 文化遗产的价值及其评估体系:以工业遗产为例[D]. 长春:吉林大学,2009.

公约与法律法规

93. Australia ICOMOS. Australia ICOMOS Charter on the Conservation of Places of Cultural Significance (the Burra Charter), 1999.
94. Council of Europe. Declaration of Amsterdam, adopted at the Congress on the European Architectural Heritage, Amsterdam, 1975.
95. Council of Europe. European Charter of the Architectural Heritage. Resolution adopted by the Committee of Ministers of the Council of Europe, 1975.
96. Department of Environment and Heritage. Environment and Heritage Legislation Amendment Act (No. 1) 2003 No. 88, 2003.
97. ICOMOS Canada. Appleton Charter for the Protection and Enhancement of the Built Environment, 1983.
98. Government of Canada. Canada National Parks Act, 2000.
99. 联合国教科文组织. 保护世界文化和自然遗产公约,1972.
100. 联合国教科文组织世界遗产中心. 实施《保护世界文化与自然遗产公约》的操作指南,2005.

规范标准、指导文件及配套政策

101. Heritage Lottery Fund. Conservation Management Planning, Integrated plans for conservation, new work, physical access, management and maintenance at heritage sites [S], 2008.
102. English Heritage. Conservation Principles Policies and Guidance for the Sustainable Management of the Historic Environment[S], 2008.
103. The Cathedral Fabric Commission for England (CFCE) & the Association of English Cathedrals (AEC). Conservation Planning for Cathedrals[S], 2002.
104. Department for Communities and Local Government, Circular on the Pro-

tection of World Heritage Sites [S], 2009.

105. Department for Communities and Local Government, English Heritage, Department for Culture, Media and Sport. The Protection & Management of World Heritage Sites in England[S], 2008.

106. The Countryside Agency. National Parks Management Plan Guidance[S], 2005.

107. L Thomas, J Middleton. Guidelines for Management Planning of Protected Areas[S]. IUCN Gland, Switzerland and Cambridge. UK, 2003.

108. Northumberland National Park Authority. Northumberland National Park Authority Management Plan · 3rd Review Framework Document, A Secure Future for the Land of the Far Horizons[S], 2003.

109. National Park Service, U S Department of the Interior. General Management Planning Dynamic Sourcebook[S], 2008.

110. National Park Service, GMP Planning Sourcebook[S], 1998.

111. National Park Service. Park Planning[S], 2004.

112. National Park Service. Guidance for Developing a Battlefield Preservation Plan[S], 2001.

113. Parks Canada. Parks Canada Guide to Management Planning[S], 2008.

114. Parks Canada Agency. Guide to the Preparation of Commemorative Integrity Statements[S], 2002.

115. Parks Canada. Parks Canada Guiding Principles and Operational Policies, 1994.

116. Department for Communities and Local Government. Planning Policy Statement 5: Planning for the Historic Environment, 2010.

117. Department for Communities and Local Government. Planning Policy Guidance 16: Archaeology and planning, 1990.

118. 国际古迹遗址理事会中国国家委员会. 2015 中国文物古迹保护准则, 2015.

119. 国际古迹遗址理事会中国国家委员会. 关于《中国文物古迹保护准则》若干重要问题的阐述, 2000.

120. 国际古迹遗址理事会中国国家委员会. 中国文物古迹保护准则案例阐释, 2005.

121. 中国文化遗产研究院, 东南大学. 大运河遗产保护规划第一阶段编制要求（试用）, 2008.

122. 中国文化遗产研究院, 东南大学. 大运河遗产保护第二阶段规划编制要求, 2009.

123. 中华人民共和国建设部, 中华人民共和国国家质量监督检验检疫总局. 历史文化名城保护规划规范：GB 50357—2005[S]. 北京：中国建筑工业出版社, 2005.

124. 国际工业遗产委员会. 国际运河古迹名录. 国家文物局遗产处译本, 2000.

125. 中华人民共和国国家文物局. 大遗址保护规划规范(征求意见稿):WW/Z 0072—2015[S],2010.

内部资料(规划资料多由规划单位或国外遗产项目人提供)

126. English Heritage. Hadrian's Wall World Heritage Site Management Plan 2002—2007.

127. Hadrian's Wall Heritage Ltd. Frontiers of the Roman Empire:Hadrian's Wall World Heritage Site Management Plan 2008—2014.

128. Canadian Heritage, Parks Canada. Working Towards A Shared Future, Rideau Canal Management Plan, 1996.

129. Parks Canada. Rideau Canal World Heritage Site Management Plan, 2005.

130. Parks Canada. Rideau Canal National Historic Site of Canada Management Plan, 2005.

131. Parks Canada. Nomination of the Rideau Canal by the Government of Canada, 2006 for the Inscription on the World Heritage List, 2006.

132. 中国文化遗产研究院,东南大学建筑设计研究院,等. 大运河遗产保护与管理总体规划(2011—2030)(修订稿),2011.

133. 东南大学建筑设计研究院. 中国大运河江苏段遗产保护规划(2011—2030),2011.

134. 北京市城市规划设计研究院,北京市文物研究所,北京市古代建筑研究所. 大运河遗产保护规划(北京段)(讨论稿),2010.

135. 天津市文物局,天津大学建筑设计研究院. 大运河天津段遗产保护规划(2010—2030),2011.

136. 河北省古代建筑保护研究所,河北省文物保护中心. 中国大运河(河北廊坊段)遗产保护规划,2009.

137. 河北省古代建筑保护研究所,河北省文物保护中心. 中国大运河(河北沧州段)遗产保护规划,2009.

138. 河北省古代建筑保护研究所,河北省文物保护中心. 中国大运河(河北衡水段)遗产保护规划,2009.

139. 河北省古代建筑保护研究所,河北省文物保护中心. 中国大运河(河北邢台段)遗产保护规划,2009.

140. 河北省古代建筑保护研究所,河北省文物保护中心. 中国大运河(河北邯郸段)遗产保护规划,2009.

141. 中国文化遗产研究院,山东省文物考古研究所,北京大学景观学院. 大运河遗产山东聊城段保护规划(2010—2030),2009.

142. 中国水利水电科学研究院,清华大学建筑学院,山东省文物考古研究所. 大运河遗产山东德州段保护规划(2010—2030),2009.

143. 中国文化遗产研究院,山东省文物考古研究所. 大运河遗产山东泰安段保护规划(2010—2030),2009.

144. 北京土人景观与建筑规划设计研究院,北京大学景观设计学研究院,中国文化遗产研究院. 大运河遗产山东济宁段保护规划(2010—2030),2009.

145. 山东省文物科技保护中心,中国文化遗产研究院,山东省文物考古研究所. 大运河遗产山东枣庄段保护规划(2010—2030),2009.

146. 徐州市人民政府,东南大学建筑设计研究院. 大运河(徐州段)遗产保护规划(2010—2030),2009.

147. 宿迁市人民政府,东南大学建筑设计研究院. 大运河(宿迁段)遗产保护规划(2010—2030),2009.

148. 淮安市人民政府,东南大学建筑设计研究院,中国文化遗产研究院. 大运河(淮安段)遗产保护规划(2010—2030),2009.

149. 扬州市人民政府,东南大学建筑设计研究院. 大运河(扬州段)遗产保护规划(2010—2030),2009.

150. 镇江市人民政府,东南大学建筑设计研究院,镇江市规划设计研究院. 大运河(镇江段)遗产保护规划(2010—2030),2009.

151. 常州市人民政府,东南大学建筑设计研究院. 大运河(常州段)遗产保护规划(2010—2030),2009.

152. 无锡市人民政府,东南大学建筑设计研究院. 大运河(无锡段)遗产保护规划(2010—2030),2009.

153. 东南大学建筑设计研究院,苏州市规划设计研究院有限责任公司,苏州市计成文物建筑研究设计院有限公司. 大运河(苏州段)遗产保护规划(2010—2030),2009.

154. 中国城市规划设计研究院,浙江省文物考古研究所,湖州市文化广电新闻出版局. 大运河(湖州段)遗产保护规划,2009.

155. 中国城市规划设计研究院,浙江省文物考古研究所,嘉兴市人民政府. 大运河(嘉兴段)遗产保护规划,2009.

156. 中国城市规划设计研究院,浙江省文物考古研究所,杭州市运河综合保护委员会. 大运河(杭州段)遗产保护规划,2009.

157. 中国城市规划设计研究院,浙江省文物考古研究所,绍兴市人民政府. 大运河(绍兴段)遗产保护规划,2009.

158. 中国城市规划设计研究院,浙江省文物考古研究所,宁波市人民政府. 大运河(宁波段)遗产保护规划,2009.

159. 西安建筑科技大学,陕西省古迹遗址保护工程技术研究中心,中国文化遗产研究院. 大运河遗产河南安阳段保护规划(2009—2030),2009.

160. 西安建筑科技大学,陕西省古迹遗址保护工程技术研究中心,中国文化遗产研究院. 大运河遗产河南鹤壁段保护规划(2009—2030),2009.

161. 西安建筑科技大学,陕西省古迹遗址保护工程技术研究中心,中国文化遗产研究院. 大运河遗产河南新乡段保护规划(2009—2030),2009.

162. 西安建筑科技大学,陕西省古迹遗址保护工程技术研究中心,中国文化遗产研究院. 大运河遗产河南焦作段保护规划(2009—2030),2009.

163. 西安建筑科技大学,陕西省古迹遗址保护工程技术研究中心,中国文化遗产研究院. 大运河遗产河南洛阳段保护规划(2009—2030),2009.

164. 西安建筑科技大学,陕西省古迹遗址保护工程技术研究中心,中国文化遗产研究院. 大运河遗产河南郑州段保护规划(2009—2030),2009

165. 西安建筑科技大学,陕西省古迹遗址保护工程技术研究中心,中国文化遗产研究院. 大运河遗产河南开封段保护规划(2009—2030),2009.

166. 西安建筑科技大学,陕西省古迹遗址保护工程技术研究中心,中国文化遗产研究院. 大运河遗产河南商丘段保护规划(2009—2030),2009.

167. 中国文化遗产研究院,淮北市规划设计研究院. 大运河遗产(安徽·淮北段)保护规划(2009—2030),2009.

168. 中国文化遗产研究院,宿州市规划设计研究院. 大运河遗产(安徽·宿州段)保护规划(2009—2030),2009.

169. 交通部规划研究院. 京杭运河航道建设规划(2011—2015)环境影响评价简本公示,2011.

170. 交通部规划研究院. 长江三角洲高等级航道网建设规划(2011—2015)(送审稿),2010.

171. 水利部淮河水利委员会,水利部海河水利委员会. 南水北调东线工程总体规划附件7:南水北调东线工程规划(2001年修订),2001.

172. 中华人民共和国交通运输部办公厅. 厅水运便〔2010〕70号. 关于对大运河申报世界文化遗产预备名单意见的函,2010.

173. 中华人民共和国水利部办公厅. 办建管〔2011〕13号. 关于对《大运河遗产保护与管理总体规划》和《大运河申报世界文化遗产专家推荐预备名单》的意见,2011.

174. 国务院南水北调工程建设委员会办公室. 国调办征地函〔2010〕75号. 关于对大运河申报世界文化遗产预备名单意见的函,2010.

175. 中华人民共和国国家发展和改革委员会社会发展司. 对《关于征求对大运河申报世界文化遗产预备名单意见的函》的回复,2010.

176. 中华人民共和国住房和城乡建设部办公厅. 建办规函〔2010〕904号. 关于对大运河申报世界文化遗产预备名单意见的函,2010.

177. 中华人民共和国环境保护部. 环函〔2010〕363号. 关于大运河申报世界文化遗产预备名单征求意见的复函,2010.

178. 国家测绘局国土测绘司. 测国土函〔2010〕199号. 关于对大运河申报世界文化遗产预备名单意见的复函, 2010.

179. 国务院法制办公室. 国法函〔2010〕297号. 对《关于征求对大运河申报世界文化遗产预备名单意见的函》的复函, 2010.

180. 中华人民共和国水利部办公厅. 办建管函〔2011〕883号. 关于大运河遗产保护和管理总体规划(修订稿)的意见, 2011.

181. 中华人民共和国交通运输部. 厅水运便〔2011〕98号. 关于对《大运河遗产保护与管理总体规划(修订稿)》的意见, 2011.

182. 国务院南水北调工程建设委员会办公室. 综征移函〔2011〕426号. 关于《大运河遗产保护与管理总体规划(修订稿)》意见的函, 2011.

183. 中华人民共和国财政部办公厅. 财办教〔2011〕52号. 对大运河遗产保护和管理总体规划的意见, 2011.

184. 国务院法制办公室. 国法秘教函〔2010〕529号. 对《大运河遗产保护与管理总体规划(修订稿)》的意见, 2011.

185. 中华人民共和国国土资源部办公厅. 国土资厅函〔2011〕1005号. 国土资源部办公厅关于大运河遗产保护与管理总体规划(修订稿)意见的函, 2011.

186. 江苏省建设厅. 苏建函规〔2010〕897号. 关于对《大运河文化遗产保护条例(草案稿)》的修改意见和建议, 2010.

187. 江苏省文物局. 苏文物法〔2010〕42号. 关于"江苏省人民政府办公厅办文单〔2010〕政字000653号"的答复意见, 2010.

188. 浙江省文物局. 浙文物函〔2010〕第238号. 关于《大运河文化遗产保护条例(草案稿)》的修改建议, 2010.